Gabriele Boukrif, Claudia Bruns, Kirsten Heinsohn, Claudia Lenz, Katrin Schmersahl, Katja Weller (Hrsg.)

Geschlechtergeschichte des Politischen

Geschlecht – Kultur – Gesellschaft

herausgegeben von

Band 10

LIT

Gabriele Boukrif, Claudia Bruns, Kirsten Heinsohn,
Claudia Lenz, Katrin Schmersahl, Katja Weller (Hrsg.)

Geschlechtergeschichte des Politischen

Entwürfe von Geschlecht und Gemeinschaft im 19. und 20. Jahrhundert

LIT

Das Umschlagfoto zeigt die Künstlerin Jeanne Mammen 1932 in Hamburg.
Wir danken der Jeanne-Mammen-Gesellschaft e. V. Berlin, insbesondere Frau Döpping, für die Genehmigung zum Abdruck.
Die Herausgeberinnen haben sich darüber hinaus um den Nachweis und Erwerb der Rechte an den in diesem Band abgedruckten Bildern bemüht. Etwaige noch bestehende Ansprüche werden im üblichen Rahmen beglichen.

Die Deutsche Bibliothek – CIP-Einheitsaufnahme

Geschlechtergeschichte des Politischen : Entwürfe von Geschlecht und Gemeinschaft im 19. und 20. Jahrhundert/ Gabriele Boukrif, Claudia Bruns, Kirsten Heinsohn, Claudia Lenz, Katrin Schmersahl, Katja Weller (Hrsg.). – Münster : Lit, 2002
(Geschlecht - Kultur - Gesellschaft ; 10)
ISBN 3-8258-5873-1

Grevener Str. 179 48159 Münster Tel. 0251–23 50 91 Fax 0251–23 19 72
e-Mail: lit@lit-verlag.de http://www.lit-verlag.de

Inhalt

Zwischenbilanz eines Forschungsprojekts

Barbara Vogel

Dieser Band erscheint nach dem Ende eines gut dreijährigen Förderungszeitraums für das Forschungsunternehmen *Geschlechtergeschichte der Politik.* In den hier vorgelegten Aufsätzen geben die Mitarbeiterinnen des Projekts Auskunft über ihre Arbeiten, die zwei Ziele verfolgen: Sie sollen zur individuellen wissenschaftlichen Qualifikation in Form von Dissertationen oder Habilitationen bzw. Postdoc-Leistungen führen und wollen einen Beitrag zu dem weit gefassten Projektthema bringen. Wir hoffen, mit diesem Band zeigen zu können, wieviel Arbeit noch zu tun ist, um die Fragestellung, die im Titel des Projekts ausgesprochen ist, zu erhellen. Über die jetzt und hier publizierten Aufsätze hinaus lassen sich die Ergebnisse unserer Projektarbeit an verschiedenen Aktivitäten dokumentieren, an zurückliegenden wie auch im Blick auf zukünftige. In den vergangenen drei Jahren haben diverse Vorträge und eine Ringvorlesung mit auswärtigen Referentinnen und Referenten stattgefunden. Der ausführliche Titel spiegelt den Umfang von Gegenstand und Fragestellung unseres Projekts wider: *Geschlechtergeschichte der Politik – Politische Entwürfe von Geschlecht, Nation und Gemeinschaft in politischer Praxis, Staatstheorie und Ikonographie im 20. Jahrhundert.*

Die Hamburger Projektmitarbeiterinnen haben aus der internationalen Kommunikation viel gelernt und vielfältige Ermutigung erfahren: Unsere Fragen nach den Ausprägungen und Auswirkungen der ‚Kategorie Geschlecht' auf die Politik- und Parteiengeschichte sowie auf sozial- und kulturgeschichtliche Konstellationen und Konfigurationen politischen Handelns stellen hohe Ansprüche sowohl an die Konzeptionierung der Forschungsaufgaben und -methoden als auch an die konkreten empirischen Forschungsfelder. Über beides – Theorie und Forschungspraxis – haben wir von unseren auswärtigen Referenten und Referentinnen vielfältige Anregungen erhalten. Wir haben korrespondiert und sind gereist, um geschlechtergeschichtliche Forschung an anderen Universitäten kennenzulernen.

Der jetzt vorgelegte Band gibt ein weiteres Zeugnis unserer gemeinsamen Arbeit. Er verhilft uns zu einer Zwischenbilanz, ist zugleich ein Dank an die Einrichtungen, die uns mit Mitarbeiterstellen, mit Stipendien, mit Zuschüssen zur Ringvorlesung und zu Vorträgen und mit der Finanzierung von Lehraufträgen gefördert haben: die Universität Hamburg, die hochschulübergreifende Vergabekommission für Mittel aus dem Hochschulsonderprogramm III, wissenschaftliche Stiftungen, die Gemeinsame Kommission Frauenstudien / Frauenforschung der Hamburger Hochschulen. Der kräftigste Anschub kam aus dem Hochschulsonderprogramm (HSP) III – aus Mitteln, die nun ausgelaufen sind. Noch ist nicht klar, ob und wie wir die Arbeit werden fortsetzen können. Dennoch: ein Projekt ist nicht durch die Laufzeit seiner Förderung definiert. Es beginnt eine erhebliche Zeit vorher, um Antragsreife zu erlangen, und es endet nicht mit dem Versiegen der Förderungsquellen, obwohl die persönliche Situation der Mitarbeiterinnen dadurch gravierende Unsicherheit erfährt.

Am Anfang unserer Arbeit standen engagierte Studentinnen und Doktorandinnen. Engagement heißt hier: intensive Aneignung und Erörterung der bisherigen Ergebnisse von Theoriedebatten und empirischen Studien feministischer Geschichts-, Sozial- und Kulturwissenschaft. Dieser Aneignungsprozess war stets durch die Frage motiviert, welcher Erklärungswert der Kategorie Geschlecht in Geschichtswissenschaft, Politikwissenschaft, Philosophie und Literaturwissenschaft zukommt bzw. zukommen muss, wenn wir die Grundkonstellation, dass im sozialen Raum Männer und Frauen gleichermaßen vorzufinden sind, ernst nehmen und wenn wir insbesondere danach fragen, auf welche Weise die bürgerliche und politische Gleichberechtigung der Frauen mit den Männern das politische Geschäft (und unsere Wahrnehmung dieses Geschäfts) verändert hat. Die Geschichte der sogenannten Gleichberechtigung von Männern und Frauen ist selbst ein Thema dieses Wandels im Verständnis des Politischen, denn bis ins frühe 20. Jahrhundert wurde der politische Raum exklusiv männlich definiert. Dennoch beschränkt sich eine Geschlechtergeschichte der Politik nicht darauf, ein Kapitel Emanzipationsgeschichte zu schreiben und die Frauen zusätzlich (kontributorisch) als politisch Handelnde in die Geschichte einzuführen, sondern nimmt die Räume, die Aktionsfelder und Erscheinungsformen von Politik überhaupt in den Blick: Wie stellt sich Politik dar, wenn oder seitdem beide Geschlechter an ihr mitwirken, mitwirken können. Es deutet sich an, dass unsere bisherigen Vorstellungen über Politik und politisches Handeln grundsätzlich korrigiert oder neu konzipiert werden müssen, um zu erkennen, was „läuft“.

Die Realisierung dieses Anspruchs fällt aus drei Gründen besonders schwer. Zum einen bilden Themen zur „Frauengeschichte“ nach wie vor ein Desiderat der historischen Forschung. Der Kenntnisstand zum Anteil, den Frauen an der politischen, sozialen, ökonomischen und kulturellen Entwicklung von Gesellschaft in unterschiedlichen Zeiträumen einnehmen, ist keineswegs befriedigend. Kaum ein Historiker oder Politikwissenschaftler hat sich darüber Gedanken gemacht, welche konkreten Auswirkungen auf die Politik sich durch die Zuerkennung politischer und ‚bürgerlicher' Rechte an die Frauen ergaben, kaum einer hat sich beispielsweise darüber gewundert, dass nur sehr wenige Frauen trotz ihrer neuen Rechte in den politischen Gremien und Institutionen auftauchten. Zum Vergleich: Die Verleihung des Wahlrechts an alle erwachsenen Männer der unteren sozialen Schichten hat zahlreiche parteien-, politik- und sozialgeschichtliche Forschungen über die Auswirkungen des ‚allgemeinen Wahlrechts' ausgelöst. Zum anderen sind die Entwürfe zur Untersuchung und Verifizierung der theoretischen Behauptung, die als ‚allgemeine' Geschichte verstandene Geschichtserzählung sei durch die Männlichkeit ihrer Protagonisten bestimmt, schwerer zu operationalisieren als gedacht wurde. „Auch Mann ist ein Geschlecht" sagt sich leicht und hat das Gewicht einer Binsenweisheit, aber inwiefern diese Aussage zum Umschreiben der Geschichte führen kann, bleibt eine offene Aufgabe. Allzu ‚verwurzelt' sind in uns die Bilder von einer ‚allgemeinen' Geschichte, so dass immer wieder allzu schnell die Frauen als Exponentinnen des ‚Anderen', des ‚Besonderen', das ausdrücklicher Erklärung bedürftig ist, erscheinen. Schließlich und drittens reicht es uns nicht, Weiblichkeits- und Männlichkeitsbilder nebeneinander zu stellen und zu vergleichen; vielmehr beansprucht eine Geschlechtergeschichte der Politik, ein neues Modell von Politik zu entwickeln, aus einer neuen Konstruktion des Politischen Erkenntnisse für die Politikgeschichte zu gewinnen.

Theoretischer Entwurf und dessen Explikation in empirischen Studien führen auch deshalb auf ein so schwieriges Gelände, weil unsere Wahrnehmung von Geschichte durch unsere Bilder von männlichen und weiblichen Handlungsräumen bestimmt sind. Das im Zeitalter der Aufklärung entwickelte Konzept der polaren Geschlechtscharaktere, das Männern und Frauen in der sich herausbildenden bürgerlichen Gesellschaft je eigene, voneinander geschiedene Räume, Aufgaben und Fähigkeiten zuwies – dem Mann den Staat, der Frau die Familie - entwickelte eine die Mentalität beider Geschlechter prägende Zählebigkeit. Nicht nur der schleppend verlaufende Gang der weiblichen Emanzipation, auch die fehlende Verwunderung in den Sozialwissenschaften über die geringe Präsenz von Frauen in öffentlichen Räumen trotz gesetzlich dekretierter Gleichberechtigung geht auf diese mentalitätsgeschichtlich zu erklärende Konstellation zurück. Da Engagement in öffentlichen Räumen dem weiblichen Geschlechtscharakter widerspreche, erscheint weniger ihre Abwesenheit erklärungsbedürftig als ihre Anwesenheit. Die Frage nach der Anteilnahme von Frauen im politischen Geschäft wurde infolgedessen meistens nicht ‚neugierig' und ‚leidenschaftslos' gestellt – weder von männlichen noch von weiblichen Wissenschaftlern – sondern mit dem ‚intuitiven' Wissen, dass die Frauen hier eine Grenzüberschreitung versuchen. Diese Wahrnehmung der Grenzüberschreitung wurde politisch immer höchst unterschiedlich kommentiert und bewertet; jede Forschung muss sich folglich damit auseinandersetzen. Unsere Augen müssen durch eine andere Brille sehen lernen, und d. h. sich für ein solches Vorgehen rechtfertigen zu müssen. Ausgangspunkt für die Gegenwart wie für das ganze 20. Jahrhundert ist die Diskrepanz zwischen den Normen der Gleichberechtigung der Geschlechter und der faktischen Rechtsungleichheit und Hierarchie zwischen Männern und Frauen. Diese Einsicht hat dazu geführt, gar nicht erst die Frage ernst zu nehmen, auf welche Weise auch Frauen in das politische Geschäft einbezogen waren.

Der Anreiz zur Aufklärung über diese Diskrepanz ist trotz seiner politischen und kulturellen Bedeutung nur ein Forschungsimpuls neben anderen. Anregend vor allem ist ferner die Frage, inwiefern Politik dem Augenschein zum Trotz als von beiden Geschlechtern gestaltet erklärt oder beschrieben werden kann. Der ältere Antwortversuch, mit dem „informellen Einfluss" einer klugen Ehefrau auf ihren im öffentlichen Leben stehenden Ehemann zu argumentieren, hilft nicht weit, weil diese Interpretationsfigur wieder nur die jeweiligen Geschlechtseigentümlichkeiten bestätigt. Wir müssen unser bisheriges Politikverständnis infrage stellen. Was Politik heißt, könnte zugleich eine Antwort auf das Phänomen ermöglichen, warum die geschlechtsspezifischen Ungleichgewichte und Hierarchien in so hohem Maße akzeptiert und für natürlich gehalten wurden und werden. Politik als ein Männern zustehendes und auf den Leib geschriebenes Geschäft zum Beispiel legitimiert Frauen nicht zur politisch aktiven Teilhabe. Von Vertreterinnen der bürgerlichen Frauenbewegung wurde seit der Wilhelminischen Ära des Kaiserreichs immer wieder versucht, Politik als Aufgabe für beide Geschlechter zu definieren. Doch auch die Wortgewandtheit und das taktische Kalkül einer Helene Lange, die von der „besonderen Kulturaufgabe der Frau" (im politischen und gesellschaftlichen Leben) sprach, änderte zunächst die überkommenen Einstellungen nicht. Sogar bis in die moderne Forschung hinein wird ihr aus ihren Argumenten ein Strick gedreht, dass sie eigentlich nur die fehlende Eignung der Frauen für die harte Politik bestätigt habe.

Ein weites Feld für diese Fragen bietet die Parteiengeschichte. Die Parteigeschichtsschreibung hat in ihrer reichen Tradition weder in dem Datum, das Frauen zum Beitritt und zur Mitwirkung in Parteien berechtigte oder das ihnen das politische Stimmrecht verlieh, eine Zäsur gesehen, noch überhaupt thematisiert, ob und wie sich die politischen Parteien in ihrer Binnenstruktur und ihrer Außenwirkung auf die Mitwirkung von Frauen eingestellt haben. Im Rahmen der eng begrenzten Möglichkeiten unseres kleinen Kreises kann eine solche Themenstellung nicht flächendeckend bearbeitet werden, aber doch soweit, dass grundlegende Erkenntnisse oder Hypothesen festgehalten werden können. Unbehagen provoziert ferner die Formel von dem „anderen" Politikverständnis, das Frauen besäßen, scheint sie doch die altbekannte Argumentationsfigur, Frauen seien ‚anders', während Männer das ‚eigentliche' Verständnis von Politik repräsentierten, zu tradieren. Die Art, wie Helene Langes Forderung nach der „besonderen Kulturaufgabe der Frauen" in der Forschung rezipiert wurde, ist ein Beispiel dafür. Dennoch erweist sich die Frage nach dem Politikverständnis als weiterführend, weil sie den Begriff der Politik und des Politischen auf den Prüfstand stellt, insbesondere erlaubt, geschlechtsspezifische Zuschreibungen zu untersuchen. Damit erweitert sich die an Institutionen gebundene Vorstellung des Politischen in bisher wenig beachtete Handlungsräume von Einzelnen und Gruppen. Zugleich eröffnet die Kategorie Geschlecht die Wahrnehmung von Stereotypen der „Weiblichkeit" und der „Männlichkeit", die unsere Bilder und Vorstellungen strukturieren. Bisher nur in Ansätzen, wenn auch für uns sehr fruchtbar, konnten wir unsere Forschungsfragen durch den vergleichenden Blick auf Traditionen anderer europäischer Gesellschaften erweitern und unser Problembewusstsein schärfen.

Ich habe mich gern von dem Engagement meiner jungen Kolleginnen und Mitarbeiterinnen anstecken und mitreißen lassen, nicht zuletzt auch, weil hier ein direkter Zusammenhang zwischen Frauenforschung und Frauenförderung in der Universität praktisch wird. Die Hoffnung, durch eine solche gemeinsame Arbeit der immer noch beschämend geringen Präsenz von Frauen in der Wissenschaft wie im politischen Raum abzuhelfen, beflügelte während der vergangenen Jahre unsere Schaffenskraft. Auch insofern war die politische Umorientierung in der Wissenschaftsförderung von Frauen zu Gunsten von wenigen weiblich besetzten Sonderprofessuren eine herbe Enttäuschung. Sie brachte das Ende der finanziellen Förderung von jungen Wissenschaftlerinnen und von der Frauenforschung gewidmeten Projekten im hier skizzierten Sinne. Es ist zu wünschen, dass die Förderung weiblichen wissenschaftlichen Nachwuchses bald doch wieder mit höherer Priorität betrieben wird. Sowohl die Verbesserung der universitären Personalstruktur als auch die Frauen- und Geschlechterforschung sind auf solche politischen Signale angewiesen.

Einleitung

Geschlechtergeschichte des Politischen

Der Titel *Geschlechtergeschichte des Politischen* verweist auf drei Aspekte, die für die Arbeit unseres Projektes grundlegend sind: Geschichte, Politik und Geschlecht.

Geschichte und Politik waren für die traditionell mit ihnen befassten wissenschaftlichen Disziplinen gleichbedeutend mit dem Allgemeinen und Universellen und galten als geschlechtsneutral. Das Politische wurde verstanden als das Wissen von Staaten, Herrschern und deren Machtstrategien, die den Krieg als legitimes Mittel der Politik integrierten. Im Verlauf der letzten Jahrhunderte haben sich die Bestimmungen des Politischen von einem „(herrschafts-)technischen", über einen „staatszentrierten" hin zu einem „macht-" und schließlich einem „konfliktzentrierten" Politikbegriff verändert.[1] All diese Bestimmungen sind jedoch bei aller Unterschiedlichkeit in einem Punkt kongruent: Es lag jeweils ein enges, auf Herrscher, Staaten und Institutionen beschränktes Verständnis des Politischen zugrunde, welches trotz historisch unterschiedlicher Geschlechterarrangements überwiegend einem definitorischen Frauenausschluss gleich kam.

Für das 20. Jahrhundert, also für einen wesentlichen Teil unseres Untersuchungszeitraums, ist die Theorie Max Webers prägend geworden, die damit auch die geschlechtsspezifische Formiertheit der Politikdiskurse entscheidend bestimmte.[2] Weber definierte die Frage nach Machtvermehrung, die Aneignung der Führungsrolle, oder zumindest die Teilhabe an den Führungspositionen in einer modernen Massendemokratie als Gegenstand der Politik schlechthin. Die Politologin Eva Kreisky verweist auf die in diesem Politikverständnis vorhandene vehemente Abwehr gegen eine Überschreitung geschlechtsspezifisch formierter Grenzen. Weber habe „[m]it dieser Festlegung

---

1 Kreisky, Eva/Sauer, Birgit, Geschlechterverhältnisse im Kontext politischer Transformation. Einleitung zu dies.: Geschlechterverhältnisse im Kontext politischer Transformation. Politische Vierteljahresschrift, Sonderheft 28/1997, Opladen/Wiesbaden 1998, S. 16.

2 Vgl. etwa Kreisky, Eva, Das Geschlecht politischer Institutionen. Ergebnisse einer historischen und aktuellen Spurensuche zu einer politischen Theorie des „Männerbündischen", in: Kramer, H. (Hg.), Politische Theorie und Ideengeschichte im Gespräch, Wien 1995, S. 138.

[...] nachhaltig Weichen für das staats- und institutionenzentrierte Politikverständnis des 20. Jahrhunderts gelegt. Er hat sich von einem ‚weiten' Begriff von Politik distanziert, weil das ja sogar die ‚Politik einer klugen Frau, die ihren Mann zu lenken trachtet' [...] umschließen würde."[3] Der Einfluss von Frauen auf der ‚privaten' Ebene wird implizit mit den Mitteln ‚persönlicher' und emotionsgesteuerter Einflussnahme gleichgesetzt und hat strikt außerhalb des politischen Bereichs zu verbleiben. Dort begegnen sich der dominanten Vorstellung zufolge gleichberechtigte, vernunftgesteuerte, zu freiem Willen und autonomen Entscheidungen befähigte – ergo: männliche – Subjekte. Dieser symbolisch, sozial und institutionell überaus wirkmächtigen Konzeption des Politischen ist folglich eine männerbündische Struktur eingeschrieben, deren Logik voraussetzt, dass sich im Bereich des politischen Handelns nur männliche Subjekte aufeinander beziehen können. Die damit einhergehende männerbündische Metaphorik, durch die das Politische in Begriffen wie „brüderliche Kameradschaft"[4], in Vorstellungen des Kampfes, des Krieges und der Jagd gedacht und symbolisiert ist, belegt auf verschiedensten Ebenen die Verschränktheit und wechselseitige diskursive Konstitution von Geschlecht und Politik.

Und damit ist eine weitere Kategorie im Spiel: das Geschlecht. Geschichte und Politik haben und hatten, gerade wegen ihres Anspruchs auf universelle Gültigkeit, immer schon ein Geschlecht: Solange das Universelle und Allgemeingültige *männlich* repräsentiert ist, bleibt der Anspruch geschlechtsneutraler Objektivität ein ideologischer. Seine Doppelfunktion besteht darin, Geschlechterhierarchien zugleich zu legitimieren und zu verschleiern. Die Tatsache, dass dem vermeintlich universell gültigen Gesellschaftsvertrag ein geschlechtlich differenzierter und differenzierender Geschlechtervertrag zugrunde liegt[5], wurde von der Frauenforschung belegt. Damit wurde zugleich der Ausschluss von Frauen aus dem Feld der Politik, aus der theoretischen Bestimmung des Politischen sowie aus den hegemonialen historischen Narrationen (sowohl, was die Wissenschaft als auch die Prozesse kultureller Gedächtnisproduktion betrifft) offen gelegt und kritisiert. Zugleich machten sich Forscherinnen auf die Suche nach den in den ‚großen Erzählungen' und ‚Ar-

3 Ebd. Vgl. auch Weber, Max, Politik als Beruf, Berlin 1987, S. 7.

4 Vgl. zur politischen Identitätsbildung im Kontext imaginierter nationaler Gemeinschaft: Anderson, Benedict, Die Erfindung der Nation. Zur Karriere eines folgenreichen Konzepts, Berlin 1998.

5 Pateman, Carol, Der Geschlechtervertrag, in: Appelt, Erna/Neyer, Gerda (Hg.), Feministische Politikwissenschaft, Wien 1994, S. 73-94.

chiven‘ historischen Wissens und Bewusstseins fehlenden, verborgenen und verschwiegenen Frauen. Dabei konnten auch im traditionellen, definitorisch eng gefassten Feld des Politischen aktive Frauen nachgewiesen werden. Es wurde untersucht, mit welchen Strategien Frauen sich Zutritt zum Raum des Politischen zu verschaffen und in dieses Feld symbolisch einzuschreiben suchten. Mit dem Slogan der Neuen Frauenbewegung, wonach das Private politisch sei, korrespondierte auch eine Umorientierung feministischer politischer Theoriebildung und historischer Frauenforschung. Die Umkehr des traditionellen, administrativ orientierten Politikbegriffs korrespondierte in der feministischen Theorie mit Einsichten in den ideologischen Charakter der Trennung zwischen Öffentlichem und Privatem, die die geschlechtshierarchische Arbeitsteilung und damit die Ungleichverteilung von sozialen, ökonomischen und symbolischen Ressourcen strukturierte und legitimierte.

Der Politikbegriff hat so eine enorme Erweiterung erfahren, doch bringt die Entgrenzung des Politikbegriffs auch Schwierigkeiten mit sich: Wie ist überhaupt noch ein sinnvoller Begriff des Politischen bestimmbar? Die unbegrenzte Ausdehnung des Politikbegriffs kann paradoxerweise selbst zu einer Entpolitisierung des Diskurses führen: Wenn alles ‚irgendwie‘ politisch ist, bedarf es keiner genauen Unterscheidungen, keiner differenzierenden Bemühungen mehr. Über Politisierungs- und Entpolitisierungsprozesse, Mechanismen der Ein- und Ausschlüsse von politischer Teilhabe und Handlungsmacht ließe sich folglich nichts Relevantes mehr sagen. Aber genau hier setzt das Erkenntnisinteresse des kritisch-feministischen Projekts an: Es geht darum, Analyseinstrumente, Kriterien und Beurteilungsmaßstäbe für ein Verständnis eben dieser Mechanismen zu entwickeln.

Dimensionen des Politischen

Die Politikgeschichte gehört zu den Forschungsbereichen, in denen sich Fragestellungen neuerer Forschungsansätze stets nur sehr langsam durchsetzen. Erst mit dem sozialgeschichtlichen Paradigmenwechsel in den 60er Jahren setzte in der BRD eine Ausweitung der Untersuchungsfelder und eine Rezeption von methodischen Neuerungen der Nachbardisziplinen Politik- und Sozialwissenschaften ein. Besonders durch das Konzept der ‚politischen Kultur‘ hat sich eine langsame Öffnung der Politikgeschichte hin zu Fragestellungen der Mentalitäts-, Alltags- und Kulturgeschichte vollzogen. Hier werden nicht nur die Herrscher und politischen Eliten vergangener Zeiten thematisiert, sondern auch die alltäglich-lebensweltlichen Bereiche. Damit kommen Felder in den Blick, in denen mehr Frauen zu finden sind. Dennoch wird die Kategorie Geschlecht derzeit hauptsächlich in Arbeiten über die Frauenbewegung, im Kontext von Darstellungen sozialer Bewegungen des 19. und 20. Jahrhunderts, in geschlechtsspezifischen Wahlanalysen und Darstellungen der Tätigkeit von Frauen in Parteien und Parlamenten einbezogen. Es mangelt an Versuchen, Frauen nicht nur in eine vermeintlich geschlechtsneutrale Politikgeschichte additiv hineinzuschreiben, sondern den Einfluss von Geschlechterbildern im Sinne gedachter Ordnungen für kollektive Einheiten systematisch zu analysieren. Hierbei sind besonders die Vorstellungen über das Politische und die daraus abgeleiteten Handlungsräume für Männer und Frauen sichtbar zu machen. ‚Geschlecht' muss im Rahmen der Politikgeschichte als eine maßgeblich wahrnehmungs- und handlungssteuernde Kategorie sichtbar gemacht werden.

Der historischen Frauenforschung kommt das Verdienst zu, die Einsichten in die wechselseitige Konstitution kultureller Systeme männlicher Hegemonie und Gleichsetzung des Weiblichen mit apolitischer Privatheit in ihrer historischen Genese – und somit Kontingenz und Veränderbarkeit – aufzuzeigen. HistorikerInnen sollten demnach die Ausformungsprozesse des Politischen in den Blick nehmen, um nachzuweisen, „wie der Genderbegriff gesellschaftliche Beziehungen legitimiert und konstruiert".[6] Von hier aus kann sichtbar gemacht werden, wie durch die Politik Vorstellungen und Handlungsorte des ‚sozialen Geschlechts' festgeschrieben werden und wie gleichzeitig diese geschlechtsspezifische Aufteilung Einfluss auf die Politik nimmt. Geschlecht wird damit als eine historische Kategorie definiert, welche die Analyse von Macht und Herrschaft erkenntnisleitend strukturiert. Dies ermöglicht, den Politikbegriff dahingehend zu konzeptualisieren, dass alle ungleichen Beziehungen als ‚politisch' anzusehen sind, weil sie Mechanismen der ungleichen Verteilung von Macht und Herrschaft implizieren.[7] Es gilt nachzuzeichnen, wie diese Mechanismen und Beziehungen konstituiert, legitimiert, aufrechterhalten und nicht zuletzt umkämpft worden sind.

6 Scott, Joan W., Gender, A useful category of historical analysis, in: American Historical Review, Jg. 91, 1986, S. 1053-1075 (Dt. Fassung: Gender. Eine nützliche Kategorie der historischen Analyse, in: Kaiser, Nancy (Hg.), Selbst Bewußt. Frauen in den USA, Leipzig 1994, S. 27-75).

7 Foucault, Michel, Der Wille zum Wissen. Sexualität und Wahrheit 1, Frankfurt a. M. 1983, S. 113f.

Als konkretes Beispiel kann die historische Verschränkung der Genese der Nationalstaaten mit der Durchsetzung der bürgerlichen Geschlechterideologie und -ordnung herangezogen werden. Die Beschäftigung mit ideen-, institutions- und sozialgeschichtlichen Aspekten der Nationalstaatenbildung lässt den Staat als ein männliches Projekt der Moderne erscheinen: Es sei nur daran erinnert, dass der bereits erwähnte ‚Gesellschaftsvertrag' freier Individuen durch den Ausschluss der Frauen vom Bürger- und Wahlrecht als Vertrag unter Männern konzipiert worden war. Diese Exklusion von Frauen ist auf sämtlichen gesellschaftlichen Feldern nachzuvollziehen: Dort, wo sich konkrete politische, ökonomische oder auch symbolisch-kulturelle (Definitions-)Macht konzentrierte, wurde Frauen der Zugang verwehrt oder erst nach zähen Kämpfen allmählich zugestanden. Dies gilt für den Zugang zu Bildungseinrichtungen ebenso wie für die Mitgliedschaft in politischen Parteien und für die Möglichkeiten politischer Einflussnahme und gesellschaftlicher Gestaltung, die nach wie vor an Erwerbsarbeit in qualifizierten Tätigkeitsfeldern gebunden sind. Den historischen Werdegang der Frauen und Männern zugewiesenen bzw. zugestandenen Handlungsräume zu analysieren, ist somit ein hochpolitisches Unterfangen. Sämtliche dieser Dimensionen sind Teil eines Systems geschlechterhierarchischer Ordnung, das sich auf der Ebene von Akteuren, Institutionen, Diskursen und kulturellen Repräsentationssystemen gleichermaßen reproduziert. Und: Mit diesem Begriff von Herrschaft treten gleichzeitig auch die unerfassten, gegenläufigen, oppositionellen und subversiven Momente und Optionen in den Blick. Insofern ist Frauen- und Geschlechtergeschichte nach wie vor als ein politisches Projekt zu verstehen.

Geschlecht als historische und feministische Kategorie

Frauenforscherinnen haben Kontinuitäten und Traditionslinien patriarchalischer Geschlechterregime aufgezeigt. Diese Aufdeckung von Kontinuität hatte eine enorm identitätsstiftende Bedeutung für Teile der Frauenbewegung. Zugleich ist hiermit ein Dilemma berührt, das sehr schnell deutlich und überaus brisant wurde. Konnten Forscherinnen unter den Frauen vergangener Zeiten Vorbilder, Heldinnen und Ikonen für ihre aktuellen politischen Auseinandersetzungen finden? Die Gefahr der rückwärts gewandten Projektion war dem Versuch, Frauen sichtbar zu machen, in dem Moment eingeschrieben, in dem dies als ein idealisiertes Gegenbild zur Männergeschichte und als Gegenentwurf zur männlichen Herrschaft konzipiert wurde. Eine Zäsur stellten diesbezüglich die Debatten um die Täterschaft von Frauen im Nationalsozialismus dar: Selbst wenn Frauen in der Ideologie und den Herrschaftseliten des NS nicht als aktive Trägerinnen des Systems zu finden waren, die historisch unbestreitbare Tatsache der Zustimmung, des Profitierens und der begeistert-aktiven Unterstützung der NS-Herrschaft durch viele Frauen zwang zur Revision. Sowohl die Konzeptualisierung ‚der Frauen' als Opfer faschistischer Männerherrschaft, als auch der feministische Politikbegriff waren in Frage gestellt. Wenn einerseits gefordert wurde, das Private als politisch zur Kenntnis zu nehmen, wie unpolitisch war dann Denunziation oder Wegschauen? Und umgekehrt: Wo beginnt Widerstand, wenn nicht erst im bewaffneten Kampf männlicher Helden? Es ging und geht in der feministischen Auseinandersetzung mit der Geschichte des Politischen offenbar um wesentlich mehr als nur darum, Frauen sichtbar zu machen.

Einen wichtigen Schritt innerhalb der feministischen Theoriebildung stellt die Erweiterung der Frauen- zur Geschlechtergeschichte dar. Die geschlechtergeschichtliche Perspektive historisiert die Kategorie Geschlecht als solche in gleicher Weise, wie dies für das Politische skizziert wurde: Die Kategorie Geschlecht erfasst historisch kontingente, kulturelle und soziale Verhältnisse, Identitäten, Körperbilder und Befindlichkeiten, die Männern und Frauen zugeschrieben werden. Geschlecht strukturiert und organisiert also grundlegende Denk-, Wahrnehmungs- und Lebensmöglichkeiten. Dieser Ansatz führt zu den Brüchen der Geschlechtskonstruktionen und an ihnen entlang. Der historische Nachweis, dass die bürgerlichen Geschlechtercharaktere eine Erfindung sind, die keine 300 Jahre alt ist, denaturalisiert die dahinter liegenden Grundannahmen über die ‚Normalität' der Geschlechterordnung – und von dort aus beginnt das Projekt einer Dechiffrierung der ambivalenten und uneinheitlichen historischen Prozesse der Konstruktion, Konstitution und Durchsetzung dieses Geschlechtermodells.

Hiermit korrespondiert eine Reformulierung des Politikbegriffs, die aus einer Reflexion und Revision der traditionellen politischen Theorie hervorgeht: Eine theoretische und empirische Neuorientierung im Feld des Politischen muss sich also zunächst mit denjenigen theoretischen Modellen und Denkweisen auseinandersetzen, durch die das Politische auf dem Hintergrund einer naturalisierten Geschlechterideologie exklusiv männlich gedacht, organisiert und tradiert wurde. Dieser Schritt, der zu einer Archäologie der Traditionsbestände politischen Denkens führen kann, stellt zugleich eine elementare Bedingung für die Verschiebung und Erweiterung der definitorischen Grenzen dar. Die Dekonstruktion von nach wie vor wirkmächtigen kulturellen

Ordnungsmustern erfolgt zunächst durch das Nachvollziehen derjenigen Mechanismen, die Ein- und Ausgrenzungen diskursiv und in der Wirklichkeit festschreiben, reproduzieren und als unabänderliche Gegebenheit erscheinen lassen. Somit werden die vorherrschenden Denk- und Konstruktionsweisen im Bereich des Politischen und die in sie eingeschriebenen Geschlechterdichotomien als Effekte von Diskursen, individuellen und kollektiven Praktiken sowie als Produkte institutionalisierter Regelungen sichtbar. Die Erkenntnis der teils offenen, teils impliziten Ausweisung von Frauen aus dem Bereich des Öffentlichen und Politischen kann und sollte jedoch nicht über die reale Brüchigkeit und Widersprüchlichkeit der in die Theorie eingelassenen Geschlechterideologie hinwegtäuschen: Die diskursiven und sozialen Ein- und Ausgrenzungsstrukturen, die eine Geschlechterordnung des Politischen begründen, sind nie als absolut realisierte zu betrachten. Dennoch bilden sie den Hintergrund für geschlechtsspezifische Aneignungsmöglichkeiten und -formen des Politischen.

Selbst-Verständnisse

Wurde in der traditionellen Politikgeschichte die Verweisung der Frau auf den privaten Bereich als unpolitisch fortgeschrieben, so machte die Frauenforschung das Ausblenden dieser Bereiche aus dem historischen Bewusstsein und ihr Sichtbarwerden zum Politikum. Das Projekt *Geschlechtergeschichte der Politik* profitiert von diesen Aufbrüchen, denkt sie weiter und unterzieht sie einer erneuten Revision bzw. Reflexion. Dabei werden die Verknüpfungen der Kategorien des Politischen/Apolitischen mit Männlichkeit und Weiblichkeit bereits als politisierte und politisch wirksame Setzungen verstanden. Darüber hinaus geht es auch darum, die diskursiven Formierungs- und Durchsetzungsmechanismen zu untersuchen und von dort aus Verschiebungen vorzunehmen. Somit verschränken sich die Analysen institutionalisierter und nicht-institutionalisierter Formen des Politischen sowie die Untersuchung zeitgenössischer Diskurse und Bildprogramme, die es Frauen und Männern in unterschiedlicher Weise ermöglichten oder verwehrten, sich in politischen Gemeinschaftsentwürfen als Subjekte zu positionieren und/oder positioniert zu werden. Die Kategorie der Repräsentation wird somit zu einem zentralen und äußerst vielschichtigen Bezugs- und Knotenpunkt der Theoretisierung und Erforschung einer *Geschlechtergeschichte des Politischen.*

Ziel ist es einerseits, eine Politik(geschichte) als Frauengeschichte zu schreiben, d.h. Frauen im politischen Bereich sichtbar zu machen. Zum anderen soll aber zugleich das Zusammenspiel von Frauen und Männern sowie der Konzepte von ‚Männlichkeit' und ‚Weiblichkeit' in gesellschaftlichen Formationen untersucht werden. Und schließlich führt eine Analyse der Bildpolitiken und damit verbundener Repräsentationen zu einem erweiterten Verständnis der Deutungsmacht des Politischen. Eine *Geschlechtergeschichte der Politik* stellt dabei sowohl die Frage nach der Politik der Geschlechter, d.h. nach der tatsächlichen Partizipation von Männern und Frauen in politischer Praxis, wie auch nach dem Geschlecht des Politischen, d.h. nach der geschlechtlichen Figurierung von Staatstheorie, politischer Ikonographie und von zeitgenössischen Politikbegriffen.

Unser Projekt versteht sich sowohl als Beitrag zur Entwicklung des theoretischen Rahmens für diese mehrdimensionale Herangehensweise als auch als eine Struktur, innerhalb derer in inhaltlicher wie methodischer Hinsicht Versatzstücke zu den oben aufgeworfenen Fragen produziert werden. Hier liegt die Stärke eines interdisziplinär und mit Methodenvielfalt arbeitenden Projektes. Die theoretische Perspektive auf Geschlechterkonstruktionen als konstitutivem Bestandteil der Konstruktion(en) des Politischen erweitert den Gegenstandsbereich der Politikgeschichte und führt zu veränderten Blickwinkeln auf empirische Studien. Umgekehrt stützt sich Theoriebildung selbst auf empirisches Material, wird hierdurch inspiriert und herausgefordert Hypothesen zu begründen, zu überprüfen und zu modifizieren. Gerade in der historischen Perspektive auf die Kämpfe um die Definitionsmacht darüber, was das Politische sei und wer daran partizipieren könne, im Ringen um Handlungsfelder, Autorität und Legitimität von Sprechen und Handeln kann aufgeschlüsselt und nachgezeichnet werden, dass vergeschlechtlichte Bedeutungen und Subjektpositionen immer mit zur Verhandlung standen und stehen.

Geschlecht und Gemeinschaft

Im Laufe unseres Forschungsprojekts kristallisierte sich der Begriff der ‚Gemeinschaft' zum verbindenden Referenzpunkt der unterschiedlichen Arbeiten und markierte den Ausgangspunkt unserer Kritik an politischer Herrschaftspraxis. Dabei sollten Gemeinschaften nicht nur als empirisch feststellbare Gruppen von Menschen untersucht werden, sondern auch als imaginäre Entwürfe, als wirkungsmächtige Vorstellungen und imaginäre Institution des

Sozialen[8]. Entscheidend für unsere Forschungen ist die Erkenntnis, dass die Bilder und Vorstellungen von Gemeinschaft – gerade auch in ihrer vergeschlechtlichten Dimension – auf die soziale und politische Realität enorme Auswirkungen haben. In Gemeinschaftsentwürfen treffen und realisieren sich symbolische und politische Ordnungsvorstellungen.

Als ein solches wirkungsmächtiges Imaginäres wurde die Diskursivierung von Gemeinschaft in der deutschen Geschichte des 19. und 20. Jahrhunderts zentral für nationale Projekte der Ein- und Ausgrenzung. Gemeinschaft meinte mehr als die Verbundenheit der Mitglieder einer Nation, und zwar in doppelter Weise: Gemeinschaft konnte sich auf ein vergangenes „Ursprüngliches" beziehen, das durch die modernen Entwicklungen scheinbar unzugänglich geworden war (Rousseau). Der Rekurs auf Gemeinschaft enthielt aber auch das Versprechen einer besseren Zukunft, einer Utopie der Ganzheit und unmittelbaren Verbundenheit aller. Die symbolische Ordnung der Gemeinschaft lebte von der Hoffnung auf totale Verschmelzung im säkularen Diesseits und drängte als politisches Handlungsmotiv auf Abgrenzung gegenüber ‚Fremden' und ‚Anderen' sowie den Entwicklungen der modernen Gesellschaft überhaupt. Insofern war die wirkungsmächtige Idee der Gemeinschaft antimodern, ohne unmodern zu sein.[9]

Aus dem letztlich romantisch fundierten Gemeinschaftsbegriff sind historisch geradezu diametral entgegengesetzte politische Programme hervorgegangen. Nicht nur die autoritäre Führerideologie, sondern auch radikale Konzepte direkter Demokratie leben von der wechselseitigen Repräsentanz von Individuum und Kollektiv. Diese kann in letzter Konsequenz auch in die (Selbst-)Opferung Einzelner für die Idee der Gemeinschaft münden. So verstanden, stellt die Erforschung von Gemeinschaftsdiskursen ein aktuelles theoretisches Instrumentarium für politische Analysen zur Verfügung. Zu nennen wäre hier zum Beispiel die Konjunktur des Kommunitarismus.

Der deutsche Soziologe Ferdinand Tönnies hatte im ausgehenden 19. Jahrhundert den Begriff der Gemeinschaft in typologischer Opposition zum Begriff der Gesellschaft entwickelt. Während er davon ausging, dass eine Gesellschaft, um gerecht zu sein, ihre natürlichen Bindungen auflösen musste, war für ihn die Erfahrung von emotionaler und persönlicher Ganzheit nur im Rückgriff auf erste Identifikationen, auf Gemeinschaft, möglich. In diesen

---

8 Castoriadis, Cornelius, Gesellschaft als imaginäre Institution. Entwurf einer politischen Philosophie, Frankfurt a. M. 1984, S. 225ff. Anderson, Erfindung, S. 14-16.

9 Vogl, Jürgen, Einleitung, in: Ders. (Hg.), Gemeinschaften. Positionen zu einer Philosophie des Politischen, Frankfurt a. M. 1994, S. 7-27.

Gemeinschaften ordnete sich laut Tönnies das Individuum dem Wesen der Gemeinschaft unter und erhielt seinen Wert erst durch Teilhabe an der verwandtschaftlich begründeten Gemeinsamkeit. Die Vorstellung von Gemeinschaft bündelte nicht nur bei Tönnies die politische Erfahrung der Moderne zu einer widersprüchlichen Bewegung zwischen der Konstruktion eines gemeinschaftlichen (vergangenen oder zukünftigen) Ursprungs und dem Bewusstsein von dessen Unmöglichkeit. Aktuelle Lektüren dieser Grenze zwischen Gemeinschaft und Gesellschaft, zwischen Kultur und Natur, haben auf die Aporien dieser Grenzziehung aufmerksam gemacht. Und auch für uns beginnt das Politische mit der Reflexion der Grenzen von Gemeinschaft, einer Grenze zwischen zeitloser Natur und Gesellschaft, die sich zugleich immer auch als Geschlechtergrenze formierte.

Die Perspektive der Frauen- und Geschlechtergeschichte macht die dem Gemeinschaftsbegriff impliziten Ein- und Ausschlussmechanismen besonders deutlich.[10] Liberale, linke und rechte Frauen suchten die Gemeinschaft mit Männern zur Unterstützung ihrer Anliegen, definierten ihre Ziele als nutzbringend für die gesamte Gesellschaft und stießen doch immer wieder an die Grenzen der homosozialen politischen Gemeinschaft der Männer. Dieser Mechanismus zeigt sich in den Erfahrungen der italienischen Frauenrechtlerin Anna Maria Mozzoni ebenso wie in der Frauenpolitik der Deutschnationalen Volkpartei.

Frauen bemühten unterschiedliche Strategien, um ihren Anspruch auf Mitwirkung und Teilhabe an gesellschaftlich-politischen Entwicklungen einzuklagen und diesen zu legitimieren. Auf dem Weg zu symbolischer und gestaltungsmächtiger Partizipation bot es sich u.a. an, auf die allseits postulierte und gesellschaftlich sedimentierte Logik der Geschlechterdifferenz zu rekurrieren und den Wert spezifisch weiblicher Qualitäten für die Gemeinschaft bzw. Nation hervorzuheben.[11] Vor allem die rassistischen Positionen mancher Frauenrechtlerinnen führen vor Augen, dass die Einschreibung in einen hegemonialen nationalen Diskurs selbst an der Produktion von Ausschlüssen

10 Korotin, Ilse, Geschlecht und Gemeinschaft. Eine Diskussion im Anschluss an Ferdinand Tönnies, in: Dies./Serloth, Barbara (Hg.), Gebrochene Kontinuitäten? Zur Rolle und Bedeutung des Geschlechterverhältnisses in der Entwicklung des Nationalsozialismus, Innsbruck u. a. 2000, S. 180-193.

11 Vgl. Planert, Ute, Antifeminismus im Kaiserreich. Diskurs, soziale Formation und politische Mentalität, Göttingen 1998; Dies., Nation, Politik und Geschlecht. Frauenbewegungen und Nationalismus in der Moderne, Frankfurt a. M./New York 2000.

beteiligt sein kann. Der Versuch von Frauen, sich über das den Gemeinschaftsbegriff konstituierende Axiom der Geschlechterdifferenz gleichberechtigten Zugang zu dieser Gemeinschaft zu verschaffen, erwies sich als wenig erfolgreich. Es zeigte sich in den Repräsentationen des Politischen, dass Gemeinschaft, gerade auch die politische, ausschließlich männlich gedacht und dargestellt wurde, während das ‚Weibliche' prinzipiell als Symbol für alles gegen die Gemeinschaft Gerichtete fungierte.

Die oben beschriebenen Verknüpfungen von Gemeinschaftsvorstellungen und Geschlechterordnung sind im spezifisch deutschen Konzept der ‚Volksnation' zu verorten. Die international vergleichende Perspektive, die im Forschungsprojekt *Geschlechtergeschichte der Politik* durch Arbeiten zu Italien und Norwegen gegeben ist, führt zu wichtigen Differenzierungen und zu überraschenden Schlüssen, sobald die Kategorie Geschlecht in die Analyse mit einbezogen wird. In der Phase der Herausbildung der europäischen Nationalstaaten entwickelten sich unterschiedliche Nationenmodelle, die die Zugehörigkeit und den Zugang zu politischer und sozialer Teilhabe unterschiedlich konzipierten. Während das deutsche Modell der ‚Volksnation' auf einer ‚organischen' und verwandtschaftlichen Gemeinschaftskonzeption beruhte, definierten die ‚Kulturnationen' Zugehörigkeit über historisch gewordene Gemeinsamkeiten, d.h. vor allem über die gemeinsame Sprache. Dagegen orientierte sich die Konzeption der ‚Staatsnation' am politisch konstituierten Gemeinwesen und definierte nationale Integration territorial oder rechtlich. Eine derartige Unterscheidung in drei Nationentypen reproduzierte jedoch zugleich auch den jeweiligen mythischen und identitätsstiftenden Kern des nationalen Selbstverständnisses, den Glauben an gemeinsame „mythische Ursprünge" (Volksnation), den „Mythos gemeinsamer Kultur" (Kulturnation) sowie den „Mythos gleichberechtigter Staatsbürgerschaft" (Staatsnation).[12] Weder die idealtypische Vorstellung der organischen Volksgemeinschaft, noch die Konzeption der Sprach- und Kulturgemeinschaft oder diejenige der politisch begründeten Staatsnation als Assoziation freier Bürger entspricht in der reinen Form, so Yuval Davis, den tatsächlichen, historisch feststellbaren Regulierungsmechanismen von Zugehörigkeit und Exklusion in modernen Nationalstaaten. Sobald konkrete Analysen entlang der Kategorie Geschlecht unternommen werden, erweisen sich die Typenbildungen als durchbrochen. Dies zeigt sich insbesondere an den mit jedem nationalen Projekt einhergehenden

12 Yuval Davis, Nira, Gender & Nation, London 1997.

Bestrebungen, die Frage der Generativität und Reproduktion im Sinne des Fortbestandes ‚der Nation' zu reglementieren und zu kontrollieren.[13]

Die Konstruktionsweisen nationaler (Abstammungs-)Gemeinschaft sind durch eine diskursive Trennung der Bedeutung von Kultur und Natur gekennzeichnet. Innerhalb einer solchen privatisierten und familiarisierten Struktur gilt nicht nur die Zugehörigkeit zur Familie/Gemeinschaft/Nation als naturgegeben und ‚schicksalhaft', sondern auch die ‚nationalisierten' Werte, Verhaltensnormen und Rollenerwartungen wurden als ‚natürlich' legitimiert. Der kulturelle Bereich (z.B. literarische und künstlerische Produktion als Element nationaler Identitätsstiftung) jedoch ist dem Naturhaft-Weiblichen entgegengesetzt und exklusiv männlich codiert.

Prinzipiell spielen auf denjenigen Bedeutungsebenen des Nationalen, die als öffentliche und politische codiert sind, also bei der staatlichen Dimension, nicht Abstammung und Geburt, sondern der Status eines frei entscheidenden Subjekts die entscheidende Rolle. Dennoch zeigt sich auch hier die tief greifende Wirksamkeit der bürgerlichen Geschlechterordnung, die die Sphäre des Öffentlichen männlich symbolisiert und männlichen Subjekten vorbehält. Gleichermaßen verhält es sich mit der historischen Konstruktion des Staates: Die ‚Gleichen', die das politische Gemeinwesen repräsentieren und in ihm mit gleichen Teilhaberechten ausgestattet agieren, sind gleich-geschlechtlich, nämlich Männer.

Die Verweisung von Frauen in die naturalisierte Sphäre des Privaten implizierte ihren sozialen und politischen Ausschluss von Partizipations- und Bürgerrechten und verwehrte ihnen damit symbolisch den Status eines historischen Subjekts. Zugleich wurde die Verknüpfung von Weiblichkeit mit der Zuständigkeit für die nationale Reproduktion und damit für den biologischen Fortbestand der Nation – auch in den Nationalstaaten, die sich ihrem Selbstverständnis nach als westliche Staatsnationen definierten – festgeschrieben. Frauen sind im Verhältnis zu Männern nicht als ‚Gleiche' in der (politischen) nationalen Ordnung repräsentiert, aber dennoch sind sie auf ‚schicksalhaft'-biologisierte Weise in die nationale Ordnung eingeschlossen.

---

13 Vgl. Stolcke, Verena, Die Natur der Nationalität, in: Kossek, Brigitte (Hg.), Gegenrassismen. Konstruktionen, Interaktionen, Interventionen, Hamburg/Berlin 1999, S. 73-99.

Beiträge

Die folgenden Beiträge teilen den Anspruch, eine Frauen- und Geschlechtergeschichte des Politischen zu schreiben und zugleich das männliche Geschlechtermonopol der Politik zu dekonstruieren. Sie setzen dabei unterschiedliche Schwerpunkte und reflektieren jeweils verschiedene Figurationen des Politischen. *Gabriele Boukrif* und *Katja Weller* stellen in ihren Artikeln den ersten Schritt einer modernen Geschlechtergeschichte in den Vordergrund, die Frage nämlich, welche Handlungsräume und Optionen Frauen und Frauengruppen in ihren spezifischen historischen Verhältnissen hatten. Unter dem Titel *Frauen-Politik* wird daher noch einmal darin erinnert, dass Geschlechtergeschichte auch weiterhin ohne grundlegende Untersuchungen zur Frauengeschichte nicht vorankommt, wird doch allzu oft unter dem Etikett des Geschlechts nur wieder eine Geschichte der Männer betrieben. Nach wie vor gilt es, grundlegende Forschungsdesiderate im Bereich der Frauengeschichte zu beheben.

Gabriele Boukrif vergleicht Schriften der italienischen Frauenrechtlerin Anna Maria Mozzoni mit den Publikationen von Hedwig Dohm im Hinblick auf die politischen Gemeinsamkeiten und Differenzen ihrer Protagonistinnen sowie die Besonderheiten der jeweiligen politischen Kulturen. Beide Publizistinnen forderten die Mitarbeit und Mitsprache von Frauen im politischen Bereich, wobei ihre Programme in der Forderung nach dem Frauenstimmrecht gipfelten. Neben einem Rekurs auf egalitäre Emanzipationsvorstellungen, betonten sie jedoch gleichzeitig die Differenz der Geschlechter: Diese mache die demokratische Gleichheit der Geschlechter um so dringlicher, wohingegen eine Hierarchisierung der männlichen und weiblichen Aufgabenbereiche abzulehnen sei. Dohm und Mozzoni versuchten also, einen eigenständigen weiblichen politischen Handlungsraum zu beschreiben, der sich mit den politischen Aufgaben der Männer zu einem gemeinsamen Ganzen in der liberalen Nation verbinden sollte. Nation und Staat wurden in ihren Schriften als demokratische Einheiten verstanden, die Männern und Frauen sowohl Gleichheit wie auch Differenz zugestanden, ohne aus den Differenzen einen Ausschluss von politischer Teilhabe abzuleiten. Mit diesen liberal-demokratischen Entwürfen waren Mozzoni und Dohm allerdings auch in den Frauenbewegungen ihrer Zeit in der Minderheit.

Katja Weller analysiert den Versuch der beiden Flügel der deutschen Frauenbewegung, sich in herrschende gesellschaftliche Diskurse einzuschreiben. Wie schon im vorangegangen deutsch-italienischen Vergleich geht es um Fragen der Exklusion und Inklusion, doch steht in diesem Beitrag nun die konstruierte Gemeinschaft von ‚Gesunden' und ‚Deutschen' der Gruppe derjenigen gegenüber, die als ‚krank' oder ‚degeneriert' markiert wurden. Beide Teile der Frauenbewegung, sowohl die sogenannten ‚Radikalen' wie die ‚Gemäßigten', beteiligten sich mit eigenen Beiträgen an der eugenischen Debatte in Deutschland. Die Analyse von Frauenzeitschriften im Kaiserreich und der Weimarer Republik zeigt zum einen, dass politisch aktive Frauen moderne, wissenschaftliche Diskurse rezipierten und diese dazu nutzten, ihren frauenpolitischen Forderungen Nachdruck zu verleihen. Zum anderen werden die in der Forschung oftmals postulierten fundamentalen Unterschiede zwischen ‚Radikalen' und ‚Gemäßigten' vor dem Hintergrund konkreter Politiken zweifelhaft und vielmehr als graduelle Differenzen ausgewiesen. Im Rahmen der eugenischen Debatte sahen Frauen es als ihre Aufgabe an, den weiblichen Beitrag zu einer neuen sozialen Ordnung zu definieren und darüber erweiterte politische Rechte einzufordern. In diesem Fall verstanden die Protagonistinnen Gleichheit vor allem als ein Merkmal der Vernünftigen und Einsichtigen, zu denen Frauen und Männer gezählt wurden. Frauen- und Eugenikpolitikerinnen wie Agnes Bluhm kritisierten auf diese Weise den Ausschluss von Frauen aus der Debatte und die geringe Berücksichtigung weiblicher Lebensbereiche, schien doch gerade die Frau besonders geeignet zu sein, in ihrer Funktion als Mutter und Erzieherin eugenische Werte zu vermitteln.

Im zweiten Teil des Buches stehen die *Figurationen von Gemeinschaft* im Vordergrund. Die Gemeinschaft der Geschlechter ist dabei eher ein politisch wenig erfolgreiches Projekt, während die Vorstellung des Männerbundes als wesentliches Element der Politik noch bis heute wirkt. *Kirsten Heinsohn* verfolgt die Frage, wie die Frauenpolitikerinnen in der Deutschnationalen Volkspartei den Begriff der ‚Volksgemeinschaft' als Legitimation für ihr konservatives Engagement benutzten und wie ihre männlichen Mitstreiter darauf reagierten. Es geht dabei vor allem um politische Programme und Ziele, doch zeigt ein knapper Vergleich mit der Arbeitnehmer- und Angestelltenpolitik der Partei eine erschreckende Parallele im politischen Handeln der Konservativen: die sprachliche Ausgrenzung derjenigen Individuen und Gruppen, die die Spaltungen der modernen Gesellschaft repräsentierten, Frauen und Arbeiter. Gemeinschaft konnte im deutschnationalen Sinne nur unter Männern und Führern herrschen, nicht unter Abhängigen und Ungleichen. Die deutschnationalen Frauenpolitikerinnen sahen sich vor das Dilemma gestellt, ihre Version der „deutschen Volksgemeinschaft" als politische Gemeinschaft der

Geschlechter nicht durchsetzen zu können, und zugleich den Bezug auf den Begriff der „Volksgemeinschaft“ angesichts seines verbreiteten Gebrauchs in vielen politischen Lagern nicht mehr aufgeben zu können.

Schon bevor Frauen die Möglichkeit hatten, als Abgeordnete für eine ‚Gemeinschaft der Geschlechter‘ zu streiten, hatten sich viele bürgerliche Männer zu neuen Selbstversicherungen herausgefordert gefühlt. Spätestens mit den Schriften Hans Blühers aus dem Jahr 1912 setzte eine bis dahin unbekannte Popularisierung von Männerbundtheorien ein. Ausgehend von einer dichten Interpretation der Schriften Hans Blühers zur Wandervogelbewegung, zur Psychoanalyse und zum Antifeminismus zeigt *Claudia Bruns*, wie im Zuge der Konstituierung und Konstruktion des Männerbundes als Keimzelle der Gemeinschaft und des Staates eine Individualisierung dieses Bundes in einem einzigen männlichen Subjekt, dem Führer, vollzogen wurde. Das heißt, individuelle und kollektive Subjektformation (Volk/Nation) zeigten strukturelle Äquivalenzen: Nicht nur das einzelne männliche Subjekt definierte sich durch konstitutive Abgrenzungen gegen das andere Geschlecht und die andere ‚Rasse‘. Auch für die Vorstellungen von Staat und Nation lassen sich derartige Exklusionsbewegungen nachzeichnen. In dieser ‚homosozialen‘ Konzeption von Staat und Gemeinschaft hatten Frauen und Juden keinen Platz, sie wurden als das ‚Negativ der Männergemeinschaft‘ ausgegrenzt, wenn auch in unterschiedlicher Form und Radikalität. - Männerbundtheorien waren im ersten Drittel des 20. Jahrhunderts weit verbreitet und gerade im politischen Raum sehr einflussreich. Carl Schmitts Staatskonzeption knüpfte hier ebenso an wie Ernst Jünger in seinen Schriften oder die späteren nationalsozialistischen Theoretiker Alfred Baeumler, Ernst Krieck und Alfred Rosenberg.

Im dritten Teil des Bandes geht es schließlich noch expliziter um *Repräsentationen des Politischen.* Männerbundtheoretiker hatten Juden und Frauen aus dem Politischen und aus der Gemeinschaft definitorisch ausgegrenzt. Die Nationalsozialisten betrieben ihre Propaganda vor genau diesem Hintergrund, wie *Katrin Schmersahl* am Beispiel nationalsozialistischer Karikaturen zu Ende der Weimarer Republik zeigen kann. Die NS-Karikaturisten nutzten geschickt eine Reihe tradierter antifeministischer und antisemitischer Bildtopoi und verdichteten diese teilweise zu neuen Aussagen und Feindbildstereotypen. Vor allem die allegorisierten Visualisierungen der Weimarer Demokratie verdeutlichen, dass die Nationalsozialisten gezielt tradierte Deutungsmuster des Weiblichen einsetzten, um den innenpolitischen Gegner und die Weimarer Republik, die Demokratie und eine egalitäre Gesellschaft als ‚weiblich‘ zu desavouieren. Das nationalsozialistische Selbstbild wurde dagegen ausschließlich mittels männlicher Leitbilder hergestellt. Gleichzeitig wurden Männlichkeit, die deutsche Nation, das deutsche Volk und die NSDAP symbolisch miteinander verschmolzen.

Claudia Lenz wendet sich abschließend der nachhaltigen Wirksamkeit von Konstruktionen und Repräsentationen des Politischen anhand von individueller und kollektiver Erinnerung zu. Am Beispiel der in der Erinnerungskultur der Nachkriegszeit feststellbaren Bilder des Widerstandes gegen die deutsche Besatzung Norwegens untersucht sie, welche der möglichen Repräsentationen von Politik und Geschlecht im nachhinein besonders wirkungsmächtig geworden sind. Sie stellt fest, dass die Bezugnahme auf ‚den Widerstand' für die nationalen Basiserzählungen und die Konstitution der „imaginären Gemeinschaft" der ‚guten Norweger' nach der Befreiung von entscheidender Bedeutung war. So zentral das Motiv ‚alle waren dabei' jedoch auch war; öffentlich repräsentiert und somit geschichtsmächtig wurden nur männliche Akteure. Die „Jungs in den Wäldern" bildeten hierbei eines der grundlegenden Motive des ‚richtigen' politischen Widerstandes, wobei die dazugehörigen Frauen nur in ihrer Funktion für die Aufrechterhaltung norwegischer Traditionen und Familienstrukturen in Erscheinung traten. So wurden beispielsweise diejenigen Frauen, die am bewaffneten Widerstand teilgenommen haben, entweder vollständig aus der historischen Erinnerung ausgeblendet oder ihre Geschichte wurde in die ‚passenden' weiblichen Repräsentationsmuster umgeschrieben. Diese Konstruktionen von Geschlecht und Politik reichen bis heute in die Erzählungen norwegischer Widerständlerinnen hinein, die ihre Tätigkeit als nicht politisch wahrnehmen. Die Autorin untersucht die hierin wirksame Verknüpfung von vergeschlechtlichten Diskursen des Nationalen, des Politischen und des Widerstandes und stellt die These auf, dass mit dem Ausnahmezustand der Fremdherrschaft nicht nur die nationale Integrität, sondern auch die Geschlechterordnung der Nation zutiefst erschüttert war.

Die einzelnen Beiträge sind durch die Hoffnung verbunden, eine Rückprojektion unitärer Konzepte zu unterbrechen und den Rekurs auf vergangene, ‚identitäre' Formen politischer Vernunft zu erschüttern. Gemeinsamkeit schließt immer auch eine Differenz der Individuen ein, die sich nicht in einer mystifizierten Einheit auflösen lässt. Es heißt, auf die Geste der ursprünglichen Gründung zu verzichten. Das ‚Wir', auch das weibliche ‚Wir', bleibt unwiderruflich ein inkonsistentes, ein ‚Wir' im Widerstreit.[14] Auch Demokratie, wie wir sie verstehen, entsteht nur im Rekurs auf die Heterogenität, auf

14 Vogl, Einleitung, S. 21.

die Kluft innerhalb der Gemeinschaft und des Zusammenschlusses. Das Politische kann demzufolge nicht länger allein in institutionellen Realitäten des Staates gesucht werden. Das Politische ist vielmehr der Ort, an dem sich die Gesellschaft ihrer inneren Heterogenität bewusst aussetzt und an ihr entlang temporäre Gemeinschaften stiftet, die ihre Ausschlüsse und Brüche immer schon mitdenken.

Dank

Zum Schluss möchten wir uns noch bei allen bedanken, die unsere Arbeit mit Ideen, Diskussionsbeiträgen, Zuspruch, Würdigung und nicht zuletzt materieller Förderung unterstützt haben. Besonderer Dank geht an Barbara Vogel, die unsere Projektgruppe leitete und uns immer wieder mit kritischen Fragen und Bemerkungen zum Weiterdenken anspornte, an Helga Milz und die Vergabekommission des Hochschulsonderprogramms III, die uns die Finanzierung des Projekts ermöglichten, an Sigrid Schneider für die Durchsicht des Manuskripts und schließlich an Benjamin Butschle, der sich um die technische Vorbereitung dieses Buches für den Druck kümmerte und uns so mehr Zeit für Diskussionen ermöglicht hat.

Hedwig Dohm und Anna Maria Mozzoni

Zwei Vorreiterinnen im Kampf um das Frauenwahlrecht im Vergleich

Gabriele Boukrif

Die Gründung der modernen Nation vollzog sich, wie überall in Europa, auch in Deutschland und Italien im Wesentlichen als eine Idee von Männern, wurde von ihnen zelebriert und gestaltet.[1] Das politische Ordnungsmodell, das den neuen nationalen Gefügen zugrunde lag, basierte auf der bürgerlichen Vorstellung dualistischer Geschlechtersphären, gemäß derer die Frau im häuslichen, privaten Raum zu wirken hatte. Dem Mann hingegen wurde die Öffentlichkeit als Handlungsraum zugewiesen.[2] Dementsprechend orientierten sich die neuen Staatsordnungen, die nach den Nationalstaatsgründungen[3] in Kraft traten, an der traditionellen dichotomischen Geschlechterordnung, die den Ausschluss von Frauen aus der öffentlich-politischen Sphäre implizierte.

Die aktive Teilnahme am politischen Leben wurde somit aufgrund der Grenzziehung der Kategorie Geschlecht durch das Staatsvolk weitgehend eindimensional repräsentiert.[4] Bis auf wenige Ausnahmen hatten in beiden Län-

---

1 Vgl. Langewiesche, Dieter, Nation, Nationalismus, Nationalstaat in Deutschland und Europa, München 2000, S. 101.

2 Vgl. für Italien u.a. Porciani, Ilaria, La festa della nazione. Rappresentazione dello Stato e spazi sociali nell'Italia unità, Bologna 1997, S. 111f.; für das Deutsche Reich u.a. Frevert, Ute, „Mann und Weib, und Weib und Mann“. Geschlechter-Differenzen in der Moderne, München 1995, bes. S. 125f.

3 Die im europäischen Vergleich relativ spät erfolgten Nationalstaatsgründungen wurden in Italien 1861, im Deutschen Reich 1871 vollendet. Vgl. dazu für Italien die Geschichte und Rezeption des „Risorgimento“, was im Deutschen mit „Wiederbelebung“ übersetzt wird und die Bewegung bezeichnet, die von 1815 bis 1861/70 zur Einheit Italiens unter dem piemontischen Königshaus führte. Vgl. dazu Seidlmayer, Michael, Geschichte Italiens. Vom Zusammenbruch des Römischen Reiches bis zum Ersten Weltkrieg, Stuttgart 1989, S. 368-426. Zur Geschichte der deutschen Nationalstaatsgründung vgl. Nipperdey, Thomas, Deutsche Geschichte 1866-1918, Bd. 2: Machtstaat vor der Demokratie, Sonderausgabe München 1998, bes. Kap. I: Der Weg zur Reichsgründung: Deutschland 1866-1871, S. 11-85.

4 Für Italien vgl. Bimbi, Franca/Del Re, Alisa, A cinquant'anni dal voto, in: dies. (Hg.), Genere e democrazia. La cittadinanza delle donne a cinquant'anni dal voto, (Sogetto donna 17), Torino 1997, S. 11-17, Rossi-Doria, Anna, Diventare cittatine. Il voto alle donne in Italia, Firenze 1996, bes. S. 7-20. Für Deutschland vgl. Appelt, Erna, Geschlecht – Staatsbürgerschaft – Nation. Politische Konstruktionen des Geschlechterverhältnisses in Europa (Politik der Geschlechterverhältnisse Bd. 10),

dern vorwiegend unabhängige Bürger männlichen Geschlechts mit einem bestimmten Einkommen das Wahlrecht. In Italien musste zusätzlich noch der Nachweis einer gewissen Bildung erbracht werden.[5]

In Abgrenzung zu diesem Verständnis von Nation und Geschlecht gewann jedoch auf der anderen Seite in beiden Staaten im Zuge der Nationalstaatsgründungen auch die Vorstellung von einer „Gemeinschaft", in der Männer und Frauen das politische Leben gleichberechtigt gestalten und repräsentieren sollten, zunehmend an Bedeutung. Eingebunden in die Forderungen

Frankfurt/New York 1999, bes. S. 43; Ley, Ulrike, Einerseits und Andererseits – das Dilemma liberaler Frauenrechtlerinnen in der Politik (Forum Politik u. Geschlechterverhältnisse Bd. 1), Pfaffenweiler 1999, S. 14f.

5 Zu unterscheiden sind hierbei in beiden Ländern die jeweiligen Wahlrechtsbestimmungen auf den verschiedenen politischen Ebenen: So wurde im Zuge der Nationalstaatsgründung allen Deutschen, die das 25. Lebensjahr vollendet hatten, das Reichstagswahlrecht zugestanden. Daneben galten jedoch gleichzeitig die wesentlich restriktiveren Bestimmungen der voneinander differierenden Landtagswahlrechte weiter. Diesen das Deutsche Reich charakterisierenden Dualismus gab es in Italien nicht. Zugang zum politischen Wahlrecht hatten nur diejenigen Bürger über 25, die jährlich einen Zensus von 40 Lire zahlten und eine grundlegende Elementarbildung nachweisen konnten, bzw. bestimmten Berufsständen angehörten. Deutsche Frauen waren vom Reichstagswahlrecht, italienische Frauen vom politischen Wahlrecht rein formal nicht ausgeschlossen, wohingegen in einigen Landtagswahlrechten des Deutschen Reiches explizit der Ausschluss des weiblichen Geschlechts vorgesehen war. Auf kommunaler Ebene war das Wahlrecht in Italien ebenfalls an den Zensus und einen Bildungsnachweis gebunden, Frauen wurden hier ausdrücklich ausgeschlossen. Die verschiedenen Städte- und Landgemeindeordnungen sowie die Gemeindeverfassungen im Deutschen Reich hingegen wiesen unterschiedliche Wahlrechtsbestimmungen auf, in denen ledigen und/oder besitzenden Frauen das Wahlrecht (vorwiegend durch Vertretung) teilweise zugestanden wurde. Vgl. für Italien: Ballini, Pier Luigi, I notabili e il suffragio. La legge elettorale del 1848 e le prime elezioni del Regno d'Italia, in: Sabatucci, Giovanni, Le riforme elettorali in Italia (1848-1994), Milano 1995, S. 37-47; Meriggi, Marco, Soziale Klassen, Institutionen und Nationalisierung im liberalen Italien, in: Geschichte und Gesellschaft (GG), 26 (2000) 2, S. 201-219, hier bes. S. 201-203; Pavone, Claudio, L'avvento del suffragio universale in Italia, in: Annali della Fondazione Lelio e Lisli Basso - Issoco Roma, Volume IX: Suffragio, rappresentanza, interessi. Istituzioni e società fra '800 e '900, a cura di Pavone, Claudio e Salvati, Mariuccia, Milano 1989, S. 95-123; Piretti, Maria Serena, Il caso italiano, in: dies. (Hg.), I sistemi elettorali in Europa tra Otto e Novecento, Roma 1997, S. 227-256, hier bes. S. 229. Für Deutschland vgl. Heinsohn, Kirsten, Politik und Geschlecht. Zur politischen Kultur bürgerlicher Frauenvereine in Hamburg (Beiträge zur Geschichte Hamburgs Bd. 52), Hamburg 1997, S. 11f.; Huber, Ernst Rudolf, Deutsche Verfassungsgeschichte seit 1789. Bd. III: Bismarck und das Reich, Stuttgart 1963; Ritter, Gerhard A. unter Mitarbeit von Niehuss, Merith, Wahlgeschichtliches Arbeitsbuch. Materialien zur Statistik des Kaiserreiches 1871-1918, München 1980, S. 26.

der Frauenbewegung nach der rechtlichen Gleichstellung im Bereich der Ehe und Bildung sowie im Erwerbsleben ging damit die wachsende Kritik an einer Staatskonzeption einher, die lediglich die aktive politische Teilhabe von Männern am Staat vorsah.

Mit der Italienerin Anna Maria Mozzoni und der Deutschen Hedwig Dohm erhoben in den neuen nationalen Gefügen erstmals zwei Frauenrechtlerinnen ihre Stimmen, die – ihrer Zeit noch weit voraus – dem vorwiegend männerbündisch konstituierten Machtgefüge und der damit verbundenen Ausgrenzung der Frauen von der staatsbürgerlichen Egalität die Konzeption einer Nation von miteinander kooperierenden, gleichberechtigten Frauen und Männern entgegenhielten.

Die daraus resultierenden Ansprüche von Frauen auf Mitarbeit und Mitsprache im öffentlich-politischen Bereich sowie die damit verknüpften Forderungen nach ihrer sozialen, wirtschaftlichen und politischen Gleichstellung, die Anna Maria Mozzoni und Hedwig Dohm stellten, sollen in diesem Beitrag nach einer kurzen biografischen Einführung in den Blick genommen werden. Anhand einer exemplarischen Auswahl der Schriften beider Frauen, die vorwiegend aus den frühen Textkorpora stammen, stehen dabei insbesondere zwei Aspekte im Vordergrund: Zum einen erfolgt eine vergleichende Analyse der Argumente, mit denen beide Frauen ihre Ideen und Ansprüche begründeten. Die Forderung nach dem Frauenstimmrecht wird in diesem Zusammenhang von tragender Bedeutung sein und insbesondere in Abhängigkeit zu den spezifischen nationalen und politischen Gegebenheiten, die in beiden Ländern vorherrschten, untersucht werden. Zum anderen soll in einem zweiten Schritt die Resonanz, auf die beide Frauen mit ihren Forderungen stießen, in den Blick genommen werden und Aufschluss über die verschiedenen Emanzipationskonzepte geben, die innerhalb der Nationen vorherrschten.

Biografische Einführung

Anna Maria Mozzoni

„Sie starb unbemerkt, aber die Spuren ihres Werkes eines ganzen Zeitalters bleiben unauslöschlich mit der Geschichte der Frauenfrage verbunden, und die Erinnerung an sie wird voller Sympathie und unverrückbar in den Herzen ihrer alten Freunde, die sie überleben, wach bleiben."[6]

Mit diesen Worten wurde 1920 in der Zeitschrift „Avanti" der gerade verstorbenen Anna Maria Mozzoni[7] gedacht, deren Wirken als erste Frauenrechtlerin Italiens, die sich öffentlich für das Frauenwahlrecht einsetzte, in die Annalen der italienischen Geschichtsschreibung zur Frauenforschung einging.[8]

Anna Maria Mozzoni wurde am 5. Mai 1837 in Rescaldina in der Provinz Como geboren. Als Tochter einer politisch engagierten, liberal eingestellten Familie verlebte sie eine unbeschwerte Kindheit. Da ihre Eltern materiell gut situiert waren, konnte Anna Maria Mozzoni von 1842 bis 1851 eine Mädchenschule besuchen, deren konservative Lehrgrundsätze jedoch schon bald gegen ihr liberales Empfinden verstießen, so dass sie die Schule aus eigenem Willen und vorzeitig verließ, um sich selbst weiterzubilden.[9]

Früh begann sie sich für Politik und insbesondere für die Bedingungen, unter denen Frauen zu ihrer Zeit lebten, zu interessieren. Als Anhängerin der republikanischen Linken entfernte sie sich nach der Nationalstaatsbildung jedoch von dem Gedankengut ihrer Leitfigur, dem Freiheitskämpfer Giuseppe Mazzini (1805-1872), und wandte sich der im Entstehen begriffenen sozialistischen Bewegung zu. Da aber auch die sozialistische Partei Italiens (PSI) ihrer Meinung nach die Interessen der Frau nicht ausreichend berücksichtigte,

6 Zitiert aus „Avanti", Organ der Sozialistischen Partei vom 18. Juni 1920, in: Dickmann, Elisabeth, Anna Maria Mozzoni – Zum Feminismusverständnis der ersten italienischen Frauenbewegung, in: Krüger, Marlies (Hg.), Was heißt hier eigentlich feministisch? Zur theoretischen Diskussion in den Geistes- und Sozialwissenschaften, Bremen 1993, S. 181-207, hier S. 187. Die Übersetzung wurde von mir übernommen.

7 Zu den folgenden Angaben zu Anna Maria Mozzoni wenn nicht anders vermerkt vgl. Farina, Rachele (Hg.), Dizionario biografico delle donne lombarde 568-1968, Milano 1995, hier S. 776-779; De Leo, Mimma/Taricone, Fiorenza, Le donne in Italia. Diritti civili e politici, Napoli 1992, S. 306; Odorisio, Maria Linda/Turi, Monica, Donna o cosa? I movimenti femminili in Italia dal Risorgimento a oggi, Torino 1991, hier bes. S. 19f. und S. 223. Ich beschränke mich bei dem biografischen Überblick auf einige wichtige Stationen in ihrem Leben.

8 Das erste ausführlichere Kapitel über Anna Maria Mozzoni legte Franca Pieroni Bortolotti bereits 1963 in ihrer Abhandlung „Alle origini del movimento femminile in Italia. 1848-1892", Torino 1963 vor, sie erschien 1975 als Reprint. Wenngleich es wenig Einzelstudien über sie gibt, so wird ihr doch in nahezu allen Abhandlungen über die italienische Frauenbewegung ein grundlegendes Kapitel gewidmet.

9 Dabei ging Mozzoni vorwiegend autodidaktisch vor. Ihr stand zum einen die große Familienbibliothek zur Verfügung, zum anderen hielt sie engen Kontakt mit den zahlreichen Gelehrten, die sich häufig in dem intellektuellen Salon der Mozzonis versammelten. Vgl. Farina, Dizionario, S. 776.

distanzierte sie sich später wieder von der Bewegung und gehörte keiner Partei-Organisation mehr an.[10]

Als Schriftstellerin und Frauenrechtlerin trat Anna Maria Mozzoni in den 60er Jahren erstmals an die Öffentlichkeit. Sie beteiligte sich aktiv an den Debatten um die rechtliche Stellung der Frau im neuen Codice Civile, dem bürgerlichen Gesetzbuch Italiens von 1865, das vier Jahre nach der Nationalstaatsgründung verabschiedet wurde. Ihr erstes frauenpolitisch orientiertes Buch[11] schrieb sie 1864 mit 27 Jahren. Es gilt als erste Abrechnung mit den herrschenden rechtlichen und sozialen Bedingungen der Frauen in Italien. Ein Jahr später, 1865, veröffentlichte sie als Antwort auf den neuen Codice eine Schrift[12] und resümierte darin die Aussagen zur Rechtsstellung der Frau im vereinten Italien. Fast jährlich veröffentlichte Mozzoni in den folgenden Jahren Monografien oder Artikel zum Frauenrecht.[13]

Anna Maria Mozzoni setzte sich – ebenso wie Hedwig Dohm – ausgiebig mit John Stuart Mill auseinander und übersetzte 1870 sein Werk „The Subjection of Women" ins Italienische. Als kontinuierliche Mitarbeiterin der Zeitschrift „La Donna" beteiligte sie sich durch die Veröffentlichung zahlreicher Artikel in dieser und in vielen anderen Zeitschriften an der regen Diskussion um die Frauenfrage. Sie schloss sich der internationalen Bewegung gegen die Prostitution an, plädierte für bessere Arbeitsschutzbedingungen für Frauen und kämpfte für die Rechte unehelicher Kinder und deren Mütter.

Aufsehen erregte Anna Maria Mozzoni 1877, als sie die erste einer Reihe von ihr geförderten Petitionen für das politische Frauenstimmrecht initiierte und im Parlament einreichte. 1878 nahm sie in Paris am internationalen Kongress für die Rechte der Frauen teil und hielt am 25. Juli den Eröffnungsvortrag.[14] Anna Maria Mozzoni war die erste Italienerin, die 1881 zusammen mit

---

10 Vgl. Sarogni, Emilia, La donna italiana. Il lungo cammino verso i diritti 1861-1994, Parma 1995, S. 33.

11 Anna Maria Mozzoni: La donna ed i suoi rapporti sociali. Abgedruckt in: Anna Maria Mozzoni: La liberazione della donna. A cura di Pieroni Bortolotti, Franca. Milano 1975, S. 33-90 (im Folgenden Mozzoni, rapporti sociali). Vor dieser Abhandlung hatte sie im Jahre 1855 schon einen Roman veröffentlicht (vgl. Anm. 28).

12 Anna Maria Mozzoni: La donna in faccia al nuovo Codice civile italiano, Milano 1865, abgedruckt in Pieroni Bortolotti, Liberazione, S. 91-100.

13 Zur vollständigen Liste ihrer Veröffentlichungen vgl. Farina, Dizionario, S. 778-779.

14 Unter den vierhundert Frauen aus aller Welt, die an dem Kongress teilnahmen, war sie die einzige, die dort nicht nur im Namen zahlreicher Frauenvereine und als Delegierte der „La Donna" den Eröffnungsvortrag hielt, sondern auch offiziell im Auftrag des damaligen italienischen Erziehungsministers Francesco de Sanctis in

Paolina Schiff[15] eine autonome Frauenorganisation zum Schutz der Interessen von Frauen, die „Lega promotrice degli interessi femminili", gründete.[16] An ihrem politischen Engagement änderte auch ihre siebenjährige Ehe mit dem Republikaner, Conte Malatesta Covo Simoni, nichts. Anna Maria Mozzonis Unterschrift fand sich unabhängig von ihrer persönlichen Situation unter nahezu jeder Petition zum Frauenstimmrecht, die im Parlament eingereicht wurde. Die folgenreiche Petition von 1906/7 hat sie sogar im hohen Alter von 70 Jahren noch selbst verfasst.[17] Noch 1919, ein Jahr vor ihrem Tod, nahm sie mit großem Engagement an der Parlamentsdebatte zum Frauenwahlrecht teil. Anna Maria Mozzoni starb 1920 mit 84 Jahren in Rom.

Erscheinung trat. Vgl. Sarogni, donna italiana, S. 35; die italienische Erstveröffentlichung ihres Eröffnungsvortrages in der Zeitschrift „il dovere" vom 6. September 1878 ist abgedruckt in Pieroni Bortolotti, Franca, liberazione, S. 130-136.

15 Paolina Schiff zählte in dieser Zeit neben Anna Maria Mozzoni zu den wenigen progressiv denkenden Frauenrechtlerinnen im vereinten Italien. Zu ihrem Wirken vgl. Buttafuoco, Annarita (Hg.), Franca Pieroni Bortolotti. Sul movimento politico delle donne, scritti inediti, Roma 1987, S. XXXI, S. 248, S. 254.

16 Die Lega gilt als erste organisierte Interessengemeinschaft engagierter Frauen, die landesweit Verbreitung fand. Zur Gründung der Lega vgl. Buttafuoco, Annarita, Questioni di cittadinanza. Donne e diritti sociali nell'Italia liberale, Siena 1997, S. 47-56; dies., Vie per la cittadinanza. Associazionismo politico femminile in Lombardia tra Otto e Novecento, in: Marchetti, Ada Gigli/Torcellan, Nanda (Hg.), Donna lombarda 1860-1945, Milano 1992, S. 21-46; L'opera di Anna Maria Mozzoni per l'emancipazione della donna italiana, in: Sarogni, donna italiana, S. 25-41, besonders 37-38.

17 Die von Anna Maria Mozzoni 1906 verfasste Petition wurde in Zusammenarbeit mit dem römischen Frauenstimmrechtsverein zu Beginn des Jahres 1907 im Parlament eingereicht. Sie löste nicht zum ersten Mal große Diskussionen um das Frauenstimmrecht aus und zog die Gründung einer parlamentarischen Kommission nach sich, die in den folgenden drei Jahren über das kommunale Frauenwahlrecht beriet. Vgl. den Petitionstext: Al Senato del Regno e alla Camera dei Deputati. Petizione Delle Donne Italiane per il voto politico e amministrativo (a sensi dell'art. 57 dello Statuto fondamentale del Regno), Roma 1906, als Kopie im Archivio Unione Femminile Nazionale (AUFN), Milano S. 3-14 und den zusammenfassenden Überblick von Buttafuoco, Annarita, Apolidi. Suffragismo femminile e istituzioni politiche dall'Unità al fascismo, in: Le donne e la Costituzione, Atti del Convegno promosso dall'Associazione degli ex-parlamentari, Roma 22-23 marzo 1988, S. 5-54, hier bes. S. 6-13.

Hedwig Dohm

„Sie ist von Anfang an für das ganze neue Frauenprogramm eingetreten, nicht von taktischen Erwägungen gehemmt und von weiser Diplomatie gezügelt. Sie fing sozusagen mit dem politischen Stimmrecht an.“[18]

Hedwig Dohm[19] wurde am 20.09.1831[20] als Tochter von Henriette Wilhelmine Jülich und dem jüdischen Tuchfabrikanten Gustav Adolph Schlesinger in Berlin geboren. Sie wuchs im Gegensatz zu Mozzoni inmitten einer großen Kinderschar auf, insgesamt brachte ihre Mutter 18 Kinder zur Welt. Anders als die Italienerin genoss sie keine liberale Erziehung. Intellektuelle, kulturelle oder politische Auseinandersetzungen waren in ihrem Elternhause rar und konnten ihren permanenten Wissensdrang nicht stillen. Hedwig Dohm erhielt die übliche Mädchenerziehung. Mit 15 Jahren war für sie die Schule beendet, danach trug sie einen Teil der Verantwortung im Haushalt und hatte darauf zu warten, geheiratet zu werden. Diese dürftige Mädchenbildung, die auch durch den Besuch eines Lehrerinnenseminars, den sie ihren Eltern mit 18 abtrotzte, nicht wesentlich aufgewertet wurde, beklagte Hedwig Dohm ihr

---

18 Zitiert anlässlich des achtzigsten Geburtstages von Hedwig Dohm aus Bäumer, Gertrud, Hedwig Dohm, in: Jahrbuch der Frauenbewegung 1914. Im Auftrage des Bundes Deutscher Frauenvereine hg. von Altmann-Gottheiner, Elisabeth, Berlin 1914, S. 167-170, hier S. 169.

19 Alle Angaben zu Hedwig Dohm aus Brandt, Heike, „Die Menschenrechte haben kein Geschlecht“. Die Lebensgeschichte der Hedwig Dohm, Weinheim und Basel 1995 (3. Auflage); Gerhard, Ute, Unerhört. Die Geschichte der deutschen Frauenbewegung, unter Mitarbeit von Wischermann, Ulla, Reinbek bei Hamburg 1990, S. 104-107; Müller, Nikola, Hedwig Dohm (1831-1919). Eine kommentierte Bibliografie (Schriftenreihe des Hedwig Hintze-Instituts Bremen Bd. 6), Berlin 2000; Rosenbusch, Ute, Der Weg zum Frauenwahlrecht in Deutschland (Schriften zur Gleichstellung der Frau Bd. 20), Baden-Baden 1998, S. 292-296.

20 Lange Zeit wurde Dohms Geburtsdatum auf das Jahr 1833 datiert. So u.a. in der ersten Biografie zu Hedwig Dohm von Schreiber, Adele, Hedwig Dohm als Vorkämpferin und Vordenkerin neuer Frauenideale, Berlin 1914, aber auch noch bei Speck, Ute, Ein mögliches Ich. Selbstreflexion in der Schreiberfahrung. Zur Autobiographik der Politikerinnen Lily Braun, Hedwig Dohm und Rosa Luxemburg, Frankfurt a.M. 1997. Die Hintergründe, die wahrscheinlich mit der Identifizierung der zwei Jahre jüngeren Protagonistin „Marlene“ aus Dohms teilweise autobiografischem Roman „Schicksal einer Seele“ zusammenhängen, sind erst in den letzten Jahren näher untersucht worden. Vgl. dazu Brandt, „Menschenrechte“, S. 9 und Müller, Hedwig Dohm, S. 13-14.

Leben lang und sie bezeichnete sich aufgrund des von ihr als unzulänglich empfundenen Wissenstandes als „Dilettant“ und „geistigen Backfisch“.[21]

1853 heiratete die 22-Jährige den zehn Jahre älteren Ernst Dohm. Durch die Ehe mit dem Redakteur der satirischen Zeitschrift „Kladderadatsch“ gelangte sie in intellektuelle Kreise und begann neben der Erziehung ihrer fünf Kinder und einem regen gesellschaftlichen Leben ihre schriftstellerische Tätigkeit.[22] Nachdem sie 1867 eine spanische Literaturgeschichte veröffentlicht hatte, erschien 1872 mit „Was die Pastoren von den Frauen denken“ ihre erste feministische Streitschrift. 1873 folgte „Der Jesuitismus im Hausstande“, 1874 wurde „Die wissenschaftliche Emanzipation der Frau“ veröffentlicht und 1876 erschien „Der Frauen Natur und Recht“.[23] Mit diesen Schriften avancierte sie zur ersten deutschen Frau, die das Frauenstimmrecht zur aktuellen Forderung[24] erhob und diesen Anspruch auch ausführlich begründete.

Hedwig Dohm war im Gegensatz zu Anna Maria Mozzoni erst im reiferen Alter als Frauenrechtlerin aktiv geworden, und sie hatte anders als Mozzoni eine Abneigung gegen öffentliche Auftritte, die sie stets zu vermeiden suchte. Diese Scheu wurde auch von ihr näherstehenden Frauenrechtlerinnen betont. So schrieb Minna Cauer zu Dohms 80. Geburtstag:

„Ich weiß, es ist dir sehr peinlich, daß man deiner erwähnt, denn du hast einstmals für dein ganzes Empfindungsleben die charakteristische Aussprache niedergeschrieben: Bemerkt

---

21 Zitiert aus einem Artikel von Hedwig Dohms Tochter Hedwig: Pringsheim-Dohm, Hedwig, Meine Eltern Ernst und Hedwig Dohm, in: Vossische Zeitung, Berlin, Beilage „Das Unterhaltungsblatt“, 01.05.1930.

22 Die wichtigsten Werke von Hedwig Dohm vgl. Brandt, „Menschenrechte“, S. 126-127 sowie die ausführliche chronologische Bibliografie in Müller, Hedwig Dohm, S. 37f.

23 1893 überarbeitet Hedwig Dohm „Der Jesuitismus im Hausstande“ (Berlin 1873), „Die wissenschaftliche Emanzipation der Frau“ (Berlin 1874) und „Der Frauen Natur und Recht“ (Berlin 1876) und veröffentlichte sie zusammen unter dem Titel des Frühwerkes „Der Frauen Natur und Recht“.

24 Vor Hedwig Dohm war auch schon Louise Otto als Befürworterin des Frauenwahlrechtes aufgetreten, doch forderte sie vorerst nur das aktive Frauenstimmrecht und erachtete es zurückhaltender als Hedwig Dohm als ein Ziel, das nicht sofort, sondern in der Zukunft anvisiert werden sollte. Vgl. Otto, Louise, Mein Programm als Mitarbeiterin einer Frauenzeitung, in: Dittmar, Louise (Hg.), Das Wesen der Ehe. Nebst einigen Aufsätzen über die soziale Reform der Frauen, Leipzig 1849, abgedruckt in: Möhrmann, Renate (Hg.), Frauenemanzipation im deutschen Vormärz. Texte und Dokumente, Stuttgart 1978, S. 61 und Rosenbusch, Frauenwahlrecht, S. 291.

werden und verwundet sein, waren eins für mich [...] Du liebst nicht die Öffentlichkeit, Hedwig Dohm!"[25]

Ein weiterer Erklärungsansatz für ihr zurückhaltendes Verhalten im öffentlichen Raum könnte auch in der Eingebundenheit in ihre Familie liegen. Anders als die Italienerin, die erst mit 49 Jahren und somit wesentlich später als Hedwig Dohm geheiratet hatte, deren Ehe lediglich 7 Jahre hielt und die nur eine Tochter hatte, forderte die sechsköpfige Familie Dohm sicherlich mehr Pflichten ab.

Der maßgebliche Grund für den reservierten Kontakt Dohms mit der bereits etablierten organisierten Frauenbewegung gerade zu Beginn ihrer Tätigkeit erklärte sich aber wohl weniger daraus, dass sie dem „Vereinsleben u. dergl. mit allem Drum und Dran" nicht viel abgewinnen konnte.[26] Ihre Zurückgezogenheit ist vermutlich vielmehr darauf zurückzuführen, dass sich erst Ende der 80er Jahre mit der Herausbildung des jüngeren („radikalen") Flügels der Frauenbewegung eine Bewegung zu etablieren begann, die Dohms Interessen positiv gegenüberstand und mit denen sie kooperieren wollte. So gehörte sie 1888 dem Gründungskomitee des „Deutschen Frauenvereins Reform" an, der sich unter der Führung von Hedwig Kettler für eine gleichberechtigte Mädchenbildung einsetzte. Im Vorstand des Vereins „Frauenwohl", der von Minna Cauer geleitet wurde, war Dohm von 1889-1901 Beisitzerin und bis an ihr Lebensende Ehrenmitglied. Im Jahre 1905, als Helene Stöckers „Bund für Mutterschutz" ins Leben gerufen wurde, saß die 74-Jährige als Mitglied in der Gründungsversammlung.

Als die Stimmrechtsfrage dann um die Jahrhundertwende auch im Deutschen Reich organisiert vorangetrieben wurde, verfolgte Hedwig Dohm mit Interesse und Engagement diese Entwicklung und wurde zur Ehrenpräsidentin des 1902 gegründeten „Deutschen Vereins für Frauenstimmrecht" ernannt. Noch im Alter von 76 Jahren veröffentlichte sie die Schrift „Die Erziehung der Frau zum Stimmrecht". Mit 86 Jahren starb Hedwig Dohm am 1. Juni 1919 in Berlin, ein halbes Jahr nachdem die deutschen Frauen das Wahlrecht erstmalig ausgeübt hatten.

---

25 Zitiert aus Cauer, Minna, Hedwig Dohm zum 80. Geburtstag, in: Die Frauenbewegung, hg. v. Cauer, Minna, Jg. XIX, Nr. 18, September 1913, S. 139.

26 Vgl. ebd.

Politische Schriften und Engagement für das Frauenstimmrecht

Anna Maria Mozzoni und Hedwig Dohm haben sich wahrscheinlich nie persönlich kennengelernt, aber nachweislich hat zumindest die Italienerin von der Deutschen mehrfach Kenntnis genommen. So bezeichnete sie Hedwig Dohm als eine derjenigen, die das Wahlrecht für Frauen „mit einem Talent, das alle Widrigkeiten überwand“[27] vorangetrieben habe.

Ein Vergleich des Gesamtwerkes der beiden Frauen erweist sich insofern als problematisch, als Anna Maria Mozzoni fast ausschließlich politische Schriften zur Frauenfrage verfasst hat, wohingegen Hedwig Dohm sich neben ihren feministischen Streitschriften auch der Belletristik verschrieben hatte.[28] Doch bietet die vergleichende Analyse ausgewählter Abhandlungen aus dem Bereich der politischen Schriften beider Frauen eine gute Ausgangsbasis, um sowohl allgemein zur Frauen- und Geschlechterfrage als auch speziell zum Frauenstimmrecht nach Unterschieden und Parallelen zu suchen.

Anna Maria Mozzoni setzte sich wie Hedwig Dohm nicht nur für das Frauenstimmrecht ein, sondern forderte auch die Verbesserung anderer Lebensbereiche, in denen Frauen benachteiligt waren. Beide kritisierten die herrschenden patriarchalischen Familienstrukturen, die Stellung der Frau in der Ehe[29] sowie die gängigen Arbeitsbedingungen, denen Frauen ausgesetzt waren. Auch die Gedanken, die Mozzoni in ihrer Schrift von 1864 zur Gleichheit und Differenz der Geschlechter, zum Wesen der Frau und zu ihrer rechtlichen Stellung formulierte, sind durchaus vergleichbar mit den Überle-

---

27 Vgl. „Lettera di A. Maria Mozzoni all`onorevole Zanardelli, relatore sul progetto di riforma della legge elettorale“, Roma 1881, abgedruckt in Pieroni Bortolotti, liberazione, S. 145-150, hier S. 146. Folgt man Macrelli, Rina, Anna Maria Mozzoni e la lotta contro la prostitutione di stato, Roma 1981, so hat Anna Maria Mozzoni auch die Übersetzung des Buches von Hedwig Dohm durch Maria Malliani Traversari angeregt, die 1878 in Mailand unter dem Titel „I diritti delle donne“ veröffentlicht wurde. Vgl. dazu auch Dickmann, Anna Maria Mozzoni, S. 191 und 204 sowie Buttafuoco, Annarita, Cronache femminili. Temi e momenti della stampa emancipazionista in Italia dall`unità al fascismo, Firenze 1988, S. 27.

28 Lediglich das erste Werk von Anna Maria Mozzoni, „La masque de ferre“, das sie 1855 mit 18 Jahren veröffentlichte, gehört in den Bereich der Belletristik. Vgl. Farina, Dizionario, S. 776. Hedwig Dohm hingegen schrieb mehrere Lustspiele, Novellen und Romane, vgl. Müller, Hedwig Dohm, S. 37f.

29 Vgl. hierzu insbesondere Dohm, Jesuitismus, und ihre Aufsätze über Liebe und Ehe in den sozialistischen Monatsheften aus dem Jahr 1909 Nr. 10, 13 und Nr. 23 mit Mozzoni, rapporti sociali, Kap. 3: „La donna e la famiglia“, S. 49-55.

gungen, die Hedwig Dohm zehn Jahre später in ihrem Buch über die wissenschaftliche Emanzipation der Frau postulierte.[30]

Beide Frauen sagten in ihren Schriften dem herrschenden Geschlechtermodell den Kampf an und forderten neben verbesserten Bildungsmöglichkeiten und Zugang zu Universitäten auch die politische Gleichberechtigung der Geschlechter. Dabei offenbart der Vergleich ihrer Argumentationsstruktur ein hohes Maß an Übereinstimmung: beide betrachteten in einem ersten Schritt die rechtlichen Gegebenheiten, denen Frauen ausgesetzt waren, und betonten daran anknüpfend die daraus resultierenden Defizite. In einem zweiten Schritt analysierten sie die vorgebrachten Argumente, die diese rechtliche Benachteiligung legitimieren sollten, um sie danach mit Gegenargumenten zu entkräften.

So stellten Hedwig Dohm wie auch Anna Maria Mozzoni kritisch fest, dass der Staat von dem weiblichen Teil der Bevölkerung zwar die Erfüllung seiner Pflichten erwarte, ihm aber insbesondere politische Rechte vorenthielte. Mozzoni betonte in diesem Zusammenhang, dass die Frau den Gesetzen immer Folge leisten müsse, ohne jedoch an ihrer Entstehung beteiligt gewesen zu sein und dass sie mit ihrer Arbeit und ihrem Besitz zum Wohle des Staates beigetragen habe, ohne jedoch selbst davon profitieren zu können:

> „Für sie die Steuern, aber keine Bildung; für sie die Opfer, aber keine Anstellung; für sie die Auferlegung hoher Tugend, aber keine Ehren; für sie der Beitrag zum Unterhalt der Familie, aber nicht einmal der Besitz ihrer selbst ...“[31]

In diesem Sinne resümierte auch Hedwig Dohm für die deutschen Frauen:

> „Der Mangel an Stimmrecht bedeutet für die Frau: du sollst kein Eigenthum haben, keine Erziehung, kein Recht an den Kindern, dich darf der Mann, der Starke züchtigen, dich stößt die Gesellschaft als Witwe mit deinen unversorgten Kindern, hülflos wie Hagar in die Wüste des Elends.“[32]

Gerechtfertigt wurde die Diskrepanz zwischen den Rechten und Pflichten der Frau in beiden Ländern mit der angeblich physischen und intellektuellen Unterlegenheit des weiblichen gegenüber dem männlichen Geschlecht einerseits

30 Vgl. Mozzoni, rapporti sociali, Kap. 6: „La donna in faccia al diritto“, S. 65-83 mit Dohm, wissenschaftliche Emanzipation.

31 Zitiert aus Mozzoni, rapporti sociali, S. 34. Übersetzung – wenn nicht anders vermerkt – hier und im folgenden von G.B.

32 Zitiert aus Dohm, Hedwig, Der Frauen Natur und Recht. Zur Frauenfrage. Zwei Abhandlungen über Eigenschaften und Stimmrecht der Frauen, Berlin 1976, S. 167 (zitiert nach dem Reprint Neunkirch 1986).

sowie der angeblichen Interesselosigkeit der Frauen an politischen Aktivitäten andererseits. Übereinstimmend wiesen die Italienerin und die Deutsche diese Vorurteile als pauschalisiert und nachweislich falsch zurück. So bestritt Hedwig Dohm, dass die „geistige Inferiorität das natürliche Element der Frau" sei und entlarvte die vermeintliche „Differenz der geistigen Vermögen der beiden Geschlechter" als „unbestimmbar". Deswegen täten die Männer gut daran – riet Dohm mit der ihr eigenen Ironie –, mit ihren Anklagen zu warten, bis wissenschaftliche Begründungen an die Stelle „subjektiver Inspirationen" und „Alt-Philosophengeschwätzes" treten könnten.[33] Auch Anna Maria Mozzoni zweifelte an stereotypen Unterscheidungsmerkmalen der Geschlechter. Sie hielt die Zuschreibung bestimmter Eigenschaften für ein künstliches und von der Macht der Erziehung gefördertes Konstrukt:[34]

> „Man sagt, der Mann sei stark, die Frau schwach, aber wir kennen äußerst schwache Männer und sehr starke Frauen; mehr als das, der Mann wird ja zu körperlicher und moralischer Aktivität erzogen, die Frau zu körperlicher Untätigkeit und sittlicher Passivität. Man sagt, der Mann überrage die Frau an Intelligenz, die Frau den Mann an Gefühl. Aber es gibt doch zahlreiche Männer, die vielen Frauen an Gefühlskraft überlegen sind, und viele Frauen, die Männer in der Intelligenz überragen; mehr noch, die Erziehung, die alles daran setzt, die männliche Intelligenz zu favorisieren und zu fördern, tut ihr Bestes, die Intelligenz der Frauen hintenanzustellen und verkümmern zu lassen. Man sagt, der Mann sei für die Aktivität, die Frau für die Ruhe gemacht; das ist eine unbegründete Behauptung, es ist eine hiesige Voreingenommenheit."[35]

Hedwig Dohm und Anna Maria Mozzoni forderten beide (konsequenterweise) das Wahlrecht für Frauen. Angesichts der Nationalstaatsbildung, deren Träger in ihren Augen eine Gemeinschaft von miteinander kooperierenden Männern und Frauen sein müsste, beanspruchte die Italienerin das Frauenwahlrecht als Bestandteil des „Risorgimento delle donne" und als Notwendigkeit, um die Freiheit der Nation zu manifestieren.[36] Die gängige Annahme, dass Männer die „natürlichen Repräsentanten der Interessen der Frauen"[37] seien, wies sie ebenso wie Hedwig Dohm zurück, die ihrerseits streitlustig fragte:

---

33 Vgl. Dohm, Natur und Recht, S. 138 und S. 122.

34 Vgl. Mozzoni, rapporti sociali, S. 69.

35 Zitiert aus ebd., S. 67-68.

36 Vgl. Bock, Gisela, Frauen in der europäischen Geschichte. Vom Mittelalter bis zur Gegenwart, München 2000, S. 198.

37 Vgl. die von Anna Maria Mozzoni mit verfasste Petition für das politische und kommunale Frauenstimmrecht von 1906/07 (Anm. 19).

„Die Männer, sagt die Gesellschaft, repräsentiren die Frauen. Wann übertrug die Frau dem Mann das Mandat? Wann legte er ihr Rechenschaft von seinen Beschlüssen ab? Weder das eine noch das andere ist jemals geschehen.“[38]

Sie teilten nicht nur die Auffassung, dass die gleichberechtigte Repräsentation ebenso wie die Partizipation des weiblichen Geschlechtes in der politischen Öffentlichkeit erforderlich seien, um das Wohl der jeweiligen neuen nationalen Gefüge zu gewähren. Beide forderten auch aus ganz pragmatischen Gründen das Wahlrecht, denn nur durch die politische Gleichberechtigung der Geschlechter könnten auch im Bereich des Arbeitsmarktes und in der Ehe die Interessen der Frau besser vertreten und eine ebenbürtige Stellung der Frau neben dem Mann gewährleistet werden. So sah Hedwig Dohm schon 1873 den „Anfang alles wahrhaften Fortschrittes auf dem Gebiet der Frauenfrage im Stimmrecht der Frau“[39] und bezeichnete drei Jahre später die Gewährung des Stimmrechtes als „Schritt über den Rubikon“:

„Erst mit dem Frauenstimmrecht beginnt die Agitation für jene großartigen Reformen, die das Ziel unserer Bestrebungen sind. Die Teilnahme am politischen Leben macht alle anderen Fragen offen.“[40]

Trotz weitgehender Übereinstimmung im Gedankengut der beiden Frauenrechtlerinnen gab es auch unterschiedliche Merkmale in ihrem Engagement, die sich besonders hinsichtlich der Art der Vermittlung ihrer Ansichten und Forderungen offenbarten. Anders als Anna Maria Mozzoni beschäftigte sich Hedwig Dohm fast ausschließlich auf theoretischer Ebene mit dem Frauenstimmrecht. Wesentlich konkreter als beispielsweise im 18-Punkte-Programm[41] der Italienerin forderte sie dabei insbesondere die Frauen immer wieder zu konsequenter Eigeninitative auf und ermunterte sie, den Anspruch auf politische Gleichberechtigung durch die Organisation und die Bildung von Stimmrechtsvereinen durchzusetzen.[42] Anna Maria Mozzoni wiederrum vermittelte ihre Überlegungen und Forderungen auch auf anderer Ebene, wodurch sich die Handlungsvielfalt im Rahmen ihres Engagements als vergleichsweise größer erwies. So konzentrierte sich Mozzoni in ihren Schriften

38 Zitiert aus Dohm, Natur und Recht, S. 164.

39 Vgl. Dohm, Jesuitismus, S. 164.

40 Zitiert aus Dohm, Natur und Recht, S. 160.

41 Vgl. Mozzoni, rapporti sociali, Kap. 8: "Il da farsi", S. 87-90.

42 Vgl. Dohm, Natur und Recht, S. 182-185. Auch noch in einem ihrer letzten Beiträge endet ihr Plädoyer für das Frauenstimmrecht mit dem Aufruf „Vorwärts“ an die Frauen. Vgl. Dohm, Hedwig, Eine Nachlese zum Frauenstimmrecht, in: Zeitschrift für Frauenstimmrecht, 1. u. 15. Februar 1918, Nr. 3/4, S. 5.

und diversen Zeitungsartikeln zwar genauso gewissenhaft und durchdacht wie Dohm auf die theoretische Auseinandersetzung mit dem Frauenstimmrecht. Doch daneben nahmen sowohl zahlreiche Auftritte in der Öffentlichkeit als auch der direkte Dialog und Kontakt mit dem Parlament, den Parteien und den Politikern – also zu der gesetzgebenden Männerwelt – großen Raum in ihrem Engagement ein. Etwa zeitgleich mit der Veröffentlichung von Dohms Schrift „Der Frauen Natur und Recht", trat Anna Maria Mozzoni an die Öffentlichkeit und reichte 1877 ihre erste Petition zum politischen Frauenstimmrecht im Parlament ein.[43] Die Unterscheidung hinsichtlich der Handlungsvielfältigkeit war jedoch wahrscheinlich nur in beschränktem Maß den unterschiedlichen Lebensumständen und Charakteren der beiden Frauen geschuldet. Vielmehr erklärt sich die breiter angelegte Vorgehensweise Mozzonis insbesondere durch die politischen Voraussetzungen, die in Italien vorherrschten. Denn anders als im Deutschen Reich, wo das Frauenstimmrecht erstmals 1895 im Reichstag diskutiert wurde, war in Italien die Diskussion um das Frauenstimmrecht schon seit der Nationalstaatsgründung immer wiederkehrender Bestandteil der Debatten im Parlament.[44] Vor diesem Hintergrund sowie aufgrund des im Jahr zuvor erfolgten Regierungswechsels von der konservativen „Destra" zur als liberaler geltenden „Sinistra" und der damit verbundenen Hoffnung auf ein offenes Ohr für das Frauenstimmrecht for-

43 Vgl. „Petizione per il voto politico alle donne", abgedruckt in: Pieroni Bortolotti, liberazione, S. 128-129.

44 Die erste Petition zum kommunalen Frauenwahlrecht hatten lombardische Frauen, denen vor der Nationalstaatsgründung unter österreichischer Herrschaft ein eingeschränktes kommunales Wahlrecht zugestanden worden war, schon 1861 eingereicht. Den Anfang in den Reihen der Politiker machte zwei Jahre nach der Nationalstaatsgründung der Innenminister der regierenden Partei (destra storica), Ubaldino Peruzzi, mit einer Gesetzesvorlage zum administrativen Wahlrecht für besitzende und ledige volljährige Frauen, die er 1863 im Parlament einreichte. 1869 forderte Salvatore Morelli in einem Gesetzesentwurf die rechtliche Gleichberechtigung der Frauen auf allen Ebenen und somit auch das kommunale und politische Frauenstimmrecht. Zum (limitierten) kommunalen Frauenwahlrecht folgten 1871 die Eingaben von Giovanni Lanza sowie 1876 von Giovanni Nicotera und nach dem Regierungswechsel 1877 die Eingaben von Benedetto Cairoli sowie von Agostino Depretis im Jahre 1880, 1882 und 1886. Vgl. zusammenfassend Boneschi, Marta, Santa Pazienza. La storia delle donne italiane dal dopoguerra a oggi, Milano 1998, S. 253 und ausführlich Bigaran, Maria Pia, Progetti e dibattiti parlamentari sul suffragio femminile: da Peruzzi a Giolitti, in: Rivista di storia contemporanea, n. 1, 1985, S. 50-83, hier bes. S. 55f. sowie De Leo, Mimma/Taricone, Fiorenza, Per una storia del voto alle donne, in: dies. (Hg.), Elettrici ed Elette. Storia, testimonianze e reflessioni a cinquant`anni dal voto alle donne, Roma 1995, S. 7-16 und S. 57-63.

derte Mozzoni 1877 in besagter Petition erstmals die unbeschränkte Zulassung der Frauen zum politischen Wahlrecht (voto politico).[45] Sie beanstandete das Fehlen einer „rechtmäßigen Vertretung" von Frauen in der Politik und die daraus resultierende Vernachlässigung ihrer Interessen und forderte das Parlament auf, Frauen als „Bürgerinnen" und „Steuerzahler" anzuerkennen. Als solche könnten ihnen hinsichtlich des Wahlrechts lediglich jene Begrenzungen auferlegt werden, die auch für jeden anderen Wähler gelten.[46] Ebenso wie Hedwig Dohm, die durch das Frauenstimmrecht die „geistige und materielle Selbständigkeit" der Frau gewährt sah und der das Wahlrecht vor allem als Mittel zur Interessenvertretung galt,[47] wies auch Mozzoni darauf hin, dass die Verleihung des Wahlrechtes unabdingbare Voraussetzung für den Schutz ihrer Interessen sei und verhindere, dass die Bedürfnisse der Frau ignoriert würden.[48]

Diese Argumentation durchzog in den nächsten Jahren leitmotivisch sowohl Anna Maria Mozzonis Reden und Schriften als auch die von ihr (mit-) verfassten oder geförderten Petitionen. Eine weitere Basis, auf der sie ihre Forderungen begründete, war ebenso wie bei Hedwig Dohm die Überzeugung, dass das Frauenstimmrecht nach dem demokratischen Prinzip nicht einer Hälfte der Menschheit vorenthalten werden könne. So forderte Mozzoni 1881 als Abgeordnete der von ihr gegründeten „Lega promotrice degli interessi femminili" im Verlauf einer Versammlung von Republikanern, Radikalen und Sozialisten zum allgemeinen Wahlrecht die Einbeziehung der Frauen in die Gruppe der potentiellen Wähler.[49] Davon ausgehend, dass das Wahlrecht nach dem demokratischen Prinzip ein allen gleichermaßen zustehendes „menschliches Recht" und kein Privileg einer Herrschaft sei, verband die Italienerin die Tatsache, dass Frauen sich auf dem gleichen intellektuellen Niveau wie Männer befänden, mit der Forderung nach der politischen Gleichberechtigung der Geschlechter:

---

45 Hoffnungen hatten sich die Frauen vor allem gemacht, da Agostino Depretis, der im Zuge des Regierungswechsels 1876 zum Ministerpräsidenten ernannt worden war, in seinem politischen Programm für ein allgemeines Wahlrecht für Männer und Frauen eintrat. Die von ihm dazu eingereichten Gesetzesvorlagen wurden jedoch sämtlich zurückgewiesen. Vgl. Sarogni, donna italiana, S. 36 und S. 213-214.

46 Vgl. die Petition in Pieroni Bortolotti, liberazione, S. 128-129. Zur Bewertung der Petition vgl. Taricone, Fiorenza, L`Associazionismo femminile in Italia dall`Unità al fascisma, Milano 1996, S. 106.

47 Vgl. Dohm, Natur und Recht, S. 174 und Rosenbusch, Frauenwahlrecht, S. 292.

48 Vgl. die Petition in Pieroni Bortolotti, liberazione, S. 129.

49 Vgl. „Parole al Comizio dei comizi", abgedruckt in: ebd., S. 137-144.

„Heutzutage haben Frauen genauso wie ihr ein Interesse an der Familie, der Stadt, dem Staat. Sie haben wie ihr die Intelligenz, um sie zu verstehen – haben wie ihr den Willen, sie zu schützen und zu fördern [...] sind genau solche Menschen wie ihr. Demokraten! Zeigt mir eine einzige Folgerung aus euren Büchern, euren Grundsätzen, von euren Philosophen, die die Rechtmäßigkeit der persönlichen Herabsetzung der Frau festlegt und beweist. Gebt einen Beweis, der zeigt, daß in den Frauen grundlegende Elemente sind, die dieser Herabsetzung der Person entsprechen [...] Indem ihr das allgemeine Wahlrecht nur für Euch fordert, vergrößert ihr lediglich das Privileg – indem ihr es mit uns fordert, schafft ihr es ab [...] ohne uns seid ihr eine Partei – mit uns seid ihr die Familie, die Nation, die Menschheit.“[50]

Auch Hedwig Dohm wandte sich gegen die herrschende Praxis des Ausschlusses von Frauen und betonte den Gedanken der Zugehörigkeit beider Geschlechter zum Staatsvolk. Ebenso wie Mozzoni bezog sie sich auf die demokratischen Grundsätze und beanspruchte die Anerkennung der Frauen als den Männern ebenbürtige Bürger mit den gleichen politischen Rechten:

„Die Logik der Politik ist absolut. Entweder ist das Volk souverain und mithin auch die Frauen, oder Unterthanen eines Herrn und Königs sind wir alle. Wir können nur zurück zur Despotie, oder vorwärts zum rein demokratischen Staat, wo der Grundsatz zur Geltung kommen muß, daß die Frauen als Bestandtheile des souverainen Volks unantastbaren Anspruch haben auf völlige Gleichheit der bürgerlichen und sozialen Rechte.“[51]

Dohm ging in ihrer Argumentation noch einen Schritt weiter als Mozzoni. Da sich kein überzeugender Grund für den Ausschluss der Frauen vom Wahlrecht finden lasse, folgerte sie, „leben wir nicht in einem Rechts- sondern in einem Gewaltstaat“, in dem „der Mann will und die Frau soll“.[52]

Auch hier fällt hinsichtlich des Aufbaus der Argumentation das hohe Maß an Übereinstimmung auf. Ausgehend von der axiomatischen Setzung, dass Frauen ebenso intelligent sind wie Männer und der daran anknüpfenden Aufforderung an die Männer, das Gegenteil zu beweisen, entlarven sie die Erteilung des Wahlrechts nach geschlechtsspezifischen Kriterien als Verrat an den eigenen Prinzipien. Dieser Logik folgend, so Mozzoni und Dohm, könne ein Staat sich nur dann demokratisch nennen, wenn auch Frauen wahlberechtigt sind.

Die Gegenüberstellung von Anna Maria Mozzoni und Hedwig Dohm zeigt, dass sich ihre Ansichten weitgehend entsprachen. Das gilt sowohl im Bereich allgemeiner Frauenfragen, dem Hinterfragen der traditionellen Geschlechterdichotomie als auch hinsichtlich der Kritik, die konkret am Aus-

50 Zitiert aus ebd. S. 139 u. 141.
51 Zitiert aus Dohm, Natur und Recht, S. 171.
52 Vgl. ebd. S. 160.

schluss des weiblichen Geschlechtes vom Staatsbürgertum geübt wurde. Auch in den daraus resultierenden Forderungen nach dem Wahlrecht und der damit zusammenhängenden uneingeschränkten staatsbürgerlichen Gleichberechtigung der Frau stimmten die beiden Frauenrechtlerinnen grundsätzlich überein.

Gemeinsam ist beiden Frauen ihre bestechende theoretische Auseinandersetzung mit den Rechten der Frau, was hier insbesondere am Beispiel des Frauenstimmrechts gezeigt wurde. Beide arbeiteten aktiv an der Verbreitung ihrer Ideen, indem sie sie in zahlreichen Zeitschriften publizierten und in Frauenvereinen mitwirkten.

Differenzen zeigten sich insbesondere in der unterschiedlichen Vielseitigkeit der Form, die beide Frauen wählten, um ihre Forderungen nach dem Frauenwahlrecht in die Öffentlichkeit zu tragen. So verbreitete Hedwig Dohm ihre Forderungen fast ausschließlich durch ihre schriftstellerische Arbeit. Anna Maria Mozzoni hingegen hatte aufgrund der in Italien schon weiter verbreiteten Diskussion um das Frauenstimmrecht die Möglichkeit, auch über ihr Schrifttum hinaus zu handeln. Durch ihre zahlreichen Reden in der Öffentlichkeit sowie die Gestaltung und Förderung des Petitionswesen zum Frauenstimmrecht erwies sich ihr Handlungsspielraum im Vergleich zu Hedwig Dohm als umfangreicher. Dadurch und insbesondere auch aufgrund der Vertretung männlicher Politiker im Parlament zeichnete sich die erste Phase der Auseinandersetzung um das Frauenstimmrecht in Italien im Vergleich zum Deutschen Reich durch eine vielfältigere Gestaltung aus. Das ist u.a. auch deswegen bemerkenswert, da es anders als im Deutschen Reich, wo mit der Gründung des Allgemeinen Deutschen Frauenvereins (ADF) im Jahre 1865 der Neubeginn des organisierten Frauenvereinswesens eingeläutet wurde, in Italien bis zur Jahrhundertwende noch keine vergleichbare Vernetzung von Frauenvereinen gab.[53]

Die Gegenüberstellung der Stimmrechtsforderungen, die beide Frauenrechtlerinnen stellten, zeigt darüber hinaus, dass mit der italienischen Nationalstaatsgründung eine Diskussion um das Frauenstimmrecht einherging, die keineswegs zu dem oft als passiv gezeichneten Bild der italienischen Frauenstimmrechtsbewegung passt.[54] Ebenso widerlegt sie die verbreitete Auffas-

53 Vgl. S. 21 u. Anm. 63.

54 In der älteren italienischen Forschung wird von einer verspäteten Auseinandersetzung mit dem Stimmrecht gesprochen. Vgl. Scelba, in: L`emancipazione femminile in Italia (1961), S. 335; Pieroni Bortolotti, Franca, Alle origini del movimento femminile in Italia 1848-1892, Torino 1975, S. 163. In der neueren Forschung

sung von der „verspäteten" Auseinandersetzung mit dem Frauenstimmrecht im Deutschen Reich.[55] Zwar wurde die Forderung nach dem Frauenstimmrecht und die Reaktion darauf zunächst noch auf vorwiegend publizistischer Ebene diskutiert. Trotzdem revidieren die wegbereitenden Anfänge durch Frauen wie Louise Otto und besonders durch Hedwig Dohm die vorbehaltlose Zuweisung der Gleichsetzung der Gründung des ersten deutschen Stimmrechtsvereins im Jahre 1902 mit dem Beginn der Frauenstimmrechtsbewegung.

Einzelkämpferinnen: Die Zeit ist noch nicht reif

Neben ihrer grundsätzlichen Übereinstimmung im Hinblick auf die Notwendigkeit der Frauenemanzipation war Hedwig Dohm und Anna Maria Mozzoni auch ihre Pionierrolle gemeinsam, die sie als Frauenstimmrechtlerinnen einnahmen, und damit eng verbunden auch die Ablehnung, auf die sie vielfach stießen. Denn in beiden Ländern hatten zwar mit Hedwig Dohm und Anna Maria Mozzoni erstmals zwei Frauen die Unerlässlichkeit einer gleichberechtigten Teilnahme der Frau an der politischen Öffentlichkeit als Voraussetzung für die Verwirklichung ihrer eigenen Bedürfnisse einerseits und für die Realisierung eines demokratischen Staatslebens andererseits postuliert. Ihre Zeitgenossen und auch ein großer Teil ihrer Zeitgenossinnen, die im Folgenden in

herrscht zwar Konsens darüber, dass die Anfänge der Stimmrechtsbewegung mit den ersten Auseinandersetzungen im Parlament zu datieren sind. Vgl. Taricone, Associazionismo, S. 101f.; Sarogni, donna italiana, S. 127f. Doch wird auch hier zum einen von einer vergleichsweise späten Organisiertheit gesprochen, zum anderen wird daraus und aus der späten Verleihung des Stimmrechts im Jahre 1946 häufig auf eine wenig effektive Frauenstimmrechtsbewegung geschlossen. Am abwertendsten urteilt dabei Richard J. Evans, indem er die Stimmrechtsbewegung Italiens als permanent kläglich bewertete: „The suffrage movement itself remained pitifully small." Vgl. Evans, Richard J., The Feminists. Women`s emancipation movements in Europe, America and Australasia 1840-1920, New York 1977, S. 136.

55 Vgl. u.a. zuletzt Rosenbusch, Frauenwahlrecht, Der Weg zum Frauenwahlrecht, S. 281; Clemens, in: Wickert, „Heraus mit dem Frauenwahlrecht", S. 51. *Dagegen*: Bock, Gisela, Frauenwahlrecht - Deutschland um 1900 in vergleichender Perspektive, in: Grüttner, Michael/Hachtmann, Rüdiger u.a. (Hg.), Geschichte und Emanzipation. Festschrift für Reinhard Rürup, Frankfurt a.M./New York 1999, S. 95-136, hier bes. S. 99f. Für übertrieben halte ich allerdings die Einschätzung Leys, die für den deutschen Raum ab 1865 eine „organisiert einsetzende, lebhafte Bewegung für das Frauenstimmrecht" konstatiert. Vgl. Ley, Einerseits und andererseits, S. 47.

den Blick genommen werden sollen, erachteten aber gerade die Forderung nach dem Stimmrecht als der Frau wesensfremd oder aber als verfrüht.

Auf positivere Resonanz konnte wahrscheinlich Anna Maria Mozzoni zählen, denn seit 1861 hatte im italienischen Parlament die Diskussion um das Frauenwahlrecht begonnen, und so fielen ihre Forderungen nicht auf gänzlich unfruchtbaren Boden. Hedwig Dohm hingegen konnte sich auf eine solche Entwicklung nicht stützen und sie war sich der Befremdlichkeit, die ihre Forderungen auslösten, durchaus bewusst. Schon 1874, kurz nachdem sie erstmals für das Stimmrecht der Frau plädiert hatte, folgerte sie realistisch, dass ihre Forderungen vorläufig noch reine Theorie seien:

„Neue Gedankensaaten in einen Boden gestreut, der nicht vorbereitet ist, tragen keine Frucht, und wer die Früchte seines Strebens und Kämpfens erndten will, der befolge den Grundsatz praktischer Leute: nur das Erreichbare zu wünschen."[56]

Anschließen wollte sie sich dieser Position deswegen jedoch keineswegs, denn im festen Glauben daran, dass bei jeder revolutionären Bewegung und somit auch bei der für das Frauenstimmrecht die Zustimmung aller das Ende und nicht der Anfang sei, war sie der Überzeugung, dass „jede Minorität zur Majorität" werde.[57]

Und auch in Italien zeigte die Resonanz, auf die Anna Maria Mozzoni mit ihren Forderungen stieß, dass trotz der vergleichsweise wesentlich früher einsetzenden Parlamentsdiskussion auch hier die Basis für breiten Zuspruch noch lange nicht geschaffen war. Postulate wie „Menschenrechte haben kein Geschlecht" oder auch Aufrufe wie „Macht den Frauen Platz (...) und ihr werdet sehen, dass die Dinge dann besser laufen"[58] trafen hier wie dort auf Ablehnung und offenbarten, wie im Folgenden gezeigt werden soll, dass selbst diejenigen Frauen, die sich in der Frauenfrage aktiv engagierten – sei es als eingebundene Mitglieder in einem deutschen Verein oder als Redaktionsmitglied einer italienischen Zeitschrift – zumeist ein wesentlich gemäßigteres Politikverständnis hatten als die beiden Stimmrechtlerinnen.

---

56 Zitiert aus Dohm, Emanzipation, S. 1f.

57 Vgl. Dohm, Natur und Recht, S. 108.

58 Zitiert aus ebd. S. 185 und nach Mozzoni aus Dickmann, Anna Maria Mozzoni. S. 197.

Die Resonanz auf die Forderungen von Anna Maria Mozzoni innerhalb der Redaktion der „La Donna"

Die in Italien nach 1861 vorherrschenden unterschiedlichen Auffassungen von der neuen Identität der Frau und ihrer Stellung im öffentlichen Leben treten am Beispiel der Redaktion um die Frauenzeitschrift „La Donna" deutlich hervor. Die Zeitschrift, in der auch Anna Maria Mozzoni zahlreiche Artikel mit ihren politischen Forderungen veröffentlichte, war gleichzeitig Sprachrohr von Frauenrechtlerinnen, die weitaus zurückhaltendere Ansichten über die Rechte der Frau und ihre Stellung im Staat hatten.

1868, in der Zeit des „post-risorgimento", hatte Gualberta Alaide Beccari[59] die Zeitschrift „La Donna" gegründet,[60] die als erste „rivista teorica dell'emancipazione femminile"[61] in die Geschichte der italienischen Frauenbewegung einging. Sie erschien bis 1891 und war die relevanteste unter den Zeitschriften, die die Frauenfrage behandelten. Zwar stießen die in der Zeitschrift behandelten Themen auch in den Reihen der Frauen der Arbeiterschicht auf Interesse. Doch angesichts der hohen Analphabetenquote von weit über 70 %[62] rekrutierte sich die Leserschaft der „La Donna" vorwiegend aus den Reihen des mittleren und höheren Bürgertums.

---

59 Gualberta Alaide Beccari, 1842 in Padova geboren, galt wie ihr Vater, ein mazzinianisch orientierter Revolutionsanhänger, als Verehrerin Mazzinis. Vgl. Pisa, Beatrice, Venticinque anni di emancipazionismo femminile in Italia. Gualberta Alaide Beccari e la rivista „La Donna" (1868-1890), Roma 1982, hier bes. S. 15.

60 Nachdem die erste Nummer der „La Donna" am 22. April 1868 in Padova erschienen war, verlegte Beccari den Sitz der Zeitung nach Venedig. 1878 erfolgte der Umzug nach Bologna, wo die Zeitschrift bis zum 10. August 1891 erst wöchentlich und dann vierzehntägig herausgegeben wurde. Vgl. Camparini, Aurelia, Donna, Donne e Femminismo. Il dibattito politico internazionale, Milano 1987, S. 61f.

61 Vgl. Pisa, Venticinque anni, S. 5.

62 Italien hatte im 19. Jahrhundert neben Portugal und Spanien eine der höchsten Analphabetenquoten in den westlichen Ländern zu verzeichnen. 1861 betrug sie 78,1%. Verglichen mit dem Deutschen Reich bot sich auch noch 10 Jahre später ein beinahe gegensätzliches Bild: Während beispielsweise in Preußen die Analphabetenquote im Jahre 1871 bei 10% für den männlichen bzw. bei 15% für den weiblichen Teil der Bevölkerung lag, betrug die durchschnittliche Analphabetenquote in Italien 73,5%. Davon fielen 67% auf den männlichen, 80% auf den weiblichen Teil der Bevölkerung. vgl. Graff, Harvey G., Storia dell'alfabetizzazione occidentale. Tra passato e futuro, Bologna 1989, für Preußen S. 63, für Italien S. 86.

Der außergewöhnliche Stellenwert der Zeitschrift rührte daher, dass die Redaktion in einer Periode, in der, anders als im Deutschen Reich,[63] noch kein regional übergreifender Frauenverein existierte, sowohl organisatorische als auch koordinatorische Funktionen übernahm. Trotz einer limitierten Auflage wurde durch ein besonderes System und durch ein Netz von persönlichen Verbindungen die Verbreitung der Zeitschrift in ganz Italien gesichert.[64]

Die Aufgabe der „La Donna“ bestand darin, die in den ersten Jahren nach der Nationalstaatsbildung noch vorwiegend verstreuten Ausdrucksformen der frühen feministischen Aktivitäten von Frauen zu sammeln und in Form von Berichterstattung einer möglichst breiten Öffentlichkeit zuzuführen. Die Beiträge wurden ausschließlich von Frauen verfasst, jede Intervention seitens der Männer wurde bis Ende der 80er Jahre abgelehnt. Die Herausgeberin und die Autorinnen wollten damit als Alternative zum männlichen Standpunkt die Darstellung aus rein weiblicher Sicht betonen:

> „Diese Zeitschrift ist das Organ der Fraueninteressen, sie ist sowohl die einzige, die von Frauen geschrieben wird, als auch die einzige, die mit derartig umfangreichem Weitblick unsere Befreiung verficht ...“[65]

„La Donna“ verstand sich – ebenso wie alle anderen italienischen feministischen Blätter bis in die Mitte der 90er Jahre des 19. Jahrhunderts nicht als Sprachrohr einer Bewegung oder politischen Gruppe.[66] Wie die Historikerin

63 Nachdem im Zuge der 48er Revolution unter der Führung von Louise Otto die Auseinandersetzung um die Stellung der Frau in Staat und Gesellschaft eingeleitet worden war, ihr Wirken aber in der Reaktion ein zwangsläufiges Ende gefunden hatte, stand die Gründung des überregionalen, großdeutsch orientierten Allgemeinen Deutschen Frauenvereins (ADF) im Oktober 1865 für den Neubeginn der deutschen Frauenbewegung. Vgl. Gerhard, Unerhört, S. 76f.

64 „La Donna“ wurde im Abonnement versandt, neben der normalen Abonnementabnahme zum Preis von 7 Lire, bestand die Möglichkeit, das Blatt für 30 Lire zu erwerben und damit gleichzeitig das Recht auf eine Kopie der jeweils letzten Ausgabe beanspruchen zu können, um sie an feministische Gruppen, Arbeitervereine, Komitees und Freunde im ganzen Land weiterzugeben. Vgl. Odorisio/Turi, Donna o cosa, S. 20.

65 Zitiert aus „Il nostro ottavo anno di vita“, in: La Donna vom 10.05.1875, Nr. 255. Erst 1889 wurden Männer als Mitarbeiter in die Redaktion der Zeitschrift aufgenommen, die Anzahl ihrer Beiträge blieb aber gering. Vgl. Pieroni Bortolotti, Alle origini del movimento, S. 120.

66 So unterstützte die Redaktion von „La Donna“ zwar beispielsweise die 1881 von Anna Maria Mozzoni und Paolina Schiff in Mailand gegründete „Lega promotrice degli interessi femminili“, die Organisation zum Schutz der weiblichen Interessen (s.o.), sie verstand sich jedoch nicht als ihr ausdrückliches Sprachrohr. Erst mit der Übernahme der Leitung der Zeitschrift „Vita femminile“ durch Emilia Mariani,

Annarita Buttafuoco zu Recht feststellte, waren die Zeitschriften, die die weibliche Emanzipation unterstützten vielmehr Ausdruck eines zusammengewürfelten „Stroms von Meinungen“ die jedoch „nicht selten auseinanderliefen“.[67]

Zwar orientierten sich die Redakteurin Beccari und die anderen Autorinnen, alle glühende Mazzini-Anhängerinnen, an Mozzonis Schrift „La donna e i suoi rapporti sociali“ und verlangten neben sozialen und bildungspolitischen Verbesserungen für Frauen die Abschaffung der staatlich reglementierten Prostitution sowie die rechtliche Gleichstellung der Frau. So betonte Beccari, dass die Natur der Frau der des Mannes „um nichts unterlegen“ sei und ihr deswegen zugestanden werden müsse, „alle politischen und bürgerlichen Rechte zu genießen, die er genießt“.[68] Doch obwohl sich diese theoretische Forderung nach der Gleichberechtigung der Geschlechter auf den ersten Blick mit den ähnlich lautenden Postulaten von Anna Maria Mozzoni deckt, offenbart sich bei näherer Betrachtung, dass zwischen beiden doch gravierende Unterschiede bestanden.

Im Gegensatz zu Mozzoni orientierten sich nämlich die Gründerin sowie viele Autorinnen der „La Donna“ im Rahmen ihrer emanzipatorischen Forderungen gleichzeitig an den Grundideen des Nationalhelden Giuseppe Mazzini. Dessen Überlegungen basierten zwar auf der Annahme, dass eine natürliche Unterlegenheit der Frau gegenüber dem Mann nicht existiere. Er schrieb dazu:

> „Löscht aus eurem Geist jede Vorstellung der Überlegenheit: ihr habt sie nicht. Ein lang währendes Vorurteil hat im Zusammenspiel mit einer unterschiedlichen Erziehung und der andauernden Unterdrückung seitens der Gesetze diese scheinbare intellektuelle Unterlegenheit kreiert, mit der man heute argumentiert, um die Unterdrückung zu bewahren.“[69]

Mit dieser Einstellung galt Mazzini durchaus als progressiver Denker, zumal er befürwortete, dass Frauen mehr Rechte zugesprochen werden sollten.

Linda Malnati und Rosy Amadori 1895, die die Zeitschrift zum Organ der inzwischen überall in Italien gegründeten „Leghe per la tutela degli interessi femminili“ ernannten, wurde die Identifikation von Frauenzeitschriften mit politischen Bewegungen eingeleitet. Vgl. zur „Vita femminile“ De Longis, Rosanna, Scienza come politica: „Vita femminile“ (1895-1897), in: Nuova DWF, Nr. 21, Roma 1982, S. 35-51.

67 Vgl. Buttafuoco, cronache, S. 25f.

68 Zitiert aus Beccari, Per diritto di conquista, in: La Donna, 15. Oktober 1876, Nr. 279.

69 Zitiert aus Boschetti, Elisa, Il voto alle donne, in: Unione Femminile. Periodico Mensile, Anno 1, n. 10, Ottobre 1901 (AUFN), S. 98.

Trotzdem orientierte er sich an der traditionellen Rollenverteilung der Geschlechter und verherrlichte die „wahre“ Bestimmung der Frau als Mutter und Erzieherin. Und genau in diesem Sinne hob die Gründerin der Zeitschrift, Gualberta Alaide Beccari, den Stellenwert der Frau in der Familie hervor und betonte in dem von ihr verfassten Programm der Zeitschrift, dass zwar „die Frau nicht weniger sein darf als der Mann“. Die „Mission der Frau“ sah Beccari aber mazzinianisch-treu und anders als Anna Maria Mozzoni darin, „ein Trostengel zu sein, Ratgeberin, Inspiration des Mannes“.[70] Damit unterlief sie Mozzonis Kritik an der unbeweglichen Familienstruktur und der damit zwingend verbundenen, traditionellen Bestimmung der Frau als Hausfrau und Mutter. Während Mozzoni davon überzeugt war, dass das Aufbrechen des Patriarchats innerhalb der Familie eine der wichtigsten Voraussetzungen für die Teilnahme der Frauen am Staatsleben sei, war die Haltung Beccaris und vieler ihrer Gefährtinnen wesentlich zurückhaltender. Zwar sei es die vorrangige Aufgabe der „La Donna“, zum Aufbau der geeinten Nation beizutragen, indem sie der Frau durch erzieherische Arbeit, der Beccari durchaus politische Funktion zuschrieb, zu einer neuen Identität verhelfe. Diese Identität der „neuen Staatsbürgerin des vereinten Italiens“[71] orientierte sich aber – anders als es Anna Maria Mozzoni intendierte – nach wie vor an der traditionellen Geschlechterdichotomie.

Auch für Malvina Frank, eine der wichtigsten Mitarbeiterinnen der Zeitschrift „La Donna“, blieb die Familie der einzige Ort für Frauen, um ihre „natürlichen“ Qualitäten einzubringen:

„Darin eine gute Frau und exzellente Mutter zu sein besteht für den größten Teil der Frauen quasi immer die vollkommene Bestimmung ....“[72]

Anders als Anna Maria Mozzoni strebten die meisten Mitarbeiterinnen der Zeitschrift zwar eine Verbesserung der Stellung der Frauen an, orientierten sich dabei jedoch weniger an der Forderung nach politischen Rechten oder an der Umwälzung des traditionellen Familienmodells. Dem Prinzip der „erweiterten Mutterschaft“[73] folgend, versuchten sie letzteres vielmehr insofern zu

70 Vgl. Beccari, Programma, in: La Donna, Nr. 1, 12 aprile 1868.

71 Vgl. Beccari, Alle mie associate, in: La Donna, 15. Ottobre 1878, Nr. 1, abgedruckt in Pisa, venticinque anni, S. 131-132 und A. Buttafuoco, cronache, S. 28.

72 Zitiert aus Frank, Malvina, Le fidanzate. Saggio sulla educazione della donna, Treviso 1869, in: Beccari, Alle donne italiane, in: La Donna, 10. Maggio 1873.

73 Für Italien vgl. Buttafuoco, Annarita, Motherhood as a political strategy: the role of the Italian women`s movement in the creation of the *Cassa Nazionale di Maternità*, in: Bock/Thane, Pat (Hg.), Maternity and Gender Policies. Women and the Rise of

modifizieren, dass es mit einer Verbesserung der Bildung von Frauen konform ging und somit diese als erster Schritt im Kampf um mehr Rechte als vorrangiges Ziel postuliert werden konnte.[74] Durch eine umfassendere Bildung sollte Frauen die Möglichkeit gegeben werden, eine dem traditionellen Frauenbild entsprechende Tätigkeit als Erzieherin oder Lehrerin ausüben zu können. Zwar war damit das Ziel der verbesserten Erwerbsmöglichkeiten verbunden, doch stand eindeutig im Vordergrund, dass dieser emanzipatorische Schritt im Einklang mit der traditionellen Bestimmung der Frau stehen sollte.

Diese in den Reihen der Mitstreiterinnen der „La Donna" weit verbreitete Auffassung von Emanzipation ist ein Grund dafür, dass die Forderungen Mozzonis auf Befremden und teilweise auf Ablehnung stießen. Sie fand nicht genügend Anhängerinnen, die sich ihrem aktiven Engagement anschlossen und ihre kompromisslose Überzeugung in Hinblick auf die politische Gleichberechtigung der Geschlechter teilten. Es blieb deswegen in Italien vorerst vorwiegend bei einer theoretischen Auseinandersetzung mit der eigenen gesellschaftlichen Stellung, denn letztendlich stand hinter der von Beccaris Anhängerinnen angestrebten Emanzipation nicht viel mehr als eine erneute Bestätigung des Prinzips der natürlichen Ungleichheit der Geschlechter, die um das Konzept der Ergänzung erweitert werden sollte.[75] Mit Ausnahme von Anna Maria Mozzoni, die die Emanzipation der Frau vorwiegend um ihrer selbst willen anstrebte, verbanden die Herausgeberin der „La Donna" und ihre Mitarbeiterinnen Emanzipation in erster Linie mit dem patriotischen Ziel, Staat und Familie besser stützen zu können.[76] Nur durch Bildung und die Verleihung bestimmter Rechte könnten Frauen die notwendige Würde erhalten, um auf einem höheren Niveau die mütterliche und familiäre „Mission" zu erfüllen. In diesem Sinne verkündete Beccari 1873 den italienischen Frauen:

> „Aus der Emanzipation [der Frau] erwächst die Erneuerung der Familie [...] Die Frau, die in Unwissenheit verharrt, in Untätigkeit, in Unmündigkeit ist nichts und kann nichts sein

the European Welfare States 1880s-1950s, London/New York 1991, S. 178-196; für Deutschland vgl. Allen, Ann Taylor, Feminism and motherhood in Germany, 1800-1914. New Brunswick, N.Y. 1991.

74 Vgl. Buttafuoco, cronache, S. 39f.

75 Vgl. ebd., S. 34f.

76 Die Betonung der patriotischen Gesinnung Beccaris offenbart sich insbesondere in ihren autobiografischen Erinnerungen. Dort gibt sie zu: „Noch vor der Frauensache habe ich mich der des Vaterlandes verschrieben, und meine Liebe für ersteres ist aus der Liebe für letzteres geboren." Zitiert in: Cavallari Cantalamessa, Giulia, Alcune lettere di Adelaide Cairoli Bono, Torino 1912, S. 528, nota 1.

[...] als Parasitenkraut während wir sie zur Stütze machen wollen, auf die die Familie sich verlassen kann ..."[77]

Auch in den anderen emanzipatorischen Journalen lassen sich diese Akzente wiederfinden. Immer wieder wurde postuliert, dass die – durchaus notwendige – Emanzipation der Frau auf der Bildungs- und Erziehungsreform basiere. Die meisten Frauenrechtlerinnen des post-risorgimento beabsichtigten dabei jedoch nicht, ihre Forderungen zu diesem Zeitpunkt schon auf das Wahlrecht auszudehnen, da die traditionelle Rollenverteilung der Geschlechter nicht in Frage gestellt werden sollte. In diesem Sinne mahnte eine Autorin in der „Aurora":

„Die Frau darf nie vergessen, Frau zu sein [...] weil sie jedes Mal, mitgerissen von der Verherrlichung falsch interpretierter oder missverstandener Prinzipien, ihre Mission auf der Erde vergisst und den ihr zugewiesenen Platz verlässt, eine Anomalie wird, eine bizarre Ungeheuerlichkeit, die zur selben Zeit sowohl Spott als auch Widerwillen und Verachtung erregt."[78]

Olimpia Saccati, die Herausgeberin der Zeitschrift „La missione della donna" stellte die Fähigkeiten der Frau zur Regelung öffentlicher Angelegenheiten generell in Frage. Die „moderne Theorie", gemäß welcher die Emanzipation auf den Staat ausgedehnt werden soll, bezeichnete Olimpia Saccati als „großmütigen Wahnsinn". Die Inkompetenz der Frauen in der Handhabe öffentlicher Angelegenheiten bewertete sie dabei keineswegs als „Unterlegenheit" gegenüber dem Mann. Sie schrieb ihnen vielmehr im Sinne einer Komplementarität der Geschlechter die „vornehmste aller Missionen, nämlich die zu erziehen" zu und versprach sich von ihrem Wirken in der Familie gleichzeitig die Einflussnahme auf die Geschicke des Staates.[79]

Anna Maria Mozzoni befand sich in den ersten Jahren nach der italienischen Nationalstaatsgründung mit ihrem Emanzipationskonzept und dessen Betonung des Politischen noch im Abseits, löste mit ihrer progressiven Einstellung aber zumindest Diskussionen aus. Es dauerte noch einige Jahre, bis ihr andere Frauenrechtlerinnen folgten und eines ihrer Leitmotive erkannt und beherzigt wurde:

77 Zitiert nach Beccari, donne italiane, in: Buttafuoco, cronache, S. 38.

78 Zitiert nach Claudia (wahrscheinlich Casoretti): L`emancipazione della donna. In „Aurora", Nr. 10, Modena 15. Oktober 1876.

79 Vgl. Saccati, Olimpia, (hier geführt als Saccati-Mencato), Salvezza sociale. Pensieri sparsi, in: La missione della donna, Nr. 2, 1. Februar 1888. Vgl dazu auch: Buttafuoco, cronache, S. 43.

„Ihr werdet niemals andere Rechte haben als die, die ihr euch zu erobern wusstet; ihr werdet keinen anderen Platz erobern als den, den ihr euch nehmen konntet; ihr werdet keine andere Freiheit genießen als die, die ihr Tag für Tag und in jedem Augenblick zu verteidigen wißt."[80]

Die Resonanz auf die Forderungen von Hedwig Dohm in der deutschen Frauenbewegung

Auch Hedwig Dohm befand sich mit ihren Forderungen nach der politischen Gleichberechtigung der Frau lange Zeit in einer Außenseiterposition. Anders als in Italien, wo nach der Nationalstaatsbildung der Zensus und ein nachweislicher Bildungsgrad (s.o.) die Voraussetzung für das Wahlrecht waren und somit auch ein Großteil der italienischen Männer bis 1912 in allen Bereichen davon ausgeschlossen blieb, hatten deutsche Männer im Zuge der Nationalstaatsgründung das volle Wahlrecht zumindest im Reichstag erhalten.[81] Ausdrückliche Wahlrechtsforderungen von Frauenseite waren selten. Eine der „modernsten" Auffassungen zum Frauenstimmrecht, bevor Hedwig Dohm ihre radikalen Forderungen formulierte und veröffentlichte, kam wahrscheinlich von Fanny Lewald. Sie erachtete 1870 das Frauenstimmrecht immerhin als vernünftig und notwendig, glaubte aber, dass es noch zu früh für dessen Realisierung sei.[82] Auch Louise Otto-Peters, Verfechterin des aktiven Frauenstimmrechts in der 48er Revolution und mittlerweile Vorsitzende des 1865 gegründeten ADF argumentierte in diese Richtung und schloss sich somit der Gruppe an, die zwar generell dem Frauenwahlrecht positiv gegenüberstand, es aber nicht – wie Hedwig Dohm – für eine Frage der Gegenwart hielt:

„Nach meiner persönlichen Überzeugung bin ich sogar für die allgemeine Gleichberechtigung der Männer und Frauen auch in politischen Angelegenheiten, also auch für das allgemeine Stimmrecht, und selbst wenn eine Frau in den Reichstag gewählt würde, so würde

80 Mozzoni, I socialisti e l'emancipazione della donna, Alessandria 1892, zitiert nach Dickmann, Anna Maria Mozzoni, S. 200 bzw. Anm. 32, S. 206.

81 Vgl. Anm 5. Zu den weitaus einschränkenderen Wahlrechtsbestimmungen in den einzelnen Ländern und insbesondere in Preußen vgl. ausführlich: Zeitschrift für Frauenstimmrecht. Monatsschrift für die staatsbürgerliche Bildung der Frau, hg. v. Minna Cauer in Berlin, die Artikel „Wahlgesetze I.", in: Nr. 5, 1. Juni 1912, S. 19-20; „Wahlgesetze II.", in. Nr. 6, 1. Juli 1912, S. 23-24 und „Wahlgesetze III.", in: Nr. 7, 1. August 1912, S. 27-28 sowie Rosenbusch, Frauenwahlrecht, S. 82-83.

82 Vgl. Bock, Frauen in der europäischen Geschichte, S. 182.

dies den s o z i a l e n Fragen nur nützlich sein. Aber ich spreche dies nur im Prinzip aus, dafür wirken zu wollen, wäre noch zu früh."[83]

Nachdem dann der erste Reichstag gewählt worden war und Hedwig Dohm die Forderung nach dem Frauenstimmrecht nicht als Fernziel postulierte, sondern es an den Anfang der Frauenbestrebungen stellte, traf sie auf zurückhaltende bis abweisende Reaktionen. So wurde Dohms Schrift „Der Frauen Natur und Recht" zwar ausführlich im Organ des ADF, den „Neuen Bahnen"[84], besprochen und somit kann zumindest von der Bereitschaft des ADF zur Auseinandersetzung mit ihren Postulaten ausgegangen werden. Von einer Identifizierung mit Dohms Forderungen darf jedoch keineswegs gesprochen werden, es ging vielmehr darum, sie zu prüfen. Dabei wurde Dohms Ansicht geteilt, dass die Teilhabe von Frauen an der Gesetzgebung das effektivste Mittel sei, um diejenigen Gesetze, die Frauen unterdrückten, abzuschaffen.[85] Doch entpuppte sich dieses Zugeständnis als ambivalent, denn trotz dieser Fortschrittlichkeit wurde gleichzeitig erneut darauf hingewiesen, dass man sich im Prinzip zwar „über die Sache" klar werden müsse, die Zeit zur „praktischen Aufnahme des Kampfes für das Frauenstimmrecht" aber noch nicht reif sei.[86] Mit einer Begründung – die zwar im Vergleich zu der Positionierung vieler Mitarbeiterinnen der "La Donna" eine schon wesentlich progressive Haltung offenbart – kamen auch Louise Otto-Peters und ihre Anhängerinnen zu der Überzeugung, dass die Frauenstimmrechtsfrage noch nicht auf die Tagesordnung der Frauenbewegung zu setzten sei. Ihre Abgrenzung zu den radikalen Forderungen von Hedwig Dohm begründeten sie mit der Notwendigkeit, zunächst

„Bildung, Selbständigkeit, Unabhängigkeit unter den Frauen so weit zu fördern, daß sie dann ganz von selbst Mut und Einsicht gewinnen werden, welche erforderlich sind, um auch politische Rechte zu erkämpfen und damit zusammenhängende Pflichten in würdiger Weise auszuüben."[87]

Die Abwehr seitens des ADF gegen das Frauenstimmrecht resultierte aber auch noch aus einem anderen Grund, der gleichzeitig ein charakteristisches

83 Zitiert aus „Neue Bahnen", hg. von Otto-Peters, Louise u. Schmidt, Auguste, Leipzig„ 3./4. Jg. 1868/69; 10./11. Jg. 1875/76; 18./19. Jg. 1883/84; 31.-54. Jg. 1896-1919, hier 4. Jg. 1869, Nr. 18, S. 142.

84 Vgl. Neue Bahnen, 11. Jg. 1876, Nr. 9, S. 65f. und Nr. 10, S. 73f.

85 Vgl. Mirus, Elise, in: Neue Bahnen, 11. Jg. 1876, Nr. 9, S. 65f. und Nr. 10, S. 73f.

86 Vgl. Pape, Charlotte, in: Neue Bahnen, 11. Jg. 1876, Nr. 15, S. 117f.

87 So Louise Otto-Peters 1876, zitiert aus Twellmann, Margit, Die deutsche Frauenbewegung. Ihre Anfänge und erste Entwicklung 1843-1889, S. 217.

Merkmal des deutschen Vereinswesen aufzeigt. Denn anders als in Italien, wo sich Frauen noch nicht in Vereinen organisiert hatten, mussten die deutschen Frauenrechtlerinnen im ADF die Vorurteile und das Misstrauen berücksichtigen, die ihnen und ihrem Verein immer wieder entgegenschlugen. Da sie gezwungen waren, den Bestimmungen der Vereinsgesetze[88] zu folgen, die bis zum Jahre 1908 in den meisten Ländern des Deutschen Reiches jede politische Betätigung von Frauen untersagten, war die vorbehaltlose Unterstützung des Frauenstimmrechts allein schon deswegen unmöglich, weil stets jeder Schritt vermieden werden sollte, der Vorurteilen „neue Nahrung" gegeben hätte.[89]

Wesentlich radikaler als im ADF verlief die Auseinandersetzung mit Hedwig Dohms Forderung nach dem Frauenstimmrecht im Lette-Verein. Dieser „Verein zur Förderung der Erwerbsfähigkeit des weiblichen Geschlechts" der mittleren und höheren Klassen[90] wurde 1866 von Dr. Adolf Lette in Berlin gegründet und war im Gegensatz zum ADF eindeutig von Männern dominiert. Geleitet wurde der Verein von einem Ausschuss, bestehend aus 20 von der Generalversammlung gewählten Männern, die ihrerseits wiederum den Vorstand ernannten. Frauen konnten in den Vorstand bzw. Ausschuss gewählt werden, ihre Beteiligung blieb jedoch gering: in den ersten Ausschuss wurden vier Frauen, in den Vorstand lediglich eine Frau, Jenny Hirsch, als 1. Schriftführerin aufgenommen.[91]

---

88 So besagte beispielsweise § 8 des preußischen Vereinsgesetzes vom 11. März 1850, dass Vereine, die politische Gegenstände in Versammlungen erörtern, u.a. auch keine „Frauenpersonen" als Mitglieder aufnehmen durften. Zu den weiteren Bestimmungen dieses Gesetzes vgl. Gerhard, Ute, Verhältnisse und Verhinderungen. Frauenarbeit, Familie und Rechte der Frauen im 19. Jahrhundert, Frankfurt 1978, S. 443. Zu den Bestimmungen in den anderen deutschen Staaten vgl. „Das deutsche Vereinsgesetz", in: Zeitschrift für Frauen-Stimmrecht. Zeitschrift für die politischen Interessen der Frau, hg. von Dr. jur. Anita Augspurg, Berlin 1 (1907ff.), hier: 1. Jg. Juni 1907, Nr. 6, S. 21 sowie „Das Reichsvereinsgesetz", in: ebd., 1. Jg. Dezember 1907, Nr. 12, S. 45.

89 Vgl. Neue Bahnen, 11. Jg. 1876, Nr. 14, S. 103 und S. 106.

90 Hier irrt Bock, Frauen in der europäischen Geschichte, S. 168 in der Annahme, der Lette-Verein fördere „Ausbildung und Arbeitsplätze für Frauen der Mittel- und Unterschicht". In § 1 der Statuten waren ausdrücklich die „in den Fabriken und im Landbau beschäftigten Handarbeiterinnen, Dienstboten, Wäscherinnen und dergleichen" vom Vereinszweck ausgenommen. Er wurde erst fünf Jahre später, 1871, gestrichen.

91 Zu den Angaben zur Gründung des Lette-Vereins vgl. Gerhard, Unerhört, S. 83-88; Handbuch der Frauenbewegung, hg. v. Lange, Helene und Bäumer, Gertrud, 1.

Es handelte sich also um einen Verein zum Wohl und zur wirtschaftlichen Förderung von gut bis sehr gut situierten Frauen, wobei es jedoch fast ausschließlich Männer waren, die darüber entschieden, in welcher Form dieses Wohl zu gestalten sei.

Wie nun der Lette-Verein auf die politischen Forderungen der Dohm reagieren würde, zeichnete sich schon in seiner Entstehungsphase ab. So verkündete der Gründer und spätere Vereinspräsident Adolf Lette 1865, als er für die bevorstehende Vereinsgründung warb:

> „Was wir nicht wollen und niemals, auch nicht in noch so fernen Jahrhunderten wünschen und bezwecken, ist die politische Emanzipation und Gleichberechtigung der Frauen."[92]

Und auch 1876, als der Lette-Verein schon vorwiegend von Frauen geführt wurde – 1872 war die Tochter Adolf Lettes, Anna Schepeler-Lette, Vorsitzende geworden – hatte sich diese Haltung nicht grundsätzlich geändert. Zwar kann es als Abweichung von der einst so radikal formulierten Ablehnung Lettes gegen die politische Emanzipation der Frau gewertet werden, dass Jenny Hirsch im Namen des Lette-Vereins bekannte, keineswegs zu prinzipiellen Gegnern des Frauenstimmrechts zu gehören. Doch wurde dieses einmal mehr zum Fernziel deklariert, dem erst noch ein Reifeprozess vorausgehen müsse. Ebenso wie die italienischen Frauenrechtlerinnen sich mit der Betonung der weiblichen Erziehungsaufgabe gegen die Betonung der politischen Forderungen der Mozzoni wandten, stellte auch Jenny Hirsch Bildung und Erziehung als unmittelbares Nahziel in den Vordergrund ihrer Begründung gegen Hedwig Dohms aktuelle Forderung nach dem Frauenstimmrecht:

> „Wir hingegen gehen von dem Grundsatz aus, durch eine bessere, gründlichere Erziehung des weiblichen Geschlechts, durch eine Ausbreitung der weiblichen Berufstätigkeit und eine Vertiefung der weiblichen Bildung schrittweise den Boden zu bereiten und das Gebäude aufzuführen, für das alsdann das Frauenstimmrecht gleichsam die Krönung bilden würde."[93]

Es lassen sich also innerhalb beider Staaten nach der Nationalstaatsbildung unterschiedliche Auffassungen hinsichtlich der „Neudefinition der weiblichen

---

Teil: Die Geschichte der Frauenbewegung in den Kulturländern, Berlin 1901, S. 44-48; Twellmann, deutsche Frauenbewegung, S. 43-46.

92 Zitiert nach Gerhard, Unerhört, S. 85.

93 Zitiert aus: Der Frauen-Anwalt, hg. von Hirsch, Jenny, 1.-6. Jg., Berlin 1870/71-1875/76, hier 6. Jg., 1875/76, Nr. 12, S. 288f.

Identität"[94] einerseits und der damit in Zusammenhang stehenden Frage nach dem Frauenwahlrecht und dessen Realisierung als Nah- oder Fernziel andererseits aufzeigen. Die Strategie, die Anna Maria Mozzoni und auch Hedwig Dohm verfolgten, basierte darauf, Frauen und Männer in einer demokratischen Nation als egalitäre Individuen zu begreifen, die gleiche nationale Rechte erhalten sollten. Dabei war es für beide Frauen kein Widerspruch, die Forderung nach diesen gleichen Rechten und Chancen mit der Vorstellung von einer Differenz der Geschlechter zu vereinbaren, die jedoch nicht auf dem herkömmlichen hierarchischen System basierte. Im Gegenteil: deutlich distanzierten sich beide von der traditionellen Unterscheidung der Geschlechter, die aus den „Interessen und Leidenschaften"[95] der Männer abgeleitet und primär an „Unterordnung und Gehorsam"[96] orientiert sei. Vielmehr betonten sie die „Eigentümlichkeit" des weiblichen Geschlechtes und leiteten daraus eine gleichberechtigte Interessengruppe mit spezifischen Bedürfnissen ab, die sich von denen der Männer unterscheiden.[97] Gerade auf dieser Geschlechterdifferenz beruhe die Forderung nach dem Frauenwahlrecht, denn:

> „Je mehr man die Verschiedenheit der Geschlechter betont, um so mehr gibt man die Notwendigkeit einer besonderen Frauenvertretung zu."[98]

Die andere Strategie, die mit abgestufter Vehemenz Gualberta Alaide Beccari für den Kreis um „La Donna" sowie Jenny Hirsch für den Lette-Verein und ebenso zahlreiche Mitglieder des ADF in den 70er und 80er Jahren verfolgten, bestand darin, zwar ebenfalls mehr Rechte für das weibliche Geschlecht einzufordern und Männer und Frauen auch weiterhin als unterschiedlich zu begreifen. Doch dabei entsprach diese Unterschiedlichkeit wesentlich stärker dem traditionellen Geschlechtermodell, das die charakteristischen Eigenschaften betonte, die Frauen und Männern qua Natur angeboren seien und aus denen sich bestimmte Stärken und Schwächen des weiblichen und männlichen Geschlechts ableiten ließen. Die von Dohm und Mozzoni wegen des Ausschlusses von Frauen aus dem öffentlichen Raum als diktatorisch kriti-

94 Vgl. für Italien insbesondere Buttafuoco, cronache, S. 44 und zu der von ihr vorgenommenen Gegenüberstellung des „concetto di *uguaglianza*" und des „principio dell'*equivalenza*", S. 10f.

95 Vgl. Mozzoni, rapporti sociali, S. 69.

96 Vgl. Dohm, Natur und Recht, S. 55-56 und S. 106f.

97 Vgl. diesbezüglich für Hedwig Dohm auch Bock, Frauenwahlrecht, S. 101f.

98 Zitiert aus Dohm, Jesuitismus, S. 164 f., abgedruckt in Twellmann, deutsche Frauenbewegung, S. 228.

sierte Ordnung wurde hier als ein sich ergänzendes Nebeneinander interpretiert, wobei die Geschlechter in ihrer Komplementarität als für die Nation in gleicher Weise wichtig erachtet wurden. Die damit verbundene traditionelle Adaption der Aufgabenteilung wies der Frau auch weiterhin vorwiegend den familiären und privaten Raum zu, während der Mann in der Öffentlichkeit hervortrat.[99]

Während Anna Maria Mozzoni mit weiblicher Emanzipation – ähnlich wie Hedwig Dohm es im Jahre 1873 und 1876 im Deutschen Reich propagierte – sowohl die Verleihung der politischen Rechte an die Frau als auch die Befreiung aus der traditionellen patriarchalisch ausgerichteten Familienstruktur verband, strebte der Großteil der gemäßigten Frauenrechtlerinnen in der ersten Zeit nach der Nationalstaatsbildung ein Emanzipationsmodell an, das sich von der Betonung der herkömmlichen „naturgegebenen" Bestimmung der Frau nicht löste. Vorrangiges Ziel dieser Frauen, die sich im Deutschen Reich zu Frauen(bildungs)vereinen, in Italien um die Redaktionen von Frauenzeitschriften zusammengeschlossen hatten, war der Kampf um die Verbesserung von Bildungs- und Erwerbsmöglichkeiten.

Sowohl in Italien als auch im Deutschen Reich zeigte sich, dass Anna Maria Mozzoni und Hedwig Dohm mit ihren Forderungen nach dem Frauenwahlrecht ihrer Zeit weit voraus waren. Es trifft ebenso für den italienischen Raum zu, wenn es rückblickend aus den 20er Jahren des 20. Jahrhunderts in der Literatur zur deutschen Frauenbewegung des 19. Jahrhunderts heißt:

> „...Trotzdem ist in Deutschland im 19. Jahrhundert noch kaum für das politische Wahlrecht gekämpft worden. Die geistvollen und witzigen Plaudereien von Hedwig Dohm erhoben zwar diese Forderungen [...] aber weite Kreise waren von dem Problem noch unberührt [...] noch waren die Frauenvereine mit Einzelaufgaben beschäftigt, durch die sie sich erst tüchtig machen wollten, zur Leistung im Staat."[100]

---

99 Vergleiche dazu auch Blohm, Ida, Das Zusammenwirken von Nationalismus und Feminismus um die Jahrhundertwende: Ein Versuch zur vergleichenden Geschlechtergeschichte, in: Haupt, Heinz-Gerhard/Kocka, Jürgen (Hg.), Geschichte und Vergleich. Ansätze und Ergebnisse international vergleichender Geschichtsschreibung, Frankfurt a. M./New York 1996, hier bes. Punkt 4.2.: Feministische Strategien, S. 318-320.

100 Zitiert aus von Zahn-Harnack, Agnes, Die Frauenbewegung. Geschichte, Probleme, Ziele, Berlin 1928, S. 273.

Gemäßigt oder radikal?

Eugenische Tendenzen in den Flügeln der Frauenbewegung

Katja Weller

Zur Geschichte der bürgerlichen Frauenbewegung liegen gegenwärtig einige Überblicksdarstellungen sowie zahlreiche thematische und lokale Spezialstudien vor. Darin wird der Herausbildung zweier sich selbst als ‚radikal' bzw. ‚gemäßigt' verstehender Flügel zumeist ein hoher Stellenwert beigemessen. Ihnen werden weitgehend unvereinbare Geschlechtsbilder, Emanzipations- und Politikvorstellungen zugeschrieben: Seit den 70er/80er Jahren wird ‚radikal' häufig unhinterfragt mit egalitären, naturrechtlich fundierten, aufklärerischen und vielfach progressiv gewerteten Gleichheitsvorstellungen gleichgesetzt. Als ‚gemäßigt' gelten demgegenüber differenzorientierte, vielfach konservativ gewertete Gleichwertigkeitsideen von ‚wesensgemäßer' Partizipation.[1]

Ob diese Polarisierung den Denkmustern der historischen Frauenbewegung gerecht werden kann oder vom heutigen Forschungsinteresse und Emanzipationsverständnis der ForscherInnen aus Gräben rückschauend trennender bewertet werden, als sie ursprünglich vielleicht waren, wird erst in jüngerer Zeit hinterfragt. Neuerdings wird dabei vor einer Überbewertung der Flügelbildung gewarnt und für eine Umschreibung der Geschichte der Frauenbewegung plädiert.[2]

Im Folgenden möchte ich die Tragfähigkeit der stereotypen Sicht auf die Flügel der Frauenbewegung am Beispiel ihrer bevölkerungspolitischen – genauer: der rassenhygienisch/eugenischen – Diskussion im Kaiserreich und in der Weimarer Republik überprüfen. Ein systematischer Vergleich diesbezüg-

1 Am deutlichsten in den Schriften von Bärbel Clemens. Dies., Bürgerin im Staat oder Mutter in der Gemeinde? Zum Politik- und Staatsverständnis der bürgerlichen Frauenbewegung, in: Feministische Studien, 13 (1985), S. 49-48. Dies., „Menschenrechte haben kein Geschlecht". Zum Politikverständnis der bürgerlichen Frauenbewegung, Pfaffenweiler 1988. Vgl. darüber hinaus den Forschungsüberblick bei: Bock, Gisela, Frauenwahlrecht - Deutschland um 1900 in vergleichender Perspektive, in: Geschichte und Emanzipation. Festschrift für Reinhard Rürup, hg. v. Grüttner, Michael/Hachtmann, Rüdiger u.a., Frankfurt a.M./New York 1999, S. 95-136, S. 97-99.

2 Pointiert zuletzt durch: Bock, Frauenwahlrecht.

licher Positionen in den beiden Lagern steht in der Forschung noch aus. Auch auf einer breiten Quellenbasis beruhende Analysen zu den einzelnen Flügeln liegen bislang kaum vor.[3] Mit Blick auf die ‚Gemäßigten' ist die Forschungslage besonders dünn. In vereinzelten Aufsätzen werden rassenhygienische Elemente in den Artikeln der ‚Frau' und anderen Veröffentlichungen zwar bestätigt, eine generelle Konsensfähigkeit eugenischer Selektionsmodelle in der Frauenbewegung jedoch bestritten.[4] Allein Susanne Omran wertet den rassenhygienischen Diskurs in einer jüngst erschienenen Untersuchung als festen Bestandteil ‚gemäßigter' Geschlechtervorstellungen und Emanzipationsideen.[5]

Zu den eugenischen Positionen der ‚Radikalen' hat sich demgegenüber eine recht komplexe, stellenweise sehr emotional geführte Forschungsdiskussion herausgebildet. Während eine neuerdings wachsende Fraktion von HistorikerInnen eine Affinität von Rassenhygiene-Bewegung und ‚radikaler' Frauenbewegung konstatiert[6], lehnt eine zweite Fraktion diesen Zusammenhang nachdrücklich ab.[7]

---

3 Die erste auf einer breiten Quellenbasis beruhende Monografie zu den ‚Radikalen' erschien erst 1995: Herlitzius, Anette, Frauenbefreiung und Rassenideologie: Rassenhygiene und Eugenik im politischen Programm der ‚Radikalen Frauenbewegung' (1900-1933), Wiesbaden 1995. Drei Jahre später erschien ebenfalls zu den ‚Radikalen': Hein, Martina, Die Verknüpfung von emanzipatorischem und eugenischem Denken bei Helene Stöcker (1869-1949), Diss. Bremen 1998.

4 Eine primär strategische Motivation der Partizipation am eugenischen Diskurs vermutet: Schade, Rosemarie, Bevölkerungspolitik und der Bund Deutscher Frauenvereine, in: Ariadne, 15/16 (1989), S. 10-17. Tendenziell auch: Usborne, Cornelie, Frauenkörper - Volkskörper. Geburtenkontrolle und Bevölkerungspolitik in der Weimarer Republik, Münster 1994, besonders S. 44-49. Irene Stoehr führt eugenische Tendenzen demgegenüber allein auf die Publikationen der Rassenhygienikerin Bluhm in der ‚Frau' zurück: Stoehr, Irene, Fraueneinfluß oder Geschlechterversöhnung? Zur „Sexualitätsdebatte" in der deutschen Frauenbewegung um 1900, in: Geyer-Kordesch, Johanna/Kuhn, Anette (Hg.), Frauenkörper. Medizin. Sexualität. Auf dem Weg zu einer neuen Sexualmoral, Düsseldorf 1986, S. 159-190.

5 Omran, Susanne, Frauenbewegung und ‚Judenfrage'. Diskurse um Rasse und Geschlecht nach 1900, Frankfurt a. M./New York 2000 (Diss.), vor allem S. 352-373 und 405-435.

6 Den Auftakt zur Diskussion eugenischer Tendenzen bei den ‚Radikalen' gab Marielouise Janssen-Jurreit 1978 mit dem Artikel: Sexualreform und Geburtenrückgang - Über die Zusammenhänge von Bevölkerungspolitik und Frauenbewegung um die Jahrhundertwende, in: Kuhn, Annette/Schneider, Gerhard (Hg.), Frauen in der Geschichte, Bd. I: Frauenrechte und die gesellschaftliche Arbeit der Frauen im Wandel. Fachwissenschaftliche und fachdidaktische Studien zur Geschichte, Düsseldorf [2]1982, S. 56-81. Unterstützt wird diese Position durch: Zimmermann, Susan, Weibliches Selbstbestimmungsrecht und auf ‚Qualität' abzielende Bevölke-

Starrheit und Emotionalität der Positionen in dieser Frage können nicht zuletzt als ein Resultat der historischen Entwicklung der Frauenbewegungsforschung gesehen werden: Die Suche nach den historischen ‚Schwestern', mit der ForscherInnen in den frühen 80er Jahren frauen- und geschlechtergeschichtlichen Perspektiven entscheidende Impulse gaben, und die hohe Identifikation mit diesen, hat beträchtliche und bis heute relevante Auswirkungen auf die Sicht der beiden Flügel gehabt. Weil die Untersuchung eugenischer Strömungen in der Regel unter dem Blickwinkel ihrer wegbereitenden Funktion für die nationalsozialistische Rassenideologie vorgenommen wird, ist die Frage nach einer Einbindung ‚gemäßigter' und vor allem ‚radikaler' Frauenrechtlerinnen in den rassenhygienischen Diskurs von zahlreichen HistorikerInnen als besonders pikant empfunden worden: Sie implizierte die Frage nach einer Verstrickung der gerade erst wiederentdeckten feministischen Traditionen in den ideologischen Wurzeln des Nationalsozialismus und wurde damit Bestandteil der seit den achtziger Jahren betriebenen feministischen Debatte um den Opfer-/Täterinnenstatus von Frauen in der neueren Geschichte.[8] Einige HistorikerInnen haben sich in diesem Kontext rassenhygienischen Ten-

---

rungspolitik. Ein unverarbeiteter Zusammenhang in den Konzepten der frühen Sexualmoral, in: beiträge zur feministischen theorie und praxis, 21/22 (1988), S. 53-72. Allen, Ann Taylor, Feminism and Motherhood in Germany, 1800-1914, New Brunswick/New Jersey 1991. Dies., Feminismus und Eugenik im historischen Kontext; in: Feministische Studien, 1 (1991), S. 46-68. Sauer-Burghard, Brunhilde, Frauenbefreiung und „Rassenveredelung". Eugenisches und rassenhygienisches Gedankengut im feministischen Diskurs der historischen radikalen Frauenbewegung, in: beiträge zur feministischen theorie und praxis, 38 (1994), S. 131-144. Herlitzius. Hein. Omran, S. 374-435. Reinert, Kirsten, Frauen und Sexualreform 1897-1933, Herbolzheim 2000.

7 Am vehementesten: Schlüpmann, Heide, Radikalisierung der Philosophie. Die Nietzsche-Rezeption in der sexualpolitischen Publizistik Helene Stöckers, in: Feministische Studien, 1 (1984), S. 10-34. Rein strategische Motive der eugenischen Tendenzen vermuten: Kliewer, Annette, Geistesfrucht und Leibesfrucht. Mütterlichkeit und ‚weibliches Schreiben' im Kontext der ersten bürgerlichen Frauenbewegung, Pfaffenweiler 1993. Soltau, Heide, ‚Erotik und Altruismus'. Emanzipationsvorstellungen der Radikalen Helene Stöcker, in: Dalhoff, Jutta/Frey, Uschi u.a. (Hg.), Frauenmacht in der Geschichte. Beiträge des Historikerinnentreffens 1985 zur Frauengeschichtsforschung, Düsseldorf 1986, S. 65-82. Eine ausdrückliche Abgrenzung Stöckers gegen reglementierende rassenhygienische Maßnahmen konstatiert: Wickert, Christl, Helene Stöcker 1869-1943. Frauenrechtlerin, Sexualreformerin und Pazifistin. Eine Biographie, Bonn 1991.

8 Vgl. etwa: Thürmer-Rohr, Christina, Aus der Täuschung in die Ent-Täuschung. Zur Mittäterschaft von Frauen, in: beiträge zur feministischen theorie und praxis, 8 (1983), S. 11-25.

denzen in der Frauenbewegung mit einer enormen Entlastungsbereitschaft genähert und dabei häufig, ohne Heranziehung einer aussagekräftigen Quellenbasis oder mit einem recht selektiven Blick auf das vorfindbare Material, stereotype Vorstellungen über gesellschafts- und geschlechterpolitische Grundhaltungen der jeweils untersuchten Lager unhinterfragt reproduziert.

Voraussetzung für eine den zeitgenössischen Denkmustern sich vorsichtig nähernde Einschätzung der beiden Flügel der Frauenbewegung und ihres Verhältnisses zueinander scheint mir daher ein enttabuisierter und selbstreflexiver Umgang mit den Zeugnissen zu sein. Vor allem systematische komparatistische Analysen, die bislang kaum vorliegen, könnten zähe Stereotype überwinden helfen.

Hierzu möchten die folgenden Ausführungen einen Beitrag leisten. Anhand einer Analyse der Zeitschrift ‚Mutterschutz' / ‚Die neue Generation' der ‚Radikalen' Helene Stöcker und dem ‚Mainstream'-Blatt der ‚Gemäßigten', ‚Die Frau', sollen eugenisch-bevölkerungspolitische Positionen sowie die ihnen jeweils zu Grunde liegenden Geschlechts- und Partizipationsideen vergleichend auf Nähe und Distanz der Flügel hin untersucht werden.

Zur Klärung des thematischen Hintergrunds beginne ich zunächst mit einem einführenden Abschnitt über die deutsche Rassenhygiene-Bewegung.

Die eugenische/rassenhygienische Bewegung in Deutschland

Die Rassismusforschung unterscheidet heute idealtypisch einen nach ‚innen' und einen nach ‚außen' gerichteten Rassismus: Untersuchungen zur nationalsozialistischen Rassenideologie haben gezeigt, dass rassistisches Denken nicht auf seine äußere Orientierungsrichtung reduziert werden kann, also auf die Kategorisierung der Menschheit in angeblich biologisch geprägte ‚Rassen', denen bestimmte physische und kulturelle Eigenschaften und daran geknüpfte Werte zugeschrieben werden. Diese hierarchisierende und biologisierende Logik wurde vielmehr im letzten Drittel des 19. Jahrhunderts auch nach innen, auf die Gesellschaftsstruktur übertragen, so dass sich gleichzeitig ein interner Rassismus gegenüber als ‚minderwertig' definierten Mitgliedern der eigenen ‚Systemrasse' manifestierte.[9] Während der äußere Rassismus sich in

9 Vgl. Herbert, Ulrich, Traditionen des Rassismus, in: Niethammer, Lutz u. a., Bürgerliche Gesellschaft in Deutschland. Historische Einblicke, Fragen, Perspektiven, Frankfurt a. M. 1990, S. 472-488, hier S. 474. Peukert, Detlev J. K., Rassismus und ‚Endlösungs'-Utopie. Thesen zur Entwicklung und Struktur der nationalsozialisti-

Folge der durch Joseph Arthur Comte de Gobineau geprägten Rassenanthropologie entwickelte, stand der innere Rassismus in der maßgeblich durch Francis Galton[10], Alfred Ploetz[11] und Wilhelm Schallmayer[12] geprägten Tradition der Rassenhygiene bzw. Eugenik.[13]

Das Programm der sich entwickelnden Rassenhygienebewegung[14] speiste sich aus unterschiedlichen zeitgenössischen Diskursen und Theorien. Es verknüpfte etwa sozialdarwinistische mit biologistischen Ideen, denen zufolge der gesellschaftliche Zusammenhang als ‚Volkskörper' definiert wurde. Wert und Gesundheit des Einzelnen waren aus dieser Perspektive abhängig von seiner ‚Nützlichkeit' oder ‚Schädlichkeit' für die Leistungskraft des überge-

---

schen Vernichtungspolitik, in: Kleßmann, Christoph (Hg.), Nicht nur Hitlers Krieg. Der Zweite Weltkrieg und die Deutschen, Düsseldorf 1989, S. 71-82, hier S. 73.

10 Der Engländer Galton (1822-1911) gilt als Begründer der Eugenik. Ploetz und Schallmayer stützten ihre Überlegungen auf seine Werke. Vgl. Weingart, Peter/Kroll, Jürgen/Bayertz, Kurt, Rasse, Blut und Gene. Geschichte der Eugenik und Rassenhygiene in Deutschland, Frankfurt a. M. 1992, S. 32/33.

11 Ploetz (1860-1940) prägte den Terminus ‚Rassenhygiene' in: Die Tüchtigkeit unserer Rasse und der Schutz der Schwachen, Berlin 1895.

12 Schallmayer (1857-1919) gilt als Begründer der programmatischen und ideologischen Basis der deutschen rassenhygienischen Bewegung. Vgl. Schallmayer, Wilhelm, Vererbung und Auslese im Lebenslauf der Völker. Eine staatswissenschaftliche Studie auf Grund der neueren Biologie, Jena 1903.

13 Im Folgenden werden die Begriffe ‚Eugenik' und ‚Rassenhygiene' synonym für die Bezeichnung jener Bewegung verwendet, die die gezielte Beeinflussung der genetischen Konstitution von Bevölkerungszusammenhängen zum Programm erhob und zu diesem Zweck Menschen in ‚Wertvolle' und ‚Minderwertige' unterteilte. Geburtenfördernde Maßnahmen für ‚Wertvolle' und geburtenverhindernde Maßnahmen für ‚Minderwertige' sollten zentrale Mittel einer staatlich gelenkten Fortpflanzungskontrolle werden. Die in der Forschung oft vorgenommene Differenzierung zwischen einer politisch eher links gerichteten Eugenik-Bewegung und einer eher rechts zu verortenden, rassenanthropologisch beeinflussten Rassenhygiene-Bewegung repräsentiert eine Entwicklung, die erst in den 20er/30er Jahren wirksam wurde. (Vgl.: Bock, Gisela, Zwangssterilisation im Nationalsozialismus. Studien zur Rassenpolitik und Frauenpolitik, Opladen 1986, S. 69/70). Für den hier betrachteten Zeitraum ist eine entsprechende begriffliche Differenzierung in vielen Fällen schwierig, da - auch in den untersuchten Zeitschriften - beide Begriffe lange bedeutungsgleich benutzt wurden.

14 Zur Entwicklung der deutschen Rassenhygiene-Bewegung von privaten Zirkeln unter befreundeten Wissenschaftlern über die Gründung der ‚Deutschen Gesellschaft für Rassenhygiene' und ihr nahestehender Fachzeitschriften bis hin zur breiten Etablierung der Eugenik an den Hochschulen und in politischen Institutionen: Bayertz/Kroll/Weingart, Kapitel IV.

ordneten Ganzen.[15] Das charakteristische Menschen- und Gesellschaftsbild der eugenischen Theoriebildung entstand jedoch erst in der Verbindung dieser Annahmen mit den Vererbungsgesetzen Gregor Mendels, die nun auf Menschen übertragen und auch auf deren charakterliche Eigenschaften bezogen wurden. ‚Minderwertigkeit‘ und ‚Höherwertigkeit‘ galten nunmehr als vererbbar; Behinderungen, aber beispielsweise auch Kriminalität, Alkoholismus und ‚Arbeitsscheue‘ wurden als Erbkrankheiten gewertet.[16] Ausgehend von der Annahme, dass die ‚natürliche‘ Auslese durch soziale Einrichtungen und medizinische Fortschritte unwirksam geworden sei, versuchten Eugeniker, eine vererbungswissenschaftlich begründete künstliche Auslese – basierend auf gezielter Geburtenförderung bei ‚wertvollen‘ Personen (Pronatalismus) und Geburtenverhinderung bei ‚Minderwertigen‘ (Antinatalismus) – zu etablieren, die, ergänzt durch eine Minimierung des Fürsorgewesens, zu einer planmäßigen Verbesserung der Konstitution des ‚Volkskörpers‘ führen sollte.

Die Wahrnehmung des ‚Volkskörpers‘ als reformbedürftig war dabei stark an die bildungsbürgerliche Perspektive gebunden, aus der die Rassenhygieniker die Gesellschaft betrachteten.[17] Vor allem das seit der Jahrhundertwende diskutierte Phänomen einer differenziellen Geburtenrate schürte Niedergangsängste: Während die Geburtenraten der Mittel- und Oberschicht beständig sanken, blieben sie in der Arbeiterschicht zunächst nahezu konstant. Dies nährte die Angst vor einer „Proletarisierung unseres Nachwuchses“[18]. Zudem sah man besorgt auf wachsende soziale Missstände, auf einen Anstieg von Prostitution und Geschlechtskrankheiten, auf wachsende Kriminalitätsraten u.ä.. Die „biologistischen Machbarkeitsutopien“[19] der Rassenhygieniker setzten solchen ‚Degenerations‘-Ängsten einen neuen Fortschrittsoptimismus entgegen. Die staatlich kontrollierte Rationalisierung privater Intimität sollte

15 Vgl.: Schmuhl, Hans-Walter, Rassenhygiene, Nationalsozialismus, Euthanasie. Von der Verhütung zur Vernichtung ‚lebensunwerten Lebens‘ 1890-1945, Göttingen 1987, S. 65-69

16 Vgl. Bergmann, Anna, Die verhütete Sexualität. Die Anfänge der modernen Geburtenkontrolle, Hamburg 1992, S. 64.

17 Zum bildungsbürgerlichen Hintergrund der Rassenhygieniker vgl. etwa: Herbert, S. 481. Schmuhl, S. 71.

18 Siemens, Hermann Werner, Die Proletarisierung unseres Nachwuchses, eine Gefahr unrassenhygienischer Bevölkerungspolitik, in: Archiv für Rassen- und Gesellschaftsbiologie (ARGB), Jg. 12 (1916-1918), S. 43-55. Vgl. zur Bevölkerungsentwicklung: Marschalck, Peter, Bevölkerungsgeschichte Deutschlands im 19. und 20. Jahrhundert, Frankfurt a. M. 1984, S. 55.

19 Peukert, Detlev J. K., Die Weimarer Republik: Krisenjahre der Klassischen Moderne, Frankfurt a. M. 1987, S. 108.

Zufälligkeiten und Unberechenbarkeiten des gesellschaftlichen Lebens eliminieren und die ‚soziale Frage' naturwissenschaftlich lösen helfen.[20]

Rassenhygieniker schalteten sich mit ihrem Programm jedoch nicht nur in die ‚soziale Frage' ein, sie antworteten überdies auch deutlich auf die ‚Frauenfrage'. Die als notwendig erachtete Reformierung des ‚Volkskörpers' wurde maßgeblich an die Berherrschbarkeit des Frauenkörpers geknüpft.[21] Vor allem in pronatalistischen Konzepten stand das Fortpflanzungsverhalten der Frauen im Mittelpunkt: Rassenhygieniker machten die zunehmende Familienplanung von Frauen der Mittel- und Oberschicht, die als Trägerinnen ‚guter' Erbanlagen gewertet wurden, für den seit der Jahrhundertwende vermuteten Einbruch der Geburtenraten verantwortlich. Besonders die emanzipatorischen Bestrebungen der Frauenbewegung schienen ein verändertes weibliches Sexualverhalten zu unterstützen.[22] Starken Auftrieb erhielt diese Wertung dadurch, dass sie in einer Veröffentlichung des preußischen Innenministeriums aus dem Jahre 1912 auch von regierungsoffizieller Seite popularisiert wurde: In einer von Jean Borntraeger verfassten Auftragsarbeit über den Geburtenrückgang wurde ein ganzes Kapitel der notwendigen „Eindämmung der Frauenemanzipation" gewidmet.[23]

Im Folgenden soll untersucht werden, ob und wie sich Vertreterinnen der beiden Lager der Frauenbewegung in diesen expansiven und wirkungsmächtigen zeitgenössischen Diskurs einschrieben. Es kann einerseits angenommen werden, dass ein ‚fortschrittliches' ‚wissenschaftliches' Konzept zur Überwindung sozialer Missstände und zur Sicherung bürgerlicher Wert- und Moralvorstellungen auch für Feministinnen[24] attraktiv war; andererseits galt es, sich gegen einen männlichen Machtanspruch und antifeministische Propaganda abzugrenzen.

---

20 Vgl. Weiss, Sheila Faith, The Race Hygiene Movement in Germany, in: Osiris, second series, 3 (1987), S. 193-236, S. 197.

21 Darauf verweist bereits: Hedwig Conrad-Martius, Utopien der Menschenzüchtung. Der Sozialdarwinismus und seine Folgen, München 1955, S. 90.

22 Vgl. Bergmann, S. 38 und S. 41-43.

23 Borntraeger, Jean, Der Geburtenrückgang in Deutschland. Seine Bewertung und Bekämpfung, erw. Nachdruck Würzburg 1913, S. 152-157.

24 Die Begriffe ‚feministisch'/‚Feministin' bezeichnen im Folgenden keine konkreten inhaltlichen Zielvorstellungen, sondern schlicht die Zugehörigkeit zur historischen Frauenbewegung.

Eugenische Tendenzen in den Artikeln der ‚Frau'

Rassenhygienische Stellungnahmen waren in der Zeitschrift ‚Die Frau'[25] in variierender Intensität stetig präsent. Eine Auseinandersetzung mit eugenischen Ideen vom Standpunkt der ‚gemäßigten' Frauenbewegung aus fand hier statt, auch wenn rassenhygienische Themen zu keinem Zeitpunkt bestimmend für die inhaltliche Linie der Zeitschrift waren.

Finden sich vor 1908 in der ‚Frau' nur vereinzelt und zumeist zurückhaltende Stellungnahmen zu eugenischen Konzeptionen[26], so gewannen diese danach bei einer deutlich wachsenden Zahl von AutorInnen Beachtung.[27] Vor allem im Zusammenhang mit einem 1910 von dem Rassenhygieniker Max von Gruber gehaltenen Vortrag zum Thema „Mädchenerziehung und Rassenhygiene"[28] entwickelte sich eine erste inhaltliche Kontroverse, die eine feministische Kritik der rassenhygienischen Ideologie einleitete. Gruber vertrat die These, dass eine optimale körperliche Ausbildung der Mädchen, unterstützt von einem neuen ‚Weiblichkeitskultus', der eine stärkere gesellschaftliche Anerkennung der Erziehungsarbeit implizieren sollte, zu einer ‚Aufartung' des weiblichen Geschlechts und damit, bei konsequenter Umsetzung der eugenischen Fortpflanzungsauslese, auch zu ‚wertvollerem' Nachwuchs führe; durch die neue Wertschätzung der Frau löse sich dabei en passant die ‚Frauenfrage'. Gertrud Bäumer widmete diesen Thesen einen ausführlichen Arti-

25 ‚Die Frau. Monatsschrift für das gesamte Frauenleben unserer Zeit' (im Folgenden: Frau) erschien von 1893 bis 1944. Helene Lange begründete die Zeitschrift und gab sie bis zu ihrem Tode 1930 heraus. 1916 trat Gertrud Bäumer als Mitherausgeberin an ihre Seite, ab 1930 übernahm sie die Alleinherausgabe. Seit 1933 zeichnete Frances Magnus von Hausen als Mitherausgeberin verantwortlich.

26 Vgl. Haushofer, Max, Ehe und Rassenveredelung, in: Frau, Jg. 1 (1893/94), S. 80-83 sowie Treuge, Margarete, ‚Kinder-Kultur' von Charlotte Perkins Gilman, in: Frau, Jg. 11 (1903/1904), S. 303-306. Nur zwei Artikel propagierten angesichts des kontinuierlichen Geburtenrückganges schon in dieser Zeit offen rassenhygienische Ideen: Salomon, Alice, Frauenfrage und Bevölkerungspolitik, in: Frau, Jg. 15 (1907/1908), S. 65-77. Bluhm, Agnes, Von den Wenigen und den Guten, in: Frau, Jg. 15 (1907/1908), S. 385-395.

27 Hinsichtlich der Intensität rassenhygienischer Debatten in der ‚Frau' lässt sich damit die bereits von Richard Evans vermutete steigende Unterstützung sozialdarwinistischer Ideen durch alle Lager der Frauenbewegung seit der Breslauer Generalversammlung des BDF von 1908 und den hier geführten Debatten über §218 bestätigen. Vgl. Evans, Richard J., The Feminist Movement in Germany 1894-1933, London/Beverly Hills 1976, S. 168

28 Gruber, Max von, Mädchenerziehung und Rassenhygiene, München 1910.

kel, in dem sie zwar bekräftigte, „daß die Frauenbewegung diesen Standpunkt [den rassenhygienischen, K.W.] anerkennt“[29], seinen Absolutheitsanspruch aber deutlich in Frage stellte:

„Das rassenhygienische Ideal kann einem noch so hoch stehen, man kann in ihm die Grundlage und Bedingung aller Kultur sehen, niemals kann es aber an sich ein Kulturziel sein - weil die menschliche Gesellschaft nun einmal doch etwas anderes ist als ein Gestüt oder eine Hühnerzucht.“[30]

Vor allem wehrte sich Bäumer gegen die Reduktion sozialer Probleme auf einseitige vererbungswissenschaftliche Lösungsmechanismen. Gerade im Hinblick auf die „moderne Frauenfrage“, so führte sie aus, müssten auch eine optimale Ausbildung ‚weiblicher‘ Fähigkeiten und Möglichkeiten zur Erwerbstätigkeit im sozialen Sektor gewährleistet sein.[31]

Dass die biologistische und ökonomisch-utilitaristische Gesellschaftssicht der Rassenhygieniker von ‚Gemäßigten‘ gleichwohl weitgehend anerkannt wurde, lässt sich anhand eines Artikels von Anna Pappritz aus dem Jahre 1911 verdeutlichen. Sie befürwortete bevölkerungspolitische Konzepte der „Höherentwicklung auf Grund einer rationellen Menschenökonomie“, die auf einer ausschließlich volkswirtschaftlichen Bewertung des Fortpflanzungsverhaltens basierten. Da rein quantitative Bevölkerungspolitik meist zu einer zusätzlichen Steigerung der Geburtenraten in den unteren sozialen Schichten führe, dort aber gleichzeitig mit erhöhter Säuglingssterblichkeit einhergehe, sei sie als „generative Mißökonomie sondergleichen“ und „Verbrechen an der Volksgesundheit, an der Rassetüchtigkeit“ abzulehnen.[32] An ihre Stelle müssten qualitative Förderungsmaßnahmen treten, die primär eine Überwindung des Zwei-Kinder-Systems in der Mittel- und Oberschicht bewerkstelligen sollten.[33] Mit den Interessen der Frauenbewegung sei dies aber nur vereinbar, so betonte auch Pappritz, wenn gleichzeitig auch Bildung und Berufschancen für Frauen gewährleistet seien.[34]

---

29 Bäumer, Gertrud, Sentimentale Wissenschaft, in: Frau, Jg. 17 (1909/1910), S. 705-710, Zitat S. 705-706.

30 Ebd., S. 706.

31 Ebd., S. 707-708. Identisch argumentierten Adele Schreiber und Helene Simon, vgl.: Mädchenerziehung und Rassenhygiene, in: Frau, Jg. 18 (1910/1911), S. 48-50.

32 Pappritz, Anna, Höherentwicklung und Menschenökonomie, in: Frau, Jg. 19 (1911/1912), S. 750-753, Zitate S. 753.

33 Ebd., S. 751.

34 Ebd., S. 752.

In diesen Positionen zeichnete sich ein auch für die Folgezeit paradigmatischer Umgang mit eugenischen Forderungen bereits ab: Dem gesellschaftlich immer wirkungsvoller werdenden rassenhygienischen Diskurs wurde Anerkennung versichert, die Kompatibilität zwischen Ideen der Frauen- und der Rassenhygienebewegung betont, gleichzeitig wurde jedoch versucht, sich gegen die frauenfeindliche Ausrichtung abzugrenzen. Der Weg in die Offensive durch die Propagierung eines feministisch umgewerteten rassenhygienischen Programms wurde an dieser Stelle noch nicht beschritten. Diesbezügliche Konzepte spielten aber für die Folgejahre eine wichtige Rolle.

Vor allem die Texte der Ärztin Agnes Bluhm[35] – eine der wenigen weiblichen Rassenhygienikerinnen und über ein Jahrzehnt die energischste Autorin eugenischer Ideen in der ‚Frau' – gaben immer wieder Impulse für die Verbindung eugenischer Zielsetzungen mit der Idee einer spezifisch weiblichen staatsbürgerlichen Verantwortlichkeit. Die Bereitschaft Helene Langes und Gertrud Bäumers, Bluhm kontinuierlich ein Forum in ihrer Zeitschrift zu bieten, lässt sich meines Erachtens zum einen mit einer grundsätzlichen Anerkennung der biologistisch-ökonomistischen Gesellschaftssicht, zum anderen mit Bluhms Idee einer generativen Verantwortlichkeit der bürgerlichen Frauenbewegung für die ‚Qualität' des ‚Volkskörpers' erklären. Sie verband damit geschickt einen tendenziell antifeministischen Diskurs mit der Idee der „weiblichen Kulturmission":

Bluhm war die einzige Autorin, die schon vor Beginn des Ersten Weltkrieges eine zügige staatspolitische Umsetzung der eugenischen Fortpflanzungsselektion forderte. Dabei betonte sie, dass die „Geburtenfrage sehr wesentlich eine Frauenfrage sei" und zog daraus, anders als ihre männlichen Mitstreiter in der ‚Gesellschaft für Rassenhygiene', die Konsequenz, dass sie mithin nur durch das bevölkerungspolitische Engagement von Frauen gelöst werden könne.[36] Sie versuchte daher, das Programm der rassenhygienischen Fortpflanzungsselektion in das der ‚gemäßigten' Frauenbewegung zu integrieren. Anknüpfungspunkte boten sich in der von beiden Seiten angenommenen Priorität des ‚Allgemeinwohls'. Bäumer hatte ihre Befürwortung biologisti-

35 Die Ärztin Bluhm zählte zu den ersten Mitgliedern der 1905 gegründeten ‚Berliner Gesellschaft für Rassenhygiene'. Zu ihrer Person: Siebertz, Karin, Agnes Bluhm (1962-1944). Ärztin und Rassenhygienikerin, in: Pionierinnen, Feministinnen, Karrierefrauen? Zur Geschichte des Frauenstudiums in Deutschland, Pfaffenweiler 1992 (Frauen in Geschichte und Gesellschaft Bd. 22), S. 97-104.

36 Bluhm, Agnes, Der Geburtenrückgang in Deutschland, in: Frau, Jg. 20 (1912/1913), S. 221-234, hier S. 221.

scher Gesellschaftsmodelle bereits 1909 signalisiert: Das individuelle Leben sei vorrangig durch „Verpflichtungen gegen die Gesamtheit" bestimmt; in der Massengesellschaft gewinne „alles eine Bedeutung für die Öffentlichkeit", es sei daher legitim, „daß sich die Öffentlichkeit um hundert [...] Dinge kümmert, die sie früher nichts angingen."[37]

Folgerichtig propagierte Bluhm eine Rationalisierung des Sexuallebens im Sinne der ‚Volkskörper'-Ideologie:

> „Sie [die Fortpflanzung, K.W.] muß deshalb [...] geregelt werden, aber nicht, wie dies heute geschieht, lediglich nach Maßgabe des elterlichen oder kindlichen Wohls, sondern nach den Erfordernissen des Gesamtwohls des Volkes. Dementsprechend gibt es für die einen eine Pflicht zu reichlicher Fortpflanzung, für die anderen hingegen eine Pflicht auf Beschränkung derselben, oder auf völligen Verzicht."[38]

Im Hinblick auf den Antinatalismus befürwortete sie dabei restriktive Methoden, wie die „gesteigerte Aufnahme von zur Fortpflanzung untauglichen Individuen in Anstalten", wenn die „Beherrschung des Trieblebens" nicht gewährleistet werden könne.[39] Der ‚qualitative' Pronatalismus sei hingegen primär ein Wirkungsfeld der bürgerlichen Frauenbewegung. Da sie die „weibliche Intelligenz" repräsentiere, sei es ihre Aufgabe „mit Wort und Beispiel" für die Zeugung einer „zahlreiche[n] körperlich, geistig und sittlich tüchtigen Nachkommenschaft" voranzugehen und so das „generative Gewissen" der Frauen zu wecken.[40]

Ein Jahr später, im Februar 1914, rief Bluhm die Leserschaft der ‚Frau' auch zur Unterstützung des gesetzlich geregelten eugenischen Antinatalismus auf. Wie kurz zuvor bereits Gertraud Haase-Bessell, die in einem zweiteiligen rassenhygienischen ‚Schulungstext' Sympathie für die in den USA begonnene staatliche Sicherung der „Fortpflanzungsunmöglichkeit der absolut rassenschädlichen Individuen" in Form von Eheverboten für die „Minusvarianten der Rasse" bekundet hatte[41], hielt auch Bluhm die Ehegesetzgebung der amerikanischen Staaten für beispielhaft. Hier habe man bereits begriffen, „daß ein großer Teil körperlicher und geistiger Defekte nicht Wirkung des Milieus ist, sondern auf krankhaften Veränderungen der Erbsubstanz [...] beruht", und

37 Bäumer, Gertrud, Die Frauenbewegung und die Zukunft unserer Kultur, in: Frau, Jg. 16 (1908/1909), S. 513-525, Zitate S. 517-518.

38 Bluhm, Geburtenrückgang, S. 229.

39 Ebd., S. 232.

40 Alle Zitate: Ebd., S. 234.

41 Haase-Bessell, Gertraud, Rassenbiologie, in: Frau, Jg. 20 (1929/1913), S. 489-497 und S. 545-553, Zitate S. 552-553.

folgerichtig die Fortpflanzung Betroffener gesetzlich unterbunden.[42] In Deutschland hätten Schallmayer und Ploetz zwar ähnliche Forderungen formuliert, insgesamt aber fehle noch das „Verständnis für eugenische Gedankengänge“. Die Anerkennung der Legitimität eugenischer Gesundheitsatteste, Eheverbote und der Sterilisationspolitik nach amerikanischem Muster müsse daher zunächst noch aufklärerisch vorangetrieben werden. Gerade auf diesem Gebiet könne sich die Frauenbewegung verdient machen:

> „Die Frauenbewegung greife die eugenischen Probleme nicht nur zur Gewissensberuhigung, sondern zur Mitarbeit auf und scheue nicht davor zurück, auch dort die Konsequenzen zu ziehen, wo diese für sie selbst Grenzpfähle bedeuten. Damit entwaffnet sie nicht nur ihre Gegner, sondern sie erfüllt damit ihren höchsten Zweck: mitzubauen an der Zukunft der Nation.“[43]

In diesem Sinne von seinem antifeministischen Tenor befreit, eingebunden in das Konzept der „weiblichen Kulturmission“ und fähig, die Anteilnahme der Frauen am Staatsgeschehen zu belegen, gewann das rassenhygienische Programm für ‚gemäßigte‘ Frauenrechtlerinnen an Attraktivität. In einer Vielzahl der Artikel zur „geistigen Mütterlichkeit“ lässt sich folgerichtig eine explizite Befürwortung der These einer generativen Verantwortlichkeit der Frauen nachweisen.[44] Dabei erfolgte auch von restriktiven antinatalistischen Forderungen der überzeugten Rassenhygienikerinnen Bluhm und Haase-Bessell keine inhaltliche Distanzierung innerhalb der Zeitschrift.[45] Reglementierende Ideen standen demnach offenbar nicht in unvereinbarem Widerspruch zu den Anschauungen der ‚Gemäßigten‘, wenngleich sie von der Mehrheit der AutorInnen nicht explizit mitgetragen wurden.

---

42 Bluhm, Agnes, Rassenhygienisches aus Amerika, in: Frau, Jg. 21 (1913/1914), S. 264-272, hier S. 266.

43 Ebd., S. 272.

44 Vgl. z. B. Bäumer, Gertrud, Emanzipation und Emanzipation, in: Frau, Jg. 21 (1913/1914), S. 284-286. Bernays, Marie, Geburtenrückgang und Menschenökonomie, in: Frau, Jg. 21 (1913/1914), S. 495-498. Dies., Besteht ein ursächlicher Zusammenhang zwischen der Frauenbewegung und dem Geburtenrückgang?, in: Frau, Jg. 21 (1913/1914), S. 193-208. Velsen, Dorothee von, Zum Geburtenrückgang, in: Frau, Jg. 20 (1912/1913), S. 500.

45 Artikel in der ‚Frau‘, die einen nicht von der Redaktion geteilten Standpunkt vertraten, wurden durch eine Fußnote zumeist als solche gekennzeichnet oder um ein kritisches Nachwort der Schriftleitung ergänzt. Kritik aus LeserInnen- oder AutorInnenkreisen bot die Rubrik ‚Diskussion‘ sonst ein oft genutztes Forum.

Mit Kriegsbeginn traten rassenhygienische Themen in der ‚Frau' zunächst hinter einer breiten Auseinandersetzung mit dem aktuellen Geschehen zurück.[46] Bereits 1915 setzte jedoch erneut eine sehr intensive Auseinandersetzung mit bevölkerungspolitischen und rassenhygienischen Forderungen ein, die bis 1917 anhielt. Die Redaktion reagierte damit offenbar auf das neue bevölkerungspolitische Interesse regierungsoffizieller Kreise infolge der kriegsbedingten Stagnation des Bevölkerungswachstums.

Zunächst ging es dabei vorrangig um Ideen quantitativer Geburtenförderung. Lange und Bäumer bestätigten die Notwendigkeit dieser Entwicklung, sie kritisierten jedoch die mangelnde Berücksichtigung des weiblichen Standpunktes in bevölkerungspolitischen Fragen.[47] Durch die vorherrschende „Betrachtungsweise, in der die Kinderstube nur Durchgangsstation für das Heer ist", würden Frauen tendenziell entmündigt und als ‚Gebärmaschinen' für die Kriegsproduktion instrumentalisiert.[48] In diesem Kontext lässt sich erstmals eine offensiv fordernde Haltung ‚gemäßigter' Autorinnen im Hinblick auf das politische Partizipationsrecht von Frauen ausmachen: Indem sie sich auf die staatsbürgerliche „Bewährung" der Frauen im Rahmen des ‚Nationalen Frauendienstes' beriefen, forderten Lange und Bäumer die männlich dominierte Bevölkerungspolitik dazu auf, das weibliche Entscheidungsrecht im sozialen und familiären Rahmen anzuerkennen und in diesem Sinne nicht länger über das Gebärverhalten der Frauen ohne Wahrnehmung weiblicher Anliegen zu verfügen.[49] Demgemäß kann die verstärkte Auseinandersetzung mit bevölkerungspolitischen Forderungen in dieser Zeit als Versuch gewertet werden, eine dauerhafte politische Mitsprache von Frauen zumindest im sozialen Sektor durchzusetzen.[50] Argumentationsmuster, die auf der Annahme einer

---

46 Allein Bluhm thematisierte bereits 1914 das Kriegsgeschehen aus rassenhygienischer Sicht (Bluhm, Agnes, Der Schutz der Volksgesundheit und der gegenwärtige Krieg, in: Frau, Jg. 22 (1914/15), S. 8-15).

47 Lange, Helene, Zur Wiederaufnahme der Bevölkerungspolitik, in: Frau, Jg. 23 (1915/1916), S. 100-102, Zitat S. 100.

48 Bäumer, Gertrud, Der seelische Hintergrund der Bevölkerungsfrage, in: Frau, Jg. 23 (1915/16), S. 129-133, hier S. 130.

49 Vgl. etwa Lange, Wiederaufnahme, S. 100.

50 Deutlich thematisiert wird dies u. a. von: Jellinek, Camilla, Die Frau und der Staatsgedanke, in: Frau, Jg. 24 (1916/1917), S. 321-331. Die Dezemberausgabe des Jahres 1915 beschäftigte sich schwerpunktmäßig mit dem Rahmenthema „Die Bevölkerungsfrage vom Frauenstandpunkt", und in einer Vorankündigung für das Septemberheft 1916 hieß es, man werde nun „insbesondere der *Bevölkerungspolitik* und der *sozialen Neugestaltung* (Volksgesundheit, Wohnungsreform, Gestaltung

'mütterlichen' Verbindung von Frauen und 'Volkskörper' basierten, erlangten in diesem Zusammenhang neue Aktualität und fanden in verschiedenen Artikeln Verwendung.[51]

In Analogie zur wachsenden Kooperation von Bevölkerungspolitikern und Rassenhygienikern auf staatlicher Ebene lässt sich dabei auch in der 'Frau' eine verstärkte Affinität zur eugenischen, 'qualitativen' Bevölkerungspolitik nachweisen. So wurde Bluhm erneut Raum für zwei propagandistische Artikel gegeben, in denen sie für eine eugenische Umwertung der Bevölkerungspolitik eintrat. Ausgehend von der Überzeugung, „daß die einzelnen Menschen ungleichartig und ungleichwertig sind; daß diese Ungleichheit in erster Linie auf der Verschiedenheit ihrer Erbanlagen beruht“[52], forderte Bluhm erneut eine umfassende Fortpflanzungsselektion in Form einer eugenisch begründeten Sozialpolitik[53], gesetzlich geregelter Gesundheitsuntersuchungen und strikter Fortpflanzungs- und Eheverbote für 'Minderwertige'.[54] Unter Berufung auf das amerikanische Vorbild verwies sie zudem erneut auf die Möglichkeit eugenischer „Unfruchtbarmachung“, die sich „in sehr milder Weise ausführen“ ließe.[55]

Martha Martius vertrat in zwei umfassenden Artikeln ebenfalls drastisch die konsequente Umsetzung grundlegender rassenhygienischer Ideen.[56] Über Bluhms Forderungen hinaus trat sie vehement für die Umsetzung der „modernen Ahnenpflege“ ein. Frauen sollten ihrer „Liebe zu den künftigen Geschlechtern“ durch die Erstellung von „Ahnentafeln“ Ausdruck geben, und bei geplanten Eheschließungen auf einem 'Gesundheits'-Nachweis des Part-

des Arbeitswesens, u. a.) eigene regelmäßige Übersichten widmen.“ (Hervorhebungen im Original).

51 Vgl. etwa: Lange, Helene, Frauen und Frieden, in: Frau, Jg. 22 (1914/1915), S. 65-67. Dies., Die Bundestagung in Weimar, in: Frau, Jg. 23 (1915/1916), S. 673-679, besonders 676-677. Die Stellung der Frau in der politisch-sozialen Neugestaltung Deutschlands. Eine Denkschrift des Bundes Deutscher Frauenvereine an Regierung und Parlament in Reich und in den Bundesstaaten, in: Frau, Jg. 25 (1917/1918), S. 37-41.

52 Bluhm, Agnes, Sozialpolitik und Rassenhygiene, in: Frau, Jg. 23 (1915/1916), S. 134-141, Zitat S. 134.

53 Ebd., S. 134 und 139.

54 Bluhm, Agnes, Bevölkerungspolitisches, in: Frau, Jg. 23 (1915/1916), S. 513-521.

55 Bluhm, Sozialpolitik, S. 140.

56 Martius, Martha, Der Wille zum Kinde, in: Frau, Jg. 24 (1916/1917), S. 193-204. Dies., Ahnenforschung und ihre Beziehung auf das Leben der Frau, in: Frau, Jg. 24 (1916/1917), S. 646-653.

ners bestehen. Detaillierte Anleitungen zur sachgemäßen Anfertigung von erblichen Stammbäumen lieferte Martius gleich mit.[57]

Die forcierte Veröffentlichung propagandistischer rassenhygienischer Texte in den Kriegsjahrgängen der ,Frau' entsprach einer zunehmenden Befürwortung eugenischer Forderungen auch auf Seiten ,gemäßigter' Frauenrechtlerinnen, die personell nicht der Rassenhygiene-Bewegung angehörten. In verschiedenen Publikationen lässt sich eine radikalisierte Rezeption rassenhygienischer Handlungsmodelle nachweisen, die über eine bloße Aneignung pronatalistischer Ideen aus strategischen, emanzipatorischen Motiven hinaus geht. Besonders signifikant ist in diesem Zusammenhang ein Artikel Bäumers, in dem sie für eine eugenische Reform der Sozialpolitik plädierte. Darin führte sie aus, dass die Wiederherstellung der „Volkskraft" nur auf Ebene einer „Auslese der Menschenkräfte" realisiert werden könne. Insofern seien die bisherigen Maßstäbe der Sozialfürsorge als kontraproduktiv zu bewerten. Hier müsse eine gezielte Umstrukturierung zu Gunsten ,wertvoller' Individuen eingeleitet werden:

> „Die Hilfe der Gesellschaft für die dauernd hinter dem Mindestmaß zurückgebliebenen Schwachen, Verwahrlosten, Kranken ist ein *kleiner* Teil der Sozialfürsorge, die aber nicht wie bisher dem Ganzen Sinn und Namen gibt: Sinn des Ganzen bleibt *Erstarkung, Pflege der gesunden Kräfte* - Schaffung guten Bodens für ihr Wachstum - nicht in erster Linie Behütung der Schwachen und Gefährdeten."[58]

Die Auswirkungen sozialer Umstände auf die individuellen Entwicklungsmöglichkeiten erkannte sie dabei an.[59] Die Bereitschaft, den menschlichen ,Wert' vom Standpunkt ökonomischer Effizienz aus zu beurteilen und als ,minderwertig' deklarierte Individuen systematisch zu benachteiligen, ist für diesen Artikel Bäumers, wie für Artikel anderer AutorInnen der Kriegsjahrgänge, gleichwohl konstitutiv.

Der Aufschwung und die Radikalisierung rassenhygienischer Ideen spiegelt sich vor allem in einer wachsenden Zahl von Artikeln, die sich weiterhin um eine Synthetisierung eugenischer und emanzipatorischer Argumentationsmuster bemühten. Bäumer und Lange rekurrierten während der Kriegsjahre

---

57 Martius, Ahnenforschung, besonders S. 649-653, Zitate S. 652-653.

58 Bäumer, Gertrud, Soziale Zukunftsfragen, in: Frau, Jg. 24 (1916/1917), S. 5-11, Zitate S. 7.

59 Ebd.. Bernays forderte aus gleichen Gründen die verstärkte Förderung von unehelichen Kindern: Bernays, Maria, Zum Problem der Unehelichen, in: Frau, Jg. 25 (1917/18), S. 49-53. Vgl. auch: Dies., Zur Frage des ,Aufstiegs der Begabten', in: Frau , Jg. 25 (1917/18), S. 255-260.

etwa verstärkt auf den rassenhygienischen ‚Mutterkult' und unterstützten seine selektive Zielrichtung. Dabei lehnten sie finanzielle pronatalistische Anreize weitgehend ab. Der ‚natürliche' Kinderwunsch der ‚wertvollen' Frauen müsste vielmehr durch gesellschaftliche Anerkennung der Mutterschaft und eine Verbesserung der sozialen Rahmenbedingungen wiedergeweckt werden. So könne darauf hingewirkt werden, „daß die Frau ihre Mutterschaft als eine ihr selbständig anvertraute menschheitlich-nationale Sendung erfaßt, durch sie und aus ihr zur Staatsbürgerin reift."[60]

Auch Anna Lindemann lehnte einen restriktiven ‚Gebärzwang' unter Verweis auf die generative Verantwortlichkeit wertvoller Frauen ab. Die Beschränkung der Kinderzahl resultiere aus einem ‚natürlichen', an die Gebärfähigkeit gebundenen hohen Verantwortungsbewusstsein der Frauen, welche jedem Kind durch ein Höchstmaß an Erziehung und Ausbildung zur optimalen Entfaltung seines ‚qualitativen' Potenzials verhelfen wollten. Jeder restriktive Versuch einer Geburtenerhöhung führe zur Abweichung von diesen Grundsätzen und damit zur ‚Degeneration'. Als ‚minderwertig' deklarierten Frauen gestand Lindemann demgegenüber keinerlei Entscheidungskompetenzen zu; den Wunsch zahlreicher EugenikerInnen, „die Fortpflanzung der mehr oder weniger lebensuntauglichen Elemente unseres Volkes möglichst zu beschränken"[61] befürwortete sie unter Berufung auf die übergeordnete Bedeutung der „Volkskraft".[62]

Zusammenfassend lässt sich für den Zeitraum von 1915 bis 1917 eine Intensivierung und Radikalisierung des Diskurses festhalten. Dabei spielten weiterhin strategische Motive eine wichtige Rolle: Der wachsende Einfluss rassenhygienischer Ideen auf staatspolitischer Ebene zu jener Zeit machte die feministische Einschreibung in diesen Diskurs besonders attraktiv: hier ließ sich eine staatsbürgerliche Anteilnahme der Frauenbewegung an gesellschaftspolitisch relevanten Themen demonstrieren, auf deren Basis Partizipationsrechte eingefordert werden konnten.[63] Die Verschärfung des Diskurses entsprach aber auch einer immer offener zu Tage tretenden generellen Sym-

60 Bäumer, Seelischer Hintergrund, S. 133. Vgl. auch Lange, Bundestagung, besonders 676-677.

61 Ebd., S. 145.

62 Ebd., S. 145-146.

63 Die inhaltliche Konzentration der ‚Frau' auf Artikel zum aktuellen Kriegsgeschehen im Jahre 1914 und zu den Demobilisierungsplänen für die Nachkriegszeit seit 1917 stützen diese Annahme: Auch hier dominierten Versuche, die staatsloyale Verantwortlichkeit der Frauen unter Beweis zu stellen.

pathie der AutorInnen für eugenische Auslesekonzepte. Reglementierende Maßnahmen gegenüber ‚Minderwertigen' wurden nun öfter und ohne Sorge um die gesellschaftliche Konsensfähigkeit eingefordert.

In der unmittelbaren Nachkriegszeit verloren rassenhygienische Themen zunächst deutlich an gesellschaftlicher Einflusskraft. Auch in den Artikeln der ‚Frau' trat die Auseinandersetzung mit rassenhygienischen Forderung weitgehend zurück. Die meisten Monatshefte konzentrierten sich auf Stellungnahmen zu brisanten tagespolitischen Fragen.[64] Eine breitere Rezeption eugenischer Ideen lässt sich hier erst ab 1922 wieder nachweisen. Sie stand in auffallender Parallelität zur Entwicklung der rassenhygienischen Bewegung, die seit Beginn der zwanziger Jahre auf breites gesellschaftliches Interesse stieß und in der Zeit der Weimarer Republik ihren größten Einfluss gewinnen konnte. Der Versuch, Frauenforderungen in diesen noch immer männlich dominierten wissenschaftlichen Diskurs einzuschreiben, blieb dabei vorwiegend motivierend. Analog zur generellen Radikalisierung rassenhygienischer Forderungen lässt sich aber auch in der ‚Frau' eine wachsende Bereitschaft nachweisen, drastische restriktive Maßnahmen vorbehaltlos zu unterstützen. Damit vollzog sich ein deutlicher Paradigmenwechsel in den bevölkerungspolitischen Artikeln der ‚Gemäßigten': Bislang stand der funktionalisierbare ‚qualitative' Pronatalismus im Zentrum bevölkerungspolitischer Forderungen; erst im Kriegsverlauf wurden ergänzend auch antinatalistische Maßnahmen befürwortet. Seit Mitte der zwanziger Jahre erschienen als Folge der traumatisierenden Inflationserfahrungen der direkten Nachkriegszeit nun auch Artikel zur ‚negativen Auslese'. Unter Verweis auf die Kosten, die ‚Minderwertige' verursachten, hieß es etwa: „Immerhin muß etwas geschehen, schon vom Standpunkt der Sparsamkeit aus, denn es sind ganz ungeheure Summen, die die Minderwertigen dem [!] Staate kosten."[65] Zudem, so befürchtete Anna Pappritz, maximierten sich diese Kosten durch die Fortpflanzung ‚Minderwertiger', wenn nicht im Sinne einer antinatalistischen Bevölkerungspolitik verfahren werde:

„Größer sind noch die indirekten Ausgaben, die der Allgemeinheit durch solche Personen aufgebürdet werden, durch Krankheiten, die sie verbreiten, durch den minderwertigen

64 Nur Agnes Bluhm wurde im ersten Nachkriegsjahr wiederum Raum für Forderungen nach einer Beteiligung der Frauen am „Neubau einer generativen Ethik" gegeben: Dies., Rassedienst, in: Frau, Jg. 26 (1918/1919), S. 302-309.

65 Haase-Bessell, Gertraud, Minderwertige, in: Frau, Jg. 31 (1923/1924), S. 367-372, Zitat S. 372.

Nachwuchs, den sie in die Welt setzen und der früher oder später demselben Kreislauf verfällt."[66]

Anders als während des Krieges wurden die Kategorien ‚wertvoll' und ‚minderwertig' infolge dieser rein ökonomischen Gesellschaftssicht verstärkt an soziale Schichten geknüpft. Einflüsse des sozialen Umfeldes auf die individuelle Entwicklung wurden nun stellenweise negiert, die Rolle der Vererbungsvorgänge immer nachdrücklicher betont:

„Es ist einfach nicht wahr, daß alle diese Schwachsinnigen, Asozialen, Verbrecher, Süchtigen das Produkt ihres Milieus sind. Sie schaffen sich ihr Milieu dank ihrer Veranlagung, und brächte man sie heute in die denkbar besten Lebensbedingungen, so würden sie sich morgen ihr Elend wieder schaffen."[67]

Gerade in der sozialen Unterschicht sei die Quote erblich bedingter ‚Minderwertigkeit' daher besonders hoch, oder, wie Haase-Bessell konstatierte: „Die Güte eines Volkes hängt auf die Dauer der Generationen von der Schicht ab, die oberhalb des gelernten Arbeiters beginnt."[68]

Zu den befürworteten fortpflanzungsselektiven Maßnahmen gehörten nun auch die Sterilisationspolitik und die Isolierung ‚Minderwertiger' in Haftanstalten, die unter dem beschönigenden Begriff „Bewahrung" eingefordert wurde.[69]

In der Dezemberausgabe des Jahres 1928 fand die Ärztin Josephine Höber in einer Auseinandersetzung mit unterschiedlichen antinatalistischen Maßnahmen schließlich den gleitenden Übergang zur ‚Euthanasie':

„Für die Vernichtung *lebensunwerten Lebens* muß eine gesetzliche Handhabe geschaffen werden; denn auch das schafft Raum für Lebenstüchtige und schützt vor seelischen und wirtschaftlichen Nöten. Selbstverständlich wird man nur das Leben vernichten, von dem nach dem heutigen Stande der Wissenschaft mit vollster Sicherheit gesagt werden kann, daß es niemals wertschaffend werden kann."[70]

---

66 Pappritz, Anna, Das Bewahrungsgesetz, in: Frau, Jg. 32 (1924/1925), S. 270-272, Zitat S. 270.

67 Haase-Bessell, Gertraud, Bevölkerungspolitik, in: Frau, Jg. 31 (1923/1924), S. 291-296, Zitat S. 294.

68 Ebd. Vgl. außerdem: Ach, Maria, Zur Bevölkerungsfrage, in: Frau, Jg. 36 (1928/1929), S. 735-742, besonders S. 739.

69 Vgl.: Haase-Bessell, Minderwertige, besonders 371-372. Höber, Josephine, Zweck, Erfahrung und Ziele der Eheberatung, in: Frau, Jg. 36 (1928/1929), S. 142-148, besonders S. 147. Pappritz, Anna, Aufgaben und Ziele der neuzeitlichen Wohlfahrtspflege, in: Frau, Jg. 29 (1921/1922), S. 242-245. Pappritz, Bewahrungsgesetz, S. 271-272.

70 Höber, S. 147.

Da auch auf derartige Äußerungen keine kontroversen Stellungnahmen folgten, kann davon ausgegangen werden, dass die zunehmende Entwertung des einzelnen Menschenlebens generell im Einklang mit dem Gesellschaftsbild der ‚Gemäßigten' stand, wenngleich Tötungsaufrufe in dieser Form sicherlich nicht zu den konsensfähigen sozialpolitischen Forderungen zählten.

Eugenische Tendenzen in der ‚Neuen Generation'

Die Gründung des ‚Bundes für Mutterschutz' (BfM)[71] am 5. Januar 1905 ging maßgeblich auf das Engagement einiger ‚radikaler' Frauenrechtlerinnen zurück, die den Emanzipationskampf nicht nur auf der Rechtsebene, sondern auch auf der Ebene sexueller Sittlichkeitsnormen verankert wissen wollten.[72] Helene Stöcker wurde zu seiner ersten Vorsitzenden gewählt und avancierte zur zentralen Figur des Bundes. Auf ihr Engagement ist es hauptsächlich zurückzuführen, dass die feministische Thematik im BfM und den Artikeln seines Publikationsorgans, der ‚Neuen Generation'[73], stets aktuell blieb.

Der programmatische Vorstoß des Bundes in sexualaufklärerische Bereiche bedeutete einen Bruch mit bürgerlichen Moralvorstellungen. Die offensive Analyse tabuisierter Themen und machtstruktureller Implikationen der Sexualmoral stieß auf scharfe Proteste, auch aus dem Lager der ‚Gemäßigten'.[74] In reformerisch-fortschrittlichen Kreisen wurde das innovative Vorgehen des BfM jedoch von Beginn an positiv aufgenommen. Wissenschaftler wie Werner Sombart, Max Weber und Sigmund Freud, die Politiker Eduard David und Heinrich Braun sowie ein Großteil der ‚radikalen' Feministinnen schlossen sich dem Gründungsaufruf an. Aufgrund der sexualreformerischen Programmatik besaß der BfM auch große Attraktivität für Rassenhygieniker:

---

71 Seit 1908 ‚Deutscher Bund für Mutterschutz' und seit 1924 ‚Deutscher Bund für Mutterschutz und Sexualreform'.

72 Zur Geschichte des BfM vgl.: Nowacki, Bernd, Der Bund für Mutterschutz (1905-1933), Husum 1983 (Abhandlungen zur Geschichte der Medizin und der Naturwissenschaften, Heft 48). Hamelmann, Gudrun, Helene Stöcker, der ‚Bund für Mutterschutz' und ‚Die neue Generation', Frankfurt a.M. 1992.

73 Von 1905 bis 1907 unter dem Titel: ‚Mutterschutz. Zeitschrift zur Reform der sexuellen Ethik' (im Folgenden MS) erschienen, ab 1908: ‚Die neue Generation. Publikationsorgan des Bundes für Mutterschutz'. Erschien bis einschließlich Jg. 1932. Herausgegeben und begründet durch Helene Stöcker (im Folgenden: NG).

74 Der Antrag des BfM auf Aufnahme in den BDF wurde 1910 abgelehnt, die Zugehörigkeit des BfM zur Frauenbewegung von führenden ‚Gemäßigten' sogar bestritten. Vgl.: Nowacki, S. 270-272.

Wilhelm Schallmayer, Alfred Ploetz, Ottmar Spann u. a. zählten ebenfalls zu den ersten Mitgliedern.

Anders als in der ,Frau' nahm der rassenhygienische Diskurs in der ,Neuen Generation' zur Zeit des Kaiserreichs stets breiten Raum ein. Der BfM war seinem Selbstverständnis nach eine ,rassenverbessernde' Initiative; er trat für die Etablierung einer eugenisch begründeten „generativen Ethik" ein und suchte die Kooperation mit anderen sexualreformerischen Organisationen[75]. Dies beeinflusste auch die inhaltliche Gestaltung des Zeitschrift deutlich.

Im Zentrum rassenhygienischer Forderungen standen in der Zeit bis 1908 vorrangig pronatalistische Konzepte, die durch finanzielle Erleichterungen und gesellschaftliche Anerkennung ,wertvollen' Frauen die Realisierung eines Kinderwunsches erleichtern sollten. Walter Borgius und Maria Lischnewska plädierten in ihren Artikeln etwa für eine eugenisch begründete Reform der Familienpolitik: Staatliche Zuschüsse sollten der vielfach aus finanziellen Erwägungen heraus motivierten Beschränkung der Kinderzahl gerade in intellektuellen Kreisen abhelfen und so einen ,qualitativen' Kinderreichtum begünstigen.[76] J. Rutgers engagierte sich zudem für eine gesellschaftliche Anerkennung der Erziehungsarbeit: „Auserlesene" Mütter sollten danach mit einem „neuen Adel" tituliert werden.[77] Eine Beschränkung der Frauen auf den ,Mutterberuf' wurde dabei aber in zahlreichen Publikationen abgelehnt.[78] Forderungen nach gesetzlichen Reglementierungen wurden überdies nicht mitgetragen; ,Aufartung' schien vielmehr nur auf der Basis eines individuellen eugenischen Verantwortungsgefühls möglich. Konsensfähig war aber die Forderung nach verpflichtenden ärztlichen Untersuchungen vor der Eheschließung, die über den erblichen ,Gesundheitszustand' des jeweiligen Partners informieren sollten.[79]

75 Borgius, Walter, Mutterschutz und Rassenhygiene, in: MS, Jg. 1 (1905), S. 207-212.

76 Vgl.: Lischnewska, Maria, Weitere Ausgestaltung des praktischen Mutterschutzes, in: NG, Jg. 1 (1908), S. 169-181, besonders 181.

77 Rutgers, J., Rassenverbesserung, in: NG, Jg. 4 (1908), S. 24-28, Zitate S. 28.

78 Vgl. vor allem: Fürth, Henriette, Mutterschaft oder Beruf, in: NG, Jg. 1 (1908), S. 99-103 und S. 134-144.

79 Diese Forderung wurde als Resolution des BfM auf der ersten Generalversammlung im Januar 1905 verabschiedet. Vgl. Stöcker, Helene, Unsere erste General-Versammlung, in: MS, Jg. 2 (1906), S. 76-80, hier S. 78.

Im Zeitraum von 1908 bis 1914 stieg die Anzahl rassenhygienischer Stellungnahmen auch in der ‚Neuen Generation' deutlich an. Pro Jahrgang erschienen jetzt etwa sechs bis elf Artikel, in denen die Rationalisierung der Fortpflanzung zur notwendigen Vorbedingung zivilisatorischen Fortschritts erklärt wurde. So verlangte Stöcker,

„daß eine der schwersten Verantwortungen des Menschen: die Zeugung eines neuen Menschen, nicht länger dem blinden Zufall, nicht länger dumpfen Affekten überlassen bleiben, sondern nur einem durch klare Erkenntnis gezügelten, bewußten Willen zur Höherentwicklung unterstellt werden darf."[80]

Im Jahre 1910 wurde eine inhaltliche Schwerpunktverlagerung der Zeitschrift ausdrücklich angekündigt:

„Insbesondere die Probleme der Höherentwicklung durch biologische und sozialpolitische Maßnahmen wollen wir in Zukunft noch eingehender behandeln, als es bisher möglich war. Es haben sich uns neben den bewährten alten Mitgliedern eine Reihe von Forschern auf dem Gebiete der Rassenhygiene [...] zur Verfügung gestellt, deren Arbeiten in den nächsten Heften erscheinen werden."[81]

Die starke Präsenz rassenhygienischer Artikel lässt sich aber nicht nur auf das publizistische Engagement von Protagonisten der etablierten Rassenhygiene-Bewegung zurückführen. Auch Aufsätze persönlich nicht zur ‚Gesellschaft für Rassenhygiene' gehörender MutterschützerInnen wiesen eine starke Affinität zu eugenischen Forderungen auf. Anders als in den Artikeln der ‚Frau' wurden rassenhygienische Postulate in diesem Zeitraum nicht von einer eher distanzierten Rezeptionshaltung aus diskutiert und funktionalisiert – die AutorInnen der ‚Neuen Generation' verstanden sich vielmehr selbst als RassenhygienikerInnen.

Dabei teilte man Grundauffassungen der Rassenhygiene-Bewegung, mittels derer die Notwendigkeit eugenischer Sexualreformen begründet wurde: Geburtenrückgang, differenzielle Geburtenraten und ‚Kontraselektion' wurden als Zeichen einer beginnenden gesellschaftlichen ‚Degeneration' mit Be-

80 Stöcker, Helene, Vom IV. Neumalthusianerkongreß in Dresden, in: NG, Jg. 7 (1911), S. 470-482, hier S. 470. Nahezu wortgleich auch: Elben, Clara, Malthusianismus und Neumalthusianismus, in: NG, Jg. 5 (1909), S. 384-386. Rosenthal, Max, Was heißt ‚Neue Ethik'? Was will der Bund für Mutterschutz?, in: NG, Jg. 6 (1910), S. 219-227.

81 Stöcker, Helene, An unsere Leser, in: NG, Jg. 6 (1910), S. 1-2, Zitat S. 1-2.

sorgnis registriert.[82] Die Klassifizierung der Individuen in ‚Minderwertige' und ‚Wertvolle' wurde dabei mitgetragen, die Kategorie der wirtschaftlichen Effizienz als Wertmaßstab für Menschenleben gesetzt. Heinz Potthoff etwa war der Meinung, dass man für die Realisierung einer „richtigen Wirtschafts- und Bevölkerungspolitik" beginnen müsse, „auch das Menschenleben mit dem Auge des rechnenden Kaufmanns zu betrachten und sich zu fragen: Was kostet der einzelne Mensch der Gesamtheit? Was bringt er ihr ein? Ist das Volk durch den Einzelnen reicher oder ärmer geworden?".[83] Erst wenn man „Bilanz jedes einzelnen Lebens" gezogen habe, könne man die „aktiven Leben" gezielt unterstützen und so zu einer wirtschaftlich begründeten Sozialpolitik gelangen.[84] Und auch Stöcker verwies warnend auf „die nachgewiesen ungeheuren Schädigungen des Gemeinwohls, die durch die schrankenlose Vermehrung Schwachsinniger und Verbrecherfamilien" entstünden.[85]

Eine Zuordnung von ‚Höherwertigkeit' und ‚Minderwertigkeit' an soziale Schichten und die damit verbundene Annahme der Vererbung sämtlicher menschlicher Fähigkeiten wurde aber, wie in der ‚Frau' zunächst auch, negiert. Die gesellschaftliche Position des Einzelnen wurde auch auf „den Einfluß des Milieus"[86] zurückgeführt. Eine wirksame rassenhygienische Reformpolitik war folgerichtig vor allem auf der Grundlage herzustellender sozialer Gerechtigkeit denkbar, die allen ‚wertvollen' Elementen gleiche Entwicklungschancen einräumen sollte.[87] Ein schichtenübergreifender ‚Mutterschutz' und garantierte Ausbildungsmöglichkeiten für jedes Kind sollten in diesem Sinne als „rassenhygienische Prophylaxis"[88] fungieren und ein Gleichgewicht zwischen ‚qualitativer' und quantitativer Bevölkerungspolitik herstellen.[89]

---

82 Vgl.: Schreiber, Adele, Heiratsbeschränkungen, in: NG, Jg. 5 (1909), S. 61-75. David, Eduard, Säuglingsfürsorge und Rassenhygiene, in: NG, Jg. 6 (1910), S. 2-8, besonders S. 3-5.

83 Potthoff, Heinz, Der wirtschaftliche Wert des Menschenlebens, in: NG, Jg. 6 (1910), S. 57-65 und S. 110-118, Zitat S. 59.

84 Ebd., S. 61.

85 Stöcker, Helene, Staatlicher Gebärzwang oder Rassenhygiene?, in: NG, Jg. 10 (1914), S. 134-149, hier S. 144.

86 Rutgers, J., Rassenverbesserung, in: NG, Jg. 8 (1912), S. 487-496, Zitat S. 495. Vgl. auch Stöcker, Helene, Unser erster Internationaler Kongreß, in: NG, Jg. 7 (1911), S. 421-431, besonders S. 423.

87 Vgl. Theilhaber, Felix, Generative Politik, in: NG, Jg. 9 (1913), S. 227-242.

88 Stöcker, Erster Internationaler Kongreß, S. 424.

89 Vgl.: Rosenthal, S. 225. Vgl. auch: Stöcker, Kongresse, in: NG, Jg. 9 (1913), S. 595-601, S. 597-599 und Theilhaber, S. 233-235.

Im Rahmen der konkreten eugenischen Forderungen wurde den antifeministischen Tendenzen der Rassenhygieniker dabei eine deutliche Absage erteilt. In der ‚Neuen Generation' entwickelte sich eine umgewertete, feministisch begründete Form der Eugenik, die vor allem an das Konzept der „generativen Ethik" geknüpft war: Den rassenhygienischen Forderungen nach einer – besonders auf das weibliche Sexualverhalten bezogenen – staatlich reglementierten Fremdbestimmung wurde ein Konzept weitgehender Eigenverantwortlichkeit entgegengesetzt. Dabei wurden neomalthusianische Ideen mit dem rassenhygienischen Programm verbunden: Verhütungsmittelfreiheit wurde eine zentrale Forderung.[90] Sie sollte gewährleisten, dass nur bewusst gewollte Kinder gezeugt würden. Der freiheitliche und aufgeklärte Umgang mit der eigenen Sexualität würde automatisch auch die Bereitschaft zu ‚sittlichem' Handeln nach sich ziehen.[91]

Ein Leitziel dieser rassenhygienischen Umwertung blieb stets die Überwindung der überkommenen patriarchalischen Sexualmoral. Marie Stritt etwa forderte, die Geburtenfrage vom „Herrenrecht" der Männer loszulösen und als Ressort weiblicher Selbstbestimmung anzuerkennen.[92] Stöcker konstatiert, dass den Frauen „durch die Übernahme oder Ablehnung der Mutterschaft unter ungünstigen Umständen eines der wesentlichsten Mittel [...] zur Hebung der Menschheit an die Hand gegeben ist"[93] und leitete von dieser Kompetenz die notwendige Anerkennung von Frauenrechten ab:

> „Ein Geschlecht [...], das einmal erkannt hat, daß [...] in der freien, selbstverantwortlichen Mutterschaft die tiefsten Wurzeln seiner Sklaverei oder Freiheit liegen, wird nicht ruhen können, bis es sich die Freiheit, Unabhängigkeit und Anerkennung errungen hat, die es auf Grund seiner unentbehrlichen Leistungen für die Welt verlangen kann. [...] Wir verlangen Mutterschutz, verlangen als so notwendige und wertvolle Glieder der Gemeinschaft, als Trägerinnen der Zukunft auch die Rechte, die diesen Leistungen entsprechen."[94]

Als konkrete rassenhygienische Maßnahme wurde weiterhin die „Einführung einer obligatorischen ärztlichen Untersuchung beider Partner vor der Eheschließung" in Übereinstimmung mit der etablierten Rassenhygiene-Be-

---

90 Vgl. Stöcker, Helene, IV. Neumalthusianerkongreß, S. 481.

91 David, Eduard, Bessere Sexualauslese, in: NG, Jg. 6 (1910), S. 299-307

92 Stritt, Marie, Frauenbewegung und Neumalthusianismus, in: NG, Jg. 6 (1910), S. 439-446, hier besonders S. 441-442.

93 Stöcker, Helene, Der Internationale Neumalthusianer Kongreß in Haag, in: NG, Jg. 6 (1910), S. 406-418, Zitat S. 417.

94 Stöcker, Helene, Der Kampf gegen den Geburtenrückgang, in: NG, Jg. 8 (1912), S. 589-602, Zitat S. 602. Diese Stellungnahme ist eine Erwiderung auf die antifeministischen Angriffe Jean Borntraegers.

wegung befürwortet, da eine vorbehaltlose Entscheidungsfreiheit des Einzelnen erst auf der Basis präziser gesundheitlicher ‚Aufklärung' ermöglicht werden könne.[95] Aus diesem Grunde gewannen auch rassenhygienische Anleitungen zur Anfertigung individueller erblicher Stammbäume an Interesse. Stöcker etwa unterstützte die „Forderungen nach obligatorischen Stammbäumen" im Sinne von „Galton, Schallmayer, Pearson, Ploetz, Rutgers u. a.".[96]

Hohe Konsensfähigkeit erlangten ferner Vorschläge, die eine Verbesserung der „Gattenwahl" zum Ziel hatten. Eduard David trat beispielsweise für eine umfassende vererbungstheoretische Schulung der Einzelnen ein.[97] Adele Schreiber setzte sich überdies vehement für die Überwindung gesellschaftlich sanktionierter Heiratsbeschränkungen für Offiziere und „Mitglieder regierender Häuser und einiger gleichgestellter Familien des Hofadels" ein.[98] Auch durch das Lehrerinnenzölibat würden „ethisch und geistig hochstehende Frauen der Ehe und Mutterschaft [...] entzogen"[99]

Dass sich die in der ‚Neuen Generation' entwickelte Form der Rassenhygiene im Hinblick auf ihre gesellschaftstheoretischen Grundlagen und auf das Leitziel umfassender sexueller Selbstbestimmung deutlich von der klassischen Rassenhygiene unterschied, wurde von einigen AutorInnen durchaus bewusst wahrgenommen. Dennoch wurden die Differenzen offensichtlich nicht als derart gravierend empfunden, dass man die Kooperation mit Eugenikern vermieden hätte. Im Gegenteil: Ihre Mitgliedschaft im BfM wurde begrüßt, die Verdienste auch äußerst restriktiv eingestellter Rassenhygieniker immer wieder lobend hervorgehoben[100]; es wurde ihnen sogar Raum für Artikel gegeben, in denen sie die selbstverantwortliche weibliche Geburtenregelung ablehnten. So machte Schallmayer auch in der ‚Neuen Generation' primär Frauen der Mittel- und Oberschicht für den ‚qualitativen' Geburtenrückgang verantwortlich und diffamierte die bewusste weibliche Geburtenregelung als

95 Zitiert nach: David, Bessere Sexualauslese, S. 301. Vgl. auch Rosenthal, S. 226.
96 Stöcker, Staatlicher Gebärzwang, S. 147.
97 David, Bessere Sexualauslese.
98 Schreiber, S. 64.
99 Lehrerinnenzölibat und Rassenhygiene, in: NG, Jg. 8 (1912), S. 102-103, Zitate S. 103.
100 So in einer Stellungnahme über Ploetz in einer Rezension zu einem Buch von Pearson: Über Zweck und Bedeutung einer nationalen Rassenhygiene (National-Eugenik) für den Staat von Karl Pearson, in: NG, Jg. 5 (1909), S. 123-124. Vgl. auch: Stöcker, Internationaler Neumalthusianer Kongreß Haag, S. 418. Stöcker, IV. Neumalthusianerkongreß, S. 471-472. Theilhaber, S. 230.

Eigennutz. Auf diese Weise werde die „stetige Selbstausmerze der Begabteren und noch mehr der Begabtesten“ verursacht. Vorsichtig deutete Schallmayer an, dass er eine Legalisierung der Verhütungsmittel grundsätzlich ablehne: „Wenn es nicht gelingen wird, diese Kunst zu kontrollieren, so wird sie unausbleiblich der künftigen Menschheit verhängnisvoll werden.“[101] Grotjahn lehnte an anderer Stelle die generelle Freigabe von Verhütungsmitteln ebenfalls ab. Da in höheren Gesellschaftsschichten „ausschließlich aus privatwirtschaftlichen und Bequemlichkeitsgründen“[102] verhütet werde, forderte er eine gesetzliche Pflicht für Ehepaare, „eine Mindestzahl von drei Kindern über das fünfte Lebensjahr hinaus hochzubringen.“[103] Besonders ‚hochwertige‘ Eltern sollten darüber hinaus mittels finanzieller Prämien zu weiterem Nachwuchs angehalten werden. Kinderlosigkeit sollte in Anschluss an eine Steuerreform finanziell geahndet werden können.[104] Erst auf der Basis dieses Pflichtenkataloges hielt Grotjahn es für verantwortbar, Verhütungsmittel zu legalisieren.

Derartige – unwidersprochene – Forderungen standen in deutlichem Dissens zum Prinzip der sexuellen „Verantwortlichkeit“. Dass sie dennoch publiziert wurden, kann m. E. auf das äußerst ambivalente Verhältnis zahlreicher AutorInnen der Zeitschrift zu antinatalistischen Forderungen zurückgeführt werden. Im Hinblick auf „das Recht und die Pflicht, die Mutterschaft unter ungünstigen Umständen abzulehnen“[105], lassen sich in einer Vielzahl von Artikeln inkonsequente Abweichungen vom Konzept der verantwortlichen Selbstbestimmung nachweisen. ‚Minderwertigen‘ wurde die Fähigkeit selbstlosen Handelns nach Maßstäben eines generativen Pflichtgefühls nicht vorbehaltlos zuerkannt, Forderungen nach antinatalistischen Reglementierungen in zahlreichen Artikeln unterstützt. Dass diese Tendenz zu dieser Zeit einem Konsens im BfM entsprach, geht aus einem Artikel Stöckers hervor, in dem sie den „Ausbau der Gesetze, die die Verbrecher und Geisteskranken von der Fortpflanzung ausschließen“, als offizielle Forderung des Bundes charakterisierte.[106] Als Methode eines effektiven Antinatalismus propagierten zahl-

101 Schallmayer, Wilhelm, Über die Grundbedenken der Ethik und ihr Verhältnis zu den Forderungen der Rassenhygiene, in: NG, Jg. 6 (1910), S. 433-438 und S. 483-496, Zitat S. 438.

102 Grotjahn, Alfred, Geburtenprävention und Bevölkerungsvermehrung, in: NG, Jg. 8 (1912), S. 11-20; auch das vorangegangene Zitat S. 12.

103 Ebd., S. 17.

104 Ebd., S. 17-18.

105 Stöcker, Internationaler Neumalthusianer Kongreß Haag, S. 415.

106 Stöcker, Kongresse, S. 597. Vgl. auch David, Bessere Sexualauslese, S. 301.

reiche Artikel demgemäß bereits seit 1909 offen die Sterilisation ‚Minderwertiger‘.[107]

Die politischen Ereignisse seit August 1914 gewannen auf die inhaltliche Gestaltung der ‚Neuen Generation‘ dominierenden Einfluss. In zahlreichen Artikeln wurden Auswirkungen des aktuellen Kriegsgeschehens auf die gesellschaftlichen Strukturen untersucht und kommentiert. Hinsichtlich der Beurteilung des Kriegsgeschehens vollzog sich dabei im Laufe der Zeit ein grundlegender Wandel von einer anfänglichen Hinnahme der militärischen Konfliktbewältigung hin zu unbedingtem Pazifismus. Dies führte auch zu einer grundlegenden Reform des dem BfM beigemessenen Handlungsrahmens. „Mutterschutz“ schien angesichts aktueller Gewaltpotenziale eine nur unzulängliche Forderung zu sein. Statt dessen sollte ein umfassender „Menschenschutz“ konstituiert werden, um die Anerkennung des gleichberechtigten Lebensrechts aller Menschen gesellschaftlich zu verankern.[108] An diese pazifistischen Ideen wurden in hohem Maße feministische Überzeugungen geknüpft: Unter dem Eindruck patriarchalischer Gewalt und Zerstörung im Krieg manifestierte sich in zahlreichen Artikeln der Zeitschrift die These einer grundsätzlichen Andersartigkeit der Frauen. Diese seien ihrem Wesen nach friedfertig und altruistisch – ihre Bestimmung sei es zu lieben und Leben zu geben, nicht zu töten.[109] Zur Begründung der angenommenen Geschlechterdifferenz wurde dabei vor allem auf die physische Fähigkeit der Frauen zur Reproduktion rekurriert, von der nun auch ‚Radikale‘ spezifisch fürsorgerische Kompetenzen der Frauen ableiteten. In deutlicher Nähe zu Argumentationsmustern der ‚Gemäßigten‘ gingen jetzt auch AutorInnen der ‘Neuen Generation’ von einer Pflicht der Frauen aus, „mütterliche“ Anlagen in den Dienst des Gemeinwohls zu stellen – allerdings mit grundlegend differenten inhaltlichen Konsequenzen: Die gesellschaftliche Nutzbarmachung der ‚Mütterlichkeit‘

---

107 Vgl. neben David, Bessere Sexualauslese, S. 301, auch: Leute, J., Sozialhygienische Kastration, in: NG, Jg. 5 (1909), S. 424-431. Rutgers, J., Sprechsaal. Sozialhygienische Kastration, in: NG, Jg. 5 (1909), S. 563. Rohleder. Hermann, Neumalthusianismus (Schwangerschaftsverhütung) und Ärztestand, in: NG, Jg. 7 (1911), S. 521-551, besonders S. 534. Storfer, A. J., Kastration und Sterilisation von kriminellen Geisteskranken in der Schweiz, in: NG, Jg. 8 (1912), S. 671-675.

108 Vgl.: Stöcker, Helene, Geschlechtspsychologie und Krieg, in: NG, Jg. 11 (1915), S. 186-300, besonders S. 299. Stöcker, Helene, Menschenschutz, in: NG, Jg. 14 (1918), S. 132-144, besonders S. 134-135.

109 Besonders deutlich in: Stöcker, Helene, Lieben oder Hassen?, in: NG, Jg. 10 (1914), S. 530-546.

sollte nicht der unterstützenden Kriegsarbeit, sondern internationaler Verständigung dienen.

Die Annahme einer spezifischen „weiblichen Kulturmission" und die an sie geknüpften Implikationen hatten deutliche Auswirkungen auf die Rezeption rassenhygienischer Ideen. Frauen galten nun als wichtigste Garantinnen einer rationellen ‚Höherentwicklung'. Für Mathilde Vaerting etwa war

> „die Höherzüchtung der Menschheit vor allem Aufgabe des Weibes. Vor dem Manne ist das Weib zum Eugeniker des Menschengeschlechtes berufen, den Müttern hat die Natur an erster Stelle die Sorge für die erblich-organische Fortentwicklung auferlegt."[110]

Frauen seien aufgrund der Beschwerlichkeiten einer Geburt eher auf die ‚Qualität' des Nachwuchses fixiert, so dass ein Streben nach fortschrittlicher ‚Rassenverbesserung' im Sinne der Eugenik bei ihnen als ‚natürliche' Anlage verankert sei.[111]

Antifeministische Aspekte der etablierten Rassenhygiene konnten auf dieser Grundlage neuerlich umgewertet werden. Nicht zufällig lässt sich diese Argumentationsstruktur gerade in den Kriegsjahrgängen der ‚Neuen Generation' verstärkt nachweisen: Konzepte, Frauen mittels verschärfter Kriminalisierung des Verhütungsmittelgebrauchs sowie durch finanziellen und gesellschaftlichen Druck gewissermaßen einem ‚Gebärzwang' zu unterwerfen, waren zu keiner Zeit so aktuell wie während der Kriegsjahre. Indem AutorInnen der ‚Neuen Generation' Frauen die ‚natürliche' Fähigkeit zur eugenisch begründeten Familienplanung zuschrieben, konnten sie männlich dominierte Konzepte einer quantitativen Bevölkerungspolitik, die primär auf Erhaltung der militärischen Stärke abzielten, als defizitär charakterisieren.[112] Die gesellschaftliche Emanzipation der Frauen und ihre maßgebliche Mitwirkung auf bevölkerungspolitischem Gebiete galten demgegenüber als erste Voraussetzung der ‚Rassenverbesserung'.

Die auf der Basis dieser stärkeren Verbindung von ‚Weiblichkeit' und Eugenik formulierten konkreten rassenhygienischen Forderungen entsprachen

---

110 Vaerting, M., Die Frau, die erblich-organische Höherentwicklung und der Krieg, in: NG, Jg. 12 (1916), S. 67-75, Zitat S. 68 (d. i. Mathilde Vaerting).

111 Ebd., S. 72.

112 Vgl. Theilhaber, Felix A., Völkerringen und Mutterschutz, in: NG, Jg. 12 (1916), S. 307-318, besonders S. 315-318. Stöcker, Menschlichkeit, S. 12-13. Stöcker, Moderne Bevölkerungspolitik, S. 79-80. Hier findet sich auch eine Distanzierung von Grotjahn, der noch in der Vorkriegszeit zu den befürworteten Rassenhygienikern zählte (S. 81-82). So auch Stöcker, Lydia, Alfred Grotjahns ‚Der Wehrbeitrag der deutschen Frau', in: NG, Jg. 14 (1918), S. 47-48.

jedoch weitgehend denen der Vorkriegszeit: Grundlegend blieben Konzepte, die eine Verbesserung der Säuglings- und Mütterfürsorge und die gleichberechtigte Anerkennung unehelicher Kinder zum Ziel hatten[113]; ferner Forderungen nach Aufhebung berufsspezifischer Heiratsrestriktionen aus Gründen der „Menschenökonomie“[114], nach einer eugenischen Ausrichtung der Familienpolitik[115], nach medizinischen Gesundheitsuntersuchungen vor der Eheschließung[116] sowie nach einer organisierten eugenischen Schulung der breiten Massen.[117]

Einhergehend mit dem forcierten pazifistischen Engagement wurden restriktive Zwangsmaßnahmen in den Kriegsjahren aber sehr viel deutlicher abgelehnt als noch in der Vorkriegszeit. Gesetzlich geregelte Eheverbote wurden jetzt ausdrücklich negiert.[118] Allerdings lassen auch hier wieder vereinzelt Unstimmigkeiten feststellen: Im Novemberheft 1915 etwa plädierte Rohleder in Anlehnung an die vermeintlich besonders fortschrittliche eugenische Gesetzgebung der USA unwidersprochen für die gesetzliche Verankerung von Eheverboten und Sterilisationen für „geistig Minderwertige”, “körperlich Minderwertige” und “sozial Minderwertige“.[119]

Auch in den Artikeln der direkten Nachkriegszeit kam rassenhygienischen Ideen ein hoher Stellenwert zu. Dabei fanden angesichts der miserablen Wirtschaftlage nach dem Krieg auch in die ‚Neue Generation‘ eine deutliche Verschärfung des Vokabulars und eine stärkere Bindung bevölkerungspolitischer

---

113 Vgl.: David, Eduard, Der Krieg und das Bevölkerungsproblem, in: NG, Jg. 10 (1914), S. 469-480, hier S. 474-475. Stöcker, Helene, Formkräfte des Geschlechtslebens, in: NG, Jg. 14 (1918), S. 181-191. Quarck, Die Beschlüsse der Reichstagskommission für Bevölkerungspolitik, in: NG, Jg. 14 (1918), S. 228-236, besonders S. 231-234. Die Unehelichkeit in der öffentlichen Diskussion, in: NG, Jg. 12 (1916), S. 103-106.

114 Vgl. z.B.: David, Krieg und Bevölkerungsproblem, S. 479-480. Stillich, Oscar, Die Bevölkerungsfrage und der Krieg, in: NG, Jg 11 (1915), S. 387-395. Stöcker, Moderne Bevölkerungspolitik, S. 83.

115 David, Krieg und Bevölkerungsproblem, S. 478.

116 Ein Rat für Eheschließende, in: NG, Jg. 13 (1917), S. 350-351, Zitat S. 351.

117 Vgl. Kirchhoff, Auguste, Erziehung zur sexuellen Verantwortlichkeit, in: NG, Jg. 13 (1917), S. 419-438. Eugenisches Merkblatt der Ortsgruppe Hamburg, in: NG, Jg. 12 (1916), S. 60.

118 Stöcker, Helene, Rassenhygiene und Mutterschutz, in: NG, Jg. 13 (1917), S. 138-142.

119 Rohleder, Hermann, Die Eugenik (Rassenhygiene) und ihre Bedeutung für das weibliche Geschlecht, in: NG, Jahrgang 11 (1915), S. 334-344, hier S. 337-339.

Konzepte an rein ökonomistische Maßstäbe Eingang in verschiedene Artikel. So konstatierte J. R. Spinner:

„Es sind in Deutschland durch den Krieg so viele unglückliche Opfer und Krüppel entstanden, mit deren Versorgung Staat und Einzelpersonen belastet sind, die man wirtschaftlich nicht anders als mit dem harten Wort Ballast werten kann, daß es eine der ersten und höchsten Verpflichtungen des neuen Staates sein wird, zu verhindern, daß weiter solcher Ballast erzeugt wird."[120]

Entsprechende Argumentationsmuster wurden an anderer Stelle mit ‚Mitleids'-Ideen verknüpft, wie sie sonst vor allem in der aufkommenden ‚Euthanasie'-Debatte aktuell waren. Ein Leben mit ‚Behinderungen' wurde dabei als ‚lebensunwert' definiert; sich trotz Wissens um eigene ‚Erbkrankheiten' fortzupflanzen, als willentliche wirtschaftliche Schädigung des ‚Volkskörpers'.[121]

Hinsichtlich antinatalistischer Maßnahmen wurden reglementierende Tendenzen zudem wiederum nicht ausgeschlossen. Spinner etwa plädierte für die „ärztliche Zeugungsprävention bei allen Fällen, in denen wirtschaftlicher Ballast das Zeugungsprodukt sein müßte"[122], und auch in einem redaktionellen Text wurde die Sterilisationspolitik in verschiedenen Staaten Amerikas und der Schweiz positiv beurteilt.[123]

Im Laufe der zwanziger und frühen dreißiger Jahre verlor der rassenhygienische Diskurs in der ‚Neuen Generation' dann deutlich an Intensität. In den wenigen Artikeln, in denen rassenhygienische Forderungen noch artikuliert wurden, fanden sich zu dieser Zeit zudem kaum noch Forderungen nach antinatalistischen Zwangsmaßnahme. Zwar wurde die Legalisierung eugenischer Indikationen und Sterilisierungen von verschiedenen AutorInnen propagiert – Anwendung sollten diese Maßnahmen nunmehr aber ausdrücklich nur auf freiwilliger Basis finden.[124] Auch machtpolitische Aspekte antinatalistischer Forderungen wurden nun thematisiert:

„Derlei rassenhygienische Gesetze, wie sie vor dem Weltkrieg schon in einer größeren Anzahl nordamerikanischer Bundesstaaten erlassen wurden, können allzuleicht ihren

120 Spinner, J. R., Soll Deutschland in den nächsten fünf Jahren Geburtenpolitik im bisherigen Verhältnis weitertreiben?, in: NG, Jg. 15 (1919), S. 68-73, S. 70.

121 Müller-Lyer, F., Wissenschaft und Zuchtwahl, in: NG, Jg. 15 (1919), S. 189-196.

122 Spinner, Soll Deutschland, S. 71.

123 Gegen das Verbot der Abtreibung, in: NG, Jg. 15 (1919), S. 549-552, besonders S. 551.

124 Vgl.: Stricker, N., Die künstliche Abtreibung vom ärztlichen Standpunkt, in: NG, Jg. 17 (1921), S. 293-301, besonders S. 297-301. Gesetzliche Regelung der Sterilisierung?, in: NG, Jg. 28 (1932), S. 203-204.

Zweck verfehlen und lediglich Machtmittel in den Händen einer *augenblicklich herrschenden Klasse oder Clique* werden, um ihr unbequeme Menschen zu beseitigen."[125]

Walter Borgius enttarnte schließlich eugenische Kriterien zur Bestimmung von ‚Höherwertigkeit' und ‚Minderwertigkeit' als willkürlich.[126]

Resümee

Die Einschreibung ‚Gemäßigter' und ‚Radikaler' in den eugenischen Diskurs vollzog sich aus einer ausgesprochen komplexen und aus heutiger Sicht nicht selten widersprüchlichen Motivationshaltung heraus. Die eugenischen Argumentationsmuster in den beiden Lagern wiesen dabei eine erstaunliche Nähe hinsichtlich inhaltlicher Positionen, strategischer Motive, grundlegender Partizipationsideen sowie basaler Geschlechter- und Menschenbilder auf:

Beide Flügel teilten die Sorge um eine ‚Degeneration' des Bevölkerungszusammenhangs aufgrund der differenziellen Geburtenrate und einer vermuteten ‚Kontraselektion'. Eine vermeintlich wissenschaftlich begründete planmäßige ‚Aufartung' des ‚Volkskörpers' schien beiden Seiten aus diesem Grunde legitim, eine Steigerung der Kinderzahl ‚wertvoller' Menschen wünschenswert. Beide Lager betrieben dabei eine Umwertung der antifeministischen Tendenzen rassenhygienischer Forderungskataloge und näherten sich inhaltlich in zentralen Ideen immer weiter an: Ihre pronatalistischen Konzepte waren untrennbar mit dem Glauben an eine generative Verantwortlichkeit verbunden, die besonders den Frauen zugerechnet wurde. Aufgrund der natürlichen reproduktiven Fähigkeiten ordneten auch die ‚Radikalen' seit den Kriegsjahren immer deutlicher den Frauen eine ‚natürliche', auf die ‚Qualität' des Lebens bezogene Kompetenz für die ‚Aufartung' zu. Daran knüpften beide Lager Forderungen nach bevölkerungspolitischer Entscheidungsgewalt, nach staatsbürgerlichen Rechten für die Frauen. Beide Flügel teilten demnach sowohl eine strategisch motivierte Einschreibung in den gesellschaftspolitisch relevanten Machtdiskurs, als auch, in unterschiedlicher Offenheit, eine generelle Sympathie für rassenhygienische Ideen.

Auch hinsichtlich antinatalistischer Positionen ließen sich Kongruenzen zwischen den Flügeln nachweisen: Beide Lager teilten die Idee der Unterord-

125 Fehlinger, Elternverantwortlichkeit, in: NG, Jg. 16 (1920), S. 348-352, S. 351. Vgl. auch Hans Fehlinger: Gattenwahl, in: NG, Jg. 16 (1920), S. 404-406.

126 Borgius, Walter, Zum Entvölkerungsproblem, in: NG, Jg. 26 (1930), S. 41-42.

nung des Individuums unter die Interessen der Gemeinschaft – auch der ‚radikale' Kreis um Helene Stöcker trat zumindest bis in die Kriegsjahre hinein keinesfalls vorbehaltlos für egalitäre individuelle Rechte ein. Beide Seiten teilten ein partiell ökonomistisches Menschenbild und definierten ‚Wert' vorrangig über die Fähigkeit zur ‚Wertschaffung'. Eine Kategorisierung der Menschen in ‚Höherwertige' und ‚Minderwertige' sowie benachteiligende Maßnahmen gegenüber letzteren konnten mit einem Gerechtigkeitsempfinden, das individuelle Rechtsansprüche vorrangig im Hinblick auf das Gemeinschaftswohl zugestand, in Einklang gebracht werden. Drastische rassenhygienische Forderungen wie Zwangssterilisierungen oder ‚Euthanasie'-Maßnahmen wurden von beiden Seiten allerdings allenfalls am Rande mitgetragen. Dennoch: die Verknüpfung von emanzipatorischen mit restriktiven ausgrenzenden Forderungen stellte sich den zeitgenössischen Frauenbewegten nicht als Widerspruch dar.

In diesem Sinne partizipierten beide Flügel ‚wegbereitend' an der Entwicklung und Etablierung von biologistischen und ökonomistischen Argumentationsstrukturen und Wertmaßstäben, die später – unabhängig von der parteipolitischen Einstellung ihrer VordenkerInnen – für die nationalsozialistische Ideologie funktionalisiert werden konnten. ‚Gemäßigte' wie ‚Radikale' beteiligten sich an den rassenhygienischen Debatten ihrer Zeit, ohne die eigenen, modifizierten Handlungsmodelle eindeutig von extrem inhumanen Strömungen abzugrenzen und den Rahmen einer für legitim erachteten Realisierung unmissverständlich festzulegen.

Dass bei allen Ähnlichkeiten hinsichtlich der Vorstellungen von einer spezifisch weiblichen bevölkerungspolitischen Verantwortlichkeit, von Geschlechter- und Menschenbildern, von Partizipationsvorstellungen, dennoch klare Unterschiede zwischen den Lagern bestanden, ist evident: Die offene Thematisierung von Sexualität und Machtstrukturen des Sexuellen, das kompromisslose Eintreten des BfM für die sexuelle Befreiung der (‚gesunden') Frauen auf der einen Seite, die heftigen Distanzierungen der AutorInnen der ‚Frau' von diesen Forderungen[127] und ihr vergleichsweise vorsichtiges Agieren in diesem Bereich auf der anderen Seite – diese Unterschiede in Inhalten und vor allem im taktischen Vorgehen können durchaus treffend mit den Be-

127 Die kritische Auseinandersetzung der ‚Gemäßigten' mit den sexualreformerischen Forderungen Stöckers sind dokumentiert in: Frauenbewegung und Sexualethik. Beiträge zur modernen Ehekritik, Heilbronn ²1909.

griffen ‚radikal‘, im Sinne von ‚revolutionär‘, und ‚gemäßigt‘, im Sinne von ‚reformerisch‘, gekennzeichnet werden.

„Volksgemeinschaft" als gedachte Ordnung

Zur Geschlechterpolitik in der Deutschnationalen Volkspartei

Kirsten Heinsohn

Als die Deutschnationale Volkspartei (DNVP) 1928 anlässlich ihres zehnjährigen Bestehens ein Buch über ihre politischen Werte und Tätigkeiten herausgab, erhielten auch die Parteifrauen Gelegenheit für eine Selbstdarstellung. Annagrete Lehmann, seit 1921 Abgeordnete im Preußischen Landtag, berichtete über die Ansprüche sowie konkreten Erfolge der „deutschnationalen Frauenarbeit". Abschließend fragte die Abgeordnete, worin der „Wert oder Unwert der politischen Mitarbeit der Frau" liege. Das eigentümliche politische Potenzial der Frau sei in der Ergänzung des Mannes zu sehen, lautete die Antwort. Frauen sollten politisch gestaltend eingreifen, „um aufzuklären und zu werben, [...] um Frauenart stärker als bisher für die Volksgesamtheit mit wirksam werden zu lassen." Die politische Gemeinschaft der Geschlechter könne die je spezifischen Sphären der Geschlechter miteinander verbinden: „Nicht ein Abgewinnen von Vorrechten, sondern das Einanderergänzen ist das Ziel, das wir auf dem Gebiet der politischen Zusammenarbeit von Mann und Frau erreichen wollen. [...] Ohne Zweifel läßt sich eine Reihe von Problemen vom reinen Frauenstandpunkt lösen [...], aber die letzten großen Fragen, die an Sein oder Nichtsein unseres Volkes rühren, werden nicht an Mann oder Frau, sondern an Mann und Frau gestellt und fordern verantwortungsbewußtes, von Selbstsucht befreites gemeinsames Handeln"[1], schloss Annagrete Lehmann.

Diese Idee einer politischen Gemeinschaft der Geschlechter legitimierte das Ansinnen konservativer wie völkischer Frauen, aus der Sphäre der Frauen heraus aktiv in die Politik einzugreifen. Volk und „Volksgemeinschaft" waren dabei zentrale Topoi in der Selbstdarstellung konservativer Frauen. Zwar war die Vorstellung einer „Volksgemeinschaft" konstitutiv für das deutschnationale Programm, hinsichtlich der Geschlechterordnung herrschte jedoch weit weniger Einverständnis zwischen Männern und Frauen. In ihrem Bemühen,

---

1 Lehmann, Annagrete, Ziel und Entwicklung der deutschnationalen Frauenarbeit, in: Weiß, Max (Hg.), Der nationale Wille. Werden und Wirken der Deutschnationalen Volkspartei 1918-1928, Essen 1928, S. 319-336, alle Zitate S. 335 und 336.

einen gesicherten Platz für Frauen in der Parteipolitik zu definieren, bezogen sich die aktiven Frauenpolitikerinnen der DNVP auf einen Begriff, der in der politischen Sprache der Zeit überaus häufig bemüht wurde: die „Volksgemeinschaft". Ausgehend von einigen Überlegungen zum Gebrauch des Begriffes „Volksgemeinschaft" als zentraler Metapher des zeitgenössischen politischen Diskurses, möchte ich zeigen, wie die deutschnationalen Frauenpolitikerinnen diesen Ausdruck auf die politischen Aufgaben der Geschlechter bezogen und auf welche Weise ihre männlichen Mitstreiter darauf reagierten. Kein anderer Topos vermochte so viel Chancengleichheit zu versprechen wie die „Volksgemeinschaft". Doch zeigte sich nicht nur in Bezug auf die soziale und „rassistische" Teilung der Gesellschaft, sondern auch in geschlechterpolitischer Hinsicht, dass die Definition und Konstituierung einer vorgeblichen Gemeinschaft die Exklusion der „Anderen" bedingte. Die Marginalisierung von Themen und Personen war dabei eine der möglichen Formen von Ausschluss. Die verfassungsrechtliche Gleichstellung der Geschlechter in der Weimarer Republik stieß hier auf alte und neue Widerstände, die den politischen Handlungsraum der Geschlechter strukturierten und begrenzten. In dieser Perspektive kann die Geschichte der deutschnationalen Geschlechterpolitik auch als ein Fallbeispiel für die konkreten Differenzen zwischen Verfassungstheorie und gesellschaftlicher Realität gesehen werden.

Die gedachte Ordnung der „Volksgemeinschaft"

Kein anderer politischer Begriff wurde in den Jahren zwischen 1914 und 1945 in Deutschland so sehr in Anspruch genommen wie die Idee der „Volksgemeinschaft". Alle politischen Parteien und Gruppierungen, Einzelpersonen und Institutionen erklärten die Gemeinschaft der Deutschen zum Ziel und Leitfaden ihrer Bemühungen.[2] Das inflationäre Auftauchen eines Begriffes in

2 Mai, Gunther, „Verteidigungskrieg" und „Volksgemeinschaft". Staatliche Selbstbehauptung, nationale Solidarität und soziale Befreiung in Deutschland in der Zeit des Ersten Weltkrieges (1900-1925), in: Michalka, Wolfgang (Hg.), Der Erste Weltkrieg. Wirkung, Wahrnehmung, Analyse, München 1994, S. 583-602. Thamer, Hans Ulrich, „Volksgemeinschaft": Mensch und Masse, in: Dülmen, Richard van (Hg.), Erfindung des Menschen. Schöpfungsträume und Körperbilder 1500-2000, Wien u.a. 1998, S. 367-386. Verhey, Jeffrey, Der „Geist von 1914" und die Erfindung der „Volksgemeinschaft", Hamburg 2000. Zum Verständnis der zeitgenössischen Soziologen: Nolte, Paul, Die Ordnung der deutschen Gesellschaft. Selbstentwurf und Selbstbeschreibung im 20. Jahrhundert, München 2000, S. 159-186.

zum Teil konträren politischen Lagern spricht dafür, dass der Terminus „Volksgemeinschaft" das Herzstück einer politischen Sprache bildete, die alle diejenigen sprechen mussten, die politisch gestalten wollten.[3] Es geht hier also weniger um eine klassische begriffsgeschichtliche Einordnung eines Wortes, als vielmehr um eine sprachliche Figur, die jenseits konkreter Inhalte eine Erklärung für politisches Handeln zu bieten schien und zudem die Interpretation der gesellschaftlichen Realität beeinflusste.[4] In diesem Sinne wirken Begriffe oder sprachliche Figuren politisch, da sie Perzeption und Durchführung politischer Aktionen und Programme strukturieren. Die Metaphern der politischen Sprache sind aber den Programmen der Parteien oder den Handlungen einzelner Persönlichkeiten nicht vorgängig, sie bilden also nicht eine gesicherte Ideologie, auf deren Grundlage dann Politik entworfen wird. Redefiguren wie die der „Volksgemeinschaft" werden eher in einem wechselseitigen Prozess zwischen Personen, Programmen, Handlungen, Zeitgeisterscheinungen und konkreten Machtverhältnissen inhaltlich entwickelt. Sie sind damit sowohl ein Ausdruck gesellschaftlicher Vorstellungswelten wie auch zugleich deren Einfassung, also der Rahmen, in dem gedacht werden kann:

„Die Sprache durchbricht alle simplifizierenden Vorstellungen von einer Determination des Bewusstseins durch das soziale Sein, denn sie ist selbst ein Teilelement dieses sozialen Seins. Folglich können wir nicht durch eine Dekodierung der politischen Sprache einen ursprünglicheren und materiellen Ausdruck von Interessen zu fassen bekommen. Vielmehr

3 Zur politischen Wirkungsmacht von Sprache siehe auch: Algazi, Gadi, Herrengewalt und Gewalt der Herren. Herrschaft, Gegenseitigkeit und Sprachgebrauch, Frankfurt a. M./New York 1996. Dörner, Andeas, Politischer Mythos und symbolische Politik: Der Hermannmythos, Reinbek b. Hamburg 1996. Edelman, Murray, Politik als Ritual. Die symbolische Funktion staatlicher Institutionen und politischen Handelns, Frankfurt/Main 1990. Childers, Thomas, Political Sociology and the ‚Linguistic Turn', in: Central European History, 22 (1989), S. 381–393. Ders., The Social Language of Politics in Germany: The Sociology of Political Discourse in the Weimar Republic, in: American Historical Review, 95 (1990), S. 331–358. Pocock, John G.A., Political Languages and their Implications, in: Ders., Politics, Language, and Time, New York 1971, S. 3–41. Stedmann Jones, Gareth, Sprache und Politik des Chartismus, in: Ders., Klassen, Politik, Sprache. Für eine theorieorientierte Sozialgeschichte, hg. von Peter Schöttler, Münster 1988, S. 133-230.

4 In diesem Sinne argumentiert auch Verhey, Der Geist, S. 21. Zur Begriffsgeschichte: „Volk, Nation, Nationalismus, Masse", in: Geschichtliche Grundbegriffe, hg. v. Reinhart Koselleck, Bd. 7, Stuttgart 1992, S. 141-432, bes. Abschnitt XIV.

werden diese Interessen in erster Linie durch die diskursive Struktur der politischen Sprache geformt und definiert."[5]

Jeffrey Verhey hat in seinem Buch über den „Geist von 1914" dargelegt, wie eine kurzzeitige Emotion, nämlich die spontane Kriegsbegeisterung im Juli und August 1914, politisch funktionalisiert wurde, indem Medien, Regierung und „Kulturträger" ein Narrativ von Gemeinschaft entwickelten, das eine weitreichende Rezeption erfuhr. Abweichende Stimmen hatten es vom August 1914 an schwer, die Hegemonie dieser Interpretation zu durchdringen oder wurden sogar staatlicherseits mit Pressezensur belegt.[6] Das Narrativ „Geist von 1914" schien die nach Parteien getrennten Milieus des Kaiserreichs zu überwinden und bildete in der Weimarer Republik die Grundlage für neue politische Legenden, wie die des „Dolchstoßes". Aber schon im Krieg war die Überwindung der politischen Differenzen nur eine scheinbare, wie Verhey belegt.[7] Alle Parteien beschworen den „Geist von 1914", doch gab es de facto keine Annäherung oder gar weitreichende Übereinstimmung zwischen ihnen. War der „Geist von 1914" also nur eine politisch sehr funktionale Ideologie? Sicher war er das auch, aber die Metapher war vor allem Teil einer gedachten Ordnung, die die Wahrnehmung strukturierte und auf diese Weise ‚Realität' herstellte.[8] Die Vorstellung, das ganze deutsche Volk sei begeistert und überzeugt in den Verteidigungskrieg gezogen, beeinflusste die Interpretation und Verarbeitung der gesellschaftlichen Vorgänge in allen politischen Gruppen, sei es zustimmend – wie im Falle der Mehrheit – oder auch ablehnend, wie im Falle der kleinen sozialdemokratischen und demokratischen Minderheit, die gegen den Krieg agitierte. Zugleich wurde das ‚herrschende' Interpretationsmodell immer wieder durch Medien und offizielle Verlautbarungen gestützt, die die kulturelle Hegemonie des Mythos weiter

5 Stedman Jones, Gareth, Languages of Class, London 1983, S. 21, deutsche Übersetzung zitiert nach: Schöttler, Peter, Einleitung, in: Stedmann Jones: Klassen, Politik, Sprache, Münster 1988, S. 21.

6 So wurde das Berliner Tageblatt im August 1916 verboten, weil ihr Chefredakteur Wolff in einem Leitartikel die Erzählung über Kriegbegeisterung als „vollendete Unwahrheit" bezeichnet hatte. Verhey: Der Geist, S. 19/20.

7 Ebd., S. 261-307.

8 Zum Begriff der gedachten Ordnung: Francis, Emerich K., Wissenschaftliche Grundlagen soziologischen Denkens, München 1957, S. 92-118. Eine historiographische Anwendung der Begrifflichkeit findet sich bei Lepsius, M. Rainer, Nation und Nationalismus in Deutschland, (1990), wiederabgedruckt in: Jeismann, Michael, Ritter, Henning (Hg.), Grenzfälle. Über neuen und alten Nationalismus, Leipzig 1993, S. 193-214.

bekräftigten. Diese gedachte Ordnung erfuhr erst einen Legitimationsverlust, als sich einzelne oder Gruppen in ihren Erwartungen nachhaltig enttäuscht sahen, wie beispielsweise im Falle der vielbeschworenen „Schützengrabengemeinschaft", deren Sinn im Laufe des Jahre andauernden Krieges und angesichts der konkreten Erfahrungen vieler einfacher Soldaten entscheidend geschwächt wurde.[9]

In der Weimarer Republik wurde aus dem „Geist von 1914" die „Volksgemeinschaft". Wie sich die verschiedenen Parteigruppen nach dem Krieg zu diesem Begriff stellten, soll nun im Folgenden kurz beleuchtet werden, um zu zeigen, wie wirkungsmächtig das Narrativ der „Volksgemeinschaft" war, wie sehr also politische Wahrnehmung und Programmatik von dieser Vorstellung gespeist wurde.

Das aus heutiger Sicht Überraschendste ist vielleicht die Feststellung, dass auch Teile der Sozialdemokratie von der „Volksgemeinschaft" sprachen.[10] Doch drückte dieses politische Lager damit andere Ideen aus als die konservativ-nationalistischen Parteien. Der rechte Flügel der SPD verband die Rede über „Volksgemeinschaft" mit der Vorstellung eines friedlichen politischen und sozialen Ausgleichs zwischen den Klassen. Dieser Teil der sozialdemokratischen Bewegung gab also seine traditionelle Gesellschaftsanalyse nicht auf, versuchte jedoch, seine politische Rhetorik an die vorherrschenden Sprachfiguren anzupassen. Mit Beginn des Ersten Weltkrieges gingen auch alte Sozialdemokraten von einer deutschen „Schicksals- und Willensgemeinschaft"[11] aus, die sich in einem Verteidigungskrieg zu behaupten hätte. Die Zustimmung der SPD zu den Kriegskrediten im August 1914 wurde daher als

---

9 Dies ist einer von mehreren Erklärungsansätzen für die revolutionären Erhebungen von Soldaten im November 1918, doch überlebte der Mythos der „Schützengrabengemeinschaft" die Revolution und wurde in der Weimarer Republik erneut politisch einflussreich – diesmal, um die Basis für eine zu schaffende „Volksgemeinschaft" zu definieren und zugleich einen Männlichkeitskult zu feiern, der per definitionem Frauen ausschloss. In diesem Kontext begleitete der Topos der „Schützengrabengemeinschaft" eine Remaskulinisierung von Politik und Gesellschaft, vor allem in der Zeit zwischen 1930 und 1933.

10 Mai, Gunther, Arbeiterschaft und „Volksgemeinschaft", in: Speitkamp, Winfried (Hg.), Staat, Gesellschaft, Wissenschaft. Beiträge zur modernen hessischen Geschichte, Marburg 1994, S. 211-226. Mai weist darauf hin, dass der rechte Flügel der SPD schon 1904/1905 mit der Rezeption der „Volksgemeinschaft" begann, dergl., „Verteidigungskrieg", S. 591.

11 Peus, Heinrich, Wie wird das neue Deutschland?, in: Sozialistische Monatshefte 1920, S. 74, zitiert nach Mai, Arbeiterschaft, S. 213.

das „Zusammenstehen mit der Volksgemeinschaft in Not und Tod“[12] gerechtfertigt. Wird in diesem Teilsatz noch ein Nebeneinander von SPD und „Volksgemeinschaft“ ausgedrückt, also eine Differenz zwischen beiden, so veränderte sich diese Darstellung – und damit auch die handlungsleitende Selbstwahrnehmung – der Mehrheitssozialdemokratie nach 1918. Nach Krieg und Revolution, in der Regierungsverantwortung stehend, stellten sich die Sozialdemokraten nun als tragender Teil der „Volksgemeinschaft“ dar und verknüpften mit dieser Idee demokratische Inhalte. In der Frage, welche Flagge den neuen Staat symbolisch repräsentieren sollte, äußerte sich 1919 der sozialdemokratische Redner Eduard David ganz im Sinne der über den Parteien stehenden „Volksgemeinschaft“. Er forderte ein „Symbol [...], das über alle Parteigegensätze und alle Parteifahnen hinaus von möglichst allen Parteien als Ausdruck der Zusammengehörigkeit zur Volksgemeinschaft, die höher ist als alle Parteien, angesehen und empfunden wird.“[13] Die sozialdemokratische Variante der „Volksgemeinschaft“ meinte eine nationale, demokratisch legitimierte Solidarität, die die Klassengegensätze anerkennt, ohne einen sozialen Krieg heraufzubeschwören.[14]

Auch in der Mitte des politischen Spektrums, bei den Demokraten, war der Begriff mit sozialer Befriedung verknüpft. So plädierte beispielsweise Friedrich Meinecke für eine „neue demokratische Volksgemeinschaft“ und formulierte damit den Anspruch der Demokraten, die Klassenspaltung des 19. Jahrhunderts zu überwinden und zugleich das Erbe der besten Elemente deutscher Geschichte anzutreten. Wie die Sozialdemokratie ging Meinecke von einer äußeren Anfeindung aus, der durch inneren Zusammenhalt der Deutschen zu begegnen sei:

„Wir sind uns heute in allen Parteilagern [...] darüber einig, dass unsere innere Widerstandskraft gegen die Hammerschläge des Friedensvertrages und seiner sogenannten

12 Haenisch, Konrad, Die deutsche Sozialdemokratie in und nach dem Weltkriege, Berlin 1916, S. 98, zitiert nach Mai, „Verteidigungskrieg“, S. 591.

13 David, Eduard, in: Verhandlungen der Verfassunggebenden Deutschen Nationalversammlung. Stenographische Berichte, Berlin 1920 (Verhandlungen der Reichstage Bd. 337), S. 1225, zitiert nach Mai, „Verteidigungskrieg“, S. 591.

14 Gunther Mai spricht in diesem Zusammenhang von einem kurzzeitigen „Gründungskonsens der Weimarer Republik“, der sich auf den Anspruch zur Bildung einer „Volksgemeinschaft“ gründete (Mai, „Verteidigungskrieg“, S. 593). Demgegenüber betont Nolte, dass die Konservativen erst zu Beginn der zwanziger Jahre auf die Figur der „Volksgemeinschaft“ setzten und dieses dann antidemokratisch interpretierten (Nolte, Die Ordnung, S. 170-172).

Sanktionen allein aus der Idee der Volksgemeinschaft, aus unserem lebendigen Wissen, als ein einziger Stahlblock jetzt dazustehen, erwachsen kann."[15]

Meinecke war Politiker und aufmerksamer Zeitgenosse genug, um sofort anzufügen, dass diese Idee nur eine rein theoretische sei, der in der Praxis viele Widerstände entgegenstehen würden. Diese Widerstände könnten durch die vorhandenen Kontinuitäten zwischen dem alten und dem neuen Staat überwunden werden, da die Gemeinschaft des Volkes nur mit Hilfe ihre Geschichte und Traditionen zu entwickeln sei:

„Der frühere Monarchist, der sich heute zur Republik bekennt, kann mit geradem Blick dem alten Fritz Unter den Linden ins Auge schauen – und zugleich mit stolzer Verehrung und dem Gelöbnis, die lebendigen Werte der Staatshingabe und strenger Pflichterfüllung, die er dem preußischen Volke eingeprägt hat, auch in der neuen demokratischen Volksgemeinschaft zu bewahren."[16]

Mit Bezug auf Traditionalisten und Konservative argumentierte Meinecke gegen „schlechte Traditionen", wie die Ausnahmegesetze gegen die Sozialdemokratie, an die im neuen Staat nicht mehr anzuknüpfen sei; es gelte nunmehr sowohl auf Seiten der Konservativen wie in den Reihen der klassenkämpferischen Sozialdemokratie für eine „nationale Solidarität" einzutreten.

Gegenüber diesen demokratischen Ideen äußerten sich die konservativen und völkischen Gruppen deutlich ablehnend. In ihrem Sprachgebrauch war „Volksgemeinschaft" als eine Ordnungsidee angelegt, mit der soziale Hierarchien akzeptiert und ein antidemokratischer Gebrauch politischer Rechte aus einem elitären Führungskonzept abgeleitet wurden. Ein Denken in sozialen „Ständen" war jedoch weit mehr als ein Rekurs auf vormoderne Zeiten, es war vielmehr der Versuch, die gesellschaftliche Spaltung der modernen Welt mit Hilfe einer sozialen Ordnungsidee zustimmungsfähig zu machen.[17] Die DNVP als neue, erst 1919 gegründete Partei verstand sich als Sammlungsort aller nationalen, konservativen und antisozialdemokratischen Kräfte, die ihre traditionellen Werte mit der neuen Staatsform der Republik konfrontierten. Die Idee der „Volksgemeinschaft" wurde national bzw. völkisch definiert, indem nun explizit die „deutsche Volksgemeinschaft" eingefordert wurde, die protestantisch und antisemitisch konnotiert war: „Deutsch" meinte christlich

15 Meinecke, Friedrich, „Volksgemeinschaft", in: Der Deutsche, Nr. 7, 08.04.1921.

16 Im Original lautet das letzte Wort „bewähren", dies ist wahrscheinlich ein Druckfehler.

17 So auch das Ergebnis von Nolte, Die Ordnung, S. 176/177.

und antijüdisch.[18] Auf dieser Grundlage wurden dann die „Stände" der Gesellschaft „organisch" miteinander in Beziehung gesetzt. Innerhalb der DNVP waren jedoch sehr verschiedene sozialpolitische Konzeptionen virulent, die von einer Anerkennung gewerkschaftlicher Interessensvertretung durch Angestelltenfunktionäre über „wirtschaftsfriedliche" christliche Arbeitergruppen bis zur schroffen Ablehnung der gesetzlichen Regelung von Tarif- und Lohnauseinandersetzung reichten. Die Rede über „Volksgemeinschaft" überdeckte diese Ambivalenzen und stiftete so eine fragile innere Einheit der Partei. In der Formulierung der „Grundsätze der Deutschnationalen Volkspartei" aus dem Jahre 1920 hieß es recht uneindeutig:

> „Wir wollen ringen nach den Formen, in denen Arbeit und Kapital sich versöhnen; daß wir sie finden, ist die Voraussetzung für Einheit und Zukunft der Nation. [...] Wir wollen aufrufen zu der opferwilligen Arbeitsbereitschaft, zu der jeder Volksgenosse dem Vaterland gegenüber verpflichtet ist. Auf unserer inneren Geschlossenheit, auf der warmherzigen, alle Volksgenossen erfassenden brüderlichen Gesinnung ruht Rettung, Heil, Zukunft der deutschen Volksgemeinschaft."[19]

In dem Abschnitt über „Arbeiter und Angestellte" erschienen dann jedoch Aussagen, die dem wirtschaftsfriedlichen Impuls Vorrang gegenüber wirkungsvoller gewerkschaftlicher Interessenvertretung verliehen und damit die Seite der Unternehmer stärkten:

> „Die Betriebsrätegesetzgebung ist so zu gestalten, daß sie dem wirtschaftlichen Frieden und der Förderung der Erzeugung dient.[...] Den marxistischen Klassenkampfgedanken lehnen wir als Zerstörer jeder Kultur ab. Unser Ziel ist nicht der Klassenkampf, sondern die friedliche, auf Pflicht gegründete Arbeit."[20]

Die „auf Pflicht gegründete Arbeit" erinnert semantisch an die ständische Ordnungsidee, jedes Mitglied der Gesellschaft habe eine spezifische Aufgabe für das organische Ganze.[21] Diese „Pflicht" regelt sich in einer modernen Gesellschaft über die Berufsausübung, und so ist es nur folgerichtig, dass die DNVP die Repräsentation der „Volksgemeinschaft" in zwei verschiedenen politischen Einrichtungen gefasst sehen wollte: einerseits im Reichstag bzw.

---

18 Volkov, Shulamit, Antisemitismus als kultureller Code, in: Dies., Jüdisches Leben und Antisemitismus im 19. und 20. Jahrhundert, München 1990, S. 13-36.

19 Grundsätze der Deutschnationalen Volkspartei, in: Weiß (Hg.), Der nationale Wille, S. 391-400, hier S. 392.

20 Ebd., S. 399.

21 So heißt es auch in der Einleitung: „Alle für alle, jeder an seinem Platz, der geistige wie der Handarbeiter, ein kühnes, schaffensfreudiges Unternehmertum und eine hochentwickelte, lebensfrohe Arbeiterschaft [...] ." Ebd., S. 392.

in den Länderparlamenten, andererseits in einem nach Berufen gegliederten zweiten Gremium.

Amrei Stupperich kommt in ihrer Studie über die Arbeitnehmerpolitik der DNVP zu dem Schluss, die Partei habe die Interessen der Angestellten und Arbeiter in den Jahren bis 1933 immer weniger beachtet, während sie gleichzeitig mit der Rede über „Volksgemeinschaft" deren Interessen politisch für sich funktionalisierte.[22] Die anfänglichen Wahlerfolge der DNVP in den Jahren 1920 und 1924 sind unter anderem durch die Stimmen aus (Land-)Arbeiterkreisen, welche sich enttäuscht von der SPD abwandten, zu erklären. Und auch die Wahlverluste seit 1928, besonders aber in der Septemberwahl 1930, erklären sich teilweise aus dem Verhalten dieser Gruppe. Die Nationalsozialisten profilierten sich auf Kosten der DNVP als gewerkschaftsfreundliche Partei, die zudem noch die Interessen der Unternehmer aufnahm, welche inzwischen ebenfalls eher auf Kooperation mit den Gewerkschaften setzten. Im Zuge dieser politischen Kräfteverschiebung gewannen die Nationalsozialisten nach und nach die Definitionsmacht über den Begriff der „Volksgemeinschaft", der nun immer stärker zu ihrem programmatischen Fixpunkt wurde.[23]

„Volksgemeinschaft" war also in der Weimarer Republik in allen politischen Lagern ein Begriff der politischen Sprache, der für eigene Programme und Gesellschaftsanalysen angewandt wurde. Zugleich strukturierte die Rede von der „Volksgemeinschaft" die Wahrnehmung derart, dass gesellschaftliche Konflikte ebenso negativ angesehen wurden wie ihre politischen Sachverwalter, die Parteien. Das vielbeschworene Demokratiedefizit der Weimarer Zeit resultierte unter anderem aus dieser negativen Perzeption. Wenn in der

22 Stupperich, Amrei, „Volksgemeinschaft" oder Arbeitersolidarität: Studien zur Arbeitnehmerpolitik in der Deutschnationalen Volkspartei (1918-1933), Göttingen 1982.

23 Jegelka, Norbert, „Volksgemeinschaft". Begriffskonturen in Führerideologie, Recht und Erziehung (1933-1945), in: Graczyk, Annette (Hg.), Das Volk. Abbild, Konstruktion, Phantasma, Berlin 1996, S. 115-130. Suhr, Hans-Uwe; Sünker, Hans, „Volksgemeinschaft" als Formierungsideologie des Nationalsozialismus. Zur Genese und Geltung von Volkspflege, in: Dies. (Hg.), Politische Formierung und soziale Erziehung im Nationalsozialismus, Frankfurt a.M. 1991, S. 50-77. Stolleis, Michael, Gemeinschaft und „Volksgemeinschaft". Zur juristischen Terminologie im Nationalsozialismus, in: Vierteljahreshefte für Zeitgeschichte, 20 (1972), S. 16-38. Weisbrod, Bernd, Der Schein der Normalität: Zur Historisierung der „Volksgemeinschaft", in: Rudolph, Karsten, u.a. (Hg.), Geschichte als Möglichkeit: Über die Chance von Demokratie. Festschrift für Helga Grebing, Essen 1995, S. 224-242.

politischen Sprache der Zeit vermittelt wird, dass es eigentlich keine Konflikte geben dürfte, dann werden die Erwartungen der Gesellschaft langfristig enttäuscht. Die politische Rhetorik aller Parteien hat deshalb einen ganz eigenen Anteil an der Niederlage der Weimarer Republik – sie stützte und entwarf immer wieder neu die Vorstellung, es gäbe eine soziale und politische Ordnung der Gesellschaft, die besser und gerechter sei. Die gedachte Ordnung der „Volksgemeinschaft" wurde in der Weimarer Republik aber noch nicht nachhaltig in Frage gestellt, dies geschah erst nach den Erfahrungen mit der nationalsozialistischen Diktatur und der militärischen Niederlage 1945. Die gesellschaftliche Enttäuschung in der Weimarer Republik bezog sich vielmehr auf wesentliche Elemente der Verfassung, wie die politische Organisation von gesellschaftlichen Konflikten durch Parteienvertretung, Parlamentarismus und Mitbestimmungsrechten. In der nationalsozialistischen Inszenierung von „Volksgemeinschaft" nach 1933 wurden diese Enttäuschungen und Erwartungen angesprochen und zur Legitimation der politischen Diktatur benutzt.

Gegensätze und Widerstände: Frauen in konservativen Parteien

Aus geschlechterhistorischer Perspektive sind die Parallelen zwischen der deutschnationalen Arbeitnehmer- und Angestelltenpolitik und der konservativen Frauenpolitik überaus deutlich, wie ich im Folgenden zeigen möchte. Wie bei der „sozialen Frage" so waren die Deutschnationalen auch bei der „Frauenfrage" vor die Aufgabe gestellt, traditionelle Leitsätze mit den Anforderungen einer modernen Gesellschaft zu verbinden und dabei ein eigenständiges politisches Profil zu entwickeln.

Schon seit der Jahrhundertwende, als die Frauenvereinsbewegung[24] stetig wuchs und gerade auch die antiliberalen Frauenvereine wie der „Deutsch-Evangelische Frauenbund" erfolgreich aufgebaut wurden, fühlten sich die Konservativen provoziert.[25] Die Öffnung der Parteien für die Frauen seit der

24 Reagin, Nancy Ruth, A German Women's Movement. Class and Gender in Hanover 1880 – 1933, University of North Carolina Press 1995. Heinsohn, Kirsten, Politik und Geschlecht. Zur politischen Kultur bürgerlicher Frauenvereine in Hamburg, Hamburg 1997. Klausmann, Christina, Politik und Kultur der Frauenbewegung im Kaiserreich. Das Beispiel Frankfurt am Main, Frankfurt a. M./New York 1997.

25 Planert, Ute, Antifeminismus im Kaiserreich. Diskurs, soziale Formation und politische Mentalität, Göttingen 1998.

Verabschiedung des Reichsvereinsgesetzes 1908 war ein deutliches Zeichen, dass Politik nicht mehr ausschließlich mit männlichen Akteuren gleichgesetzt werden konnte. Das männliche Politikmonopol war damit in Frage gestellt – und diese Herausforderung traf einen Lebensnerv der Konservativen. Gehörte es doch zu den Selbstverständlichkeiten des bürgerlich-konservativen Lebensentwurfes, dass Männer Politik und Geschichte machen, während Frauen Haus und Familie bewahren. War konservative Frauenpolitik also überhaupt möglich? Handelte es sich bei dieser Frage nicht um eine contradictio in adjecto?

Kuno Graf von Westarp, Fraktionsvorsitzender der Deutschkonservativen, erinnerte sich in seiner politischen Autobiographie:

> „Natürlich konnte auch die Konservative Partei sich der Aufgabe nicht entziehen, zu der Frauenbewegung als solcher Stellung zu nehmen. [...] (1912 beschlossen die Konservativen), daß die Partei die Bestrebungen auf Verbesserung und Vervollkommnung der Ausbildungsmöglichkeiten der Frauenwelt und die Förderung der wirtschaftlichen weiblichen Erwerbstätigkeit in den gegebenen Grenzen zu unterstützen bereit sei, auch die Mitarbeit der Frauen auf charitativem Gebiete und an der Wahrung konservativer Grundsätze und Ideen in unserem Volksleben begrüße, aber die politische Gleichberechtigung des weiblichen Geschlechtes, also auch das Frauenwahlrecht, entschieden ablehne.“[26]

Die im April 1913 gegründete „Vereinigung Konservativer Frauen“ (VKF) versuchte dennoch, den Anschluss an die konservative Partei zu finden.[27] Vorstandsmitglieder waren ausschließlich Frauen, die schon vielfältige politische Erfahrungen als Funktionärinnen der evangelischen Frauenbewegung gesammelt hatten, unter ihnen beispielsweise Paula Mueller-Otfried, Vorsitzende des Deutsch-Evangelischen Frauenbundes von 1901 bis 1934. Die „Vereinigung Konservativer Frauen“ erstrebte die offizielle Anerkennung durch die Deutsch-Konservative Partei, die sie auch – wohl unter dem nachhaltigen Eindruck der hohen Stimmenverluste bei den Reichstagswahlen 1912 – erlangte. Zwar wollte die Partei nun Frauen mobilisieren, um Mitglieder und Mitarbeiterinnen zu gewinnen, doch schränkte die Parteileitung den selbständigen Handlungsraum der VKF deutlich ein. Graf Westarp berichtete:

---

26 Graf von Westarp, Kuno, Konservative Politik im letzten Jahrzehnt des Kaiserreiches. Erster Band: Von 1908 bis 1914, Berlin 1935, S. 398.

27 Die VKF war damit die letzte Gründung einer parteibezogenen Frauengruppe. Während die Sozialdemokratinnen schon vor der Jahrhundertwende in ihrer Partei aktiv waren, gründeten die liberalen Frauen erst nach 1908 reichsweit organisierte Partei-Frauengruppen, das Zentrum dann 1912. Die konservativen Frauen nahmen dies und die Wahlniederlage der Deutsch-Konservativen im gleichen Jahr zum Anlass, nun auch die Gründung einer Frauengruppe zu betreiben.

„Das Programm, von dem die Unterstützung abhängig gemacht wurde, forderte entschiedene Ablehnung des Frauenstimmrechtes und die Ausschaltung eigener, politischer Tätigkeit. Dagegen wurde der Vereinigung die positive Aufgabe gestellt, konservative Grundsätze in Haus, Gesellschaft und Volk zu verbreiten und sich dadurch als Helferin der konservativen Sache zu bewähren, sowie gemeinsam mit dem Parteivorstand zu prüfen und festzustellen, welche Wünsche der Frauenwelt sich mit konservativen Parteigrundsätzen in Einklang bringen lassen, und wie weit sie zurückzuweisen sind."[28]

Charakteristisch und widersprüchlich ist die traditionelle Gegenüberstellung von „politischer Tätigkeit", die den Frauen nicht erlaubt war, einerseits, und der Verbreitung „konservativer Grundsätze in Haus, Gesellschaft und Volk", andererseits, zu der die Frauen explizit aufgefordert wurden. Es wurde deutlich, dass die Deutschkonservativen zwar den veränderten gesellschaftlichen Bedingungen Rechnung tragen wollten, doch durfte dabei ihre Vorstellung von der gesellschaftlichen Hierarchie der Geschlechter nicht tangiert werden. Die Frauen des VKF nahmen die Bedingungen der Partei zur Kenntnis, um die prekäre Zusammenarbeit nicht in Frage zu stellen.

Während des Krieges arbeiteten konservative Frauen, ebenso wie liberale Frauen und die überwiegende Mehrheit der Sozialdemokratinnen, in patriotischen Frauenorganisationen[29], den Schwesternvereinigungen und der „Nationalen Frauenhilfe" mit. Wie viele Frauen inzwischen Mitglied in einer der konservativen Parteien geworden waren, lässt sich auf der Grundlage vorhandener Literatur nicht genau feststellen. Es ist aber anzunehmen, dass die Zahl der weiblichen Mitglieder in den alten konservativen Parteien eher gering war, da die politische Mitarbeit der Frau hier nur geduldet wurde. Anders stellte sich die Situation in konservativen Frauenverbänden und den Parteineugründungen konservativer und völkischer Kreise am Ende des Ersten Weltkrieges dar. So gehörten beispielsweise die Haus- und Landfrauenverbände schon während der Kriegsjahre zu den größten Frauenorganisationen in Deutschland. In Hamburg waren 1916 bereits 7.000 und 1917 rund 12.000 Frauen im „Bund Hamburgischer Hausfrauen" organisiert.[30] Die Hausfrauen-

---

28 Westarp, Konservative Politik, S. 399.

29 Vgl. Chickering, Roger, „Casting Their Gaze More Broadly": Women's Patriotic Activism in Imperial Germany, in: Past & Present, 118 (1988), S. 156-185. Bitzan, Renate; Streubel, Christiane, „Die germanischsten unter den Frauen": Frauen in rechtsextremen Bewegungen, in: Ariadne. Almanach des Archivs der deutschen Frauenbewegung, Nr. 37/38, 2000, S. 86-93.

30 Heinsohn, Politik, S. 286. Zu den Haus- und Landfrauenverbänden: Schmidt-Waldherr, Hiltraut, Emanzipation durch Professionalisierung? Politische Strategien und Konflikte innerhalb der bürgerlichen Frauenbewegung während der Weimarer Republik und die Reaktion des bürgerlichen Antifeminismus und des Nationalsozia-

vereine verstanden sich ganz in der Tradition des 19. Jahrhunderts als überparteiliche und unpolitische Gruppen, doch war schon den zeitgenössischen Kritikerinnen klar, dass sich hier überwiegend konservative Frauen sammelten. Neue Parteien, die sich diesen organisierten konservativen Frauen gegenüber öffneten bzw. mit ihrem Programmentwurf auch „national gesinnte" Frauen ansprachen, konnten viele weibliche Mitglieder gewinnen. In der im September 1917 als Reaktion auf die Friedensresolution des Reichstages gegründeten „Deutschen Vaterlandspartei" waren von den über 35.000 Einzelmitgliedern immerhin rund ein Drittel Frauen.[31] Mit dem Ende des Krieges und der folgenden politischen Umwälzung im Deutschen Reich waren die Hoffnungen und Ziele der Deutschen Vaterlandspartei enttäuscht worden. Sie löste sich 1918/1919 zugunsten der neugegründeten Deutschnationalen Volkspartei auf.

Mit Beginn der Weimarer Republik stand die Mitarbeit der Frauen in allen Parteien auf der Tagesordnung. Gerade die Konservativen passten sich in diesem Punkt erstaunlich schnell an die gegebenen Bedingungen der Weimarer Verfassung an.[32] Ausschlaggebend waren hier zum einen die positiven Erfahrungen mit dem „Nationalen Frauendienst" während des Krieges und zum anderen das Bewusstsein, dass ein Wiederaufbau der konservativen Parteien nach altem Muster unmöglich war. Zudem waren Frauen nun erstmals als Wählerinnen zugelassen und keine politische Partei konnte es sich erlauben, diese Gruppe in ihrer Wahlpropaganda zu vernachlässigen. Die ersten programmatischen Äußerungen der Deutschnationalen Volkspartei nahmen die „Frauenfrage" positiv auf. In einer Werbebroschüre für Mitglieder und Wähler vom Dezember 1918 begrüßte „die Deutschnationale Volkspartei [...] die Mitarbeit der deutschen Frauen am politischen Leben." Nun sei es

lismus, Frankfurt a. M. 1987, S. 163-187. Bridenthal, Renate, „Professional" Housewives: Stepsisters of the Women's Movement, in: Dies. u.a. (Hg.), When Biology Became Destiny. Women in Weimar and Nazi Germany, New York 1984, S. 153-173. Dies., Organized Rural Women and the Conservative Mobilization of the German Countryside in the Weimar Republic, in: Jones, Larry Eugene; Retallack, James (Hg.), Between Reform, Reaction, and Resistance. Studies in the History of German Conservatism from 1789 to 1945, Providence 1993, S. 375-406. Deutsche, gekürzte Fassung: Die Rolle der organisierten Landfrauen bei der konservativen Mobilmachung in der Weimarer Republik, in: Feministische Studien, 12 (1994) Heft 1, 1994, S. 110-121.

31 Hagenlücke, Heinz, Deutsche Vaterlandspartei. Die nationale Rechte am Ende des Kaiserreiches, Düsseldorf 1997, S. 184.

32 Scheck, Raffael, German Conservatism and Female Political Activism in the Early Weimar Republic, in: German History, 15 (1997), S. 34-55.

„dringend zu wünschen, daß die Frau von dem ihr zu Teil gewordenen politischen Rechte auch den richtigen und für das Vaterland ersprießlichen Gebrauch macht. Die deutsche Frau tritt in die politische Arena ein, in der es oft heiß hergeht. Sie muß den Kopf kühl halten, und sie muß bei Ausübung ihres Stimmrechts vor allem daran denken: wie wähle ich, um meinem Vaterlande, seiner Zukunft und der Zukunft meiner Familie den besten Dienst zu leisten."[33]

In einer weiteren Flugschrift wurde auf die Frage, wer die Macht habe, „die unser Vaterland, die deutsche Zucht, deutsche Sitte, deutsches Volk retten" könne, geantwortet:

„Ihr seid die Macht, deutsche Frauen!
Während die Männer draußen im Donner der Feldschlacht standen, habt Ihr Haus und Herd verwaltet, habt Ihr die Landwirtschaft und die Industrie weiter geführt, habt Lokomotiven und Straßenbahnen, Büros und Transporte geleitet, habt Männerarbeit getan. Aber noch mehr verlangt Deutschland von Euch! Ihr sollt es retten! Ihr habt das Wahlrecht, Ihr seid die Mehrzahl der Bevölkerung! Auf Euch ruht die Verantwortung für Deutschlands Zukunft!"[34]

Das quantitative Übergewicht von Frauen nach dem Krieg in Bezug auf die Gesamtbevölkerung wurde nun zur Begründung für eine propagandistisch überhöhte, neue politische Aufgabe der Frau. Die von den Konservativen noch 1912 geforderte politische Enthaltsamkeit der Frauen wurde in der Zeit des revolutionären Systemwechsels ins genaue Gegenteil verkehrt: die zuvor Rechtlosen sollten nun die „Rettung" im Sinne der Deutschnationalen bringen. Nach den ersten Wahl- und Organisationserfolgen der DNVP, die auch durch die Stimmen und die Arbeit von Frauen erreicht worden waren, trat der Topos von einer „Rettung des Vaterlandes" durch die Frauen aber schnell wieder in den Hintergrund. Nun ging es wie eh und je um die „natürliche" Arbeitsteilung der Geschlechter im Kampf für gemeinsame Ziele. Dabei boten die traditionellen Vorstellungen von den vermeintlich naturgemäßen Aufgaben der Frauen als Mütter und Ehefrauen, die ja keineswegs ausschließlich konservatives Gedankengut waren, unterschiedliche Ansätze für eine Politisierung. Entweder konnte eine mütterliche Aufgabe aller Frauen in Gesellschaft und Staat postuliert oder aber eine gleichwertige Arbeitsteilung der Geschlechter als Paradigma für politisches Handeln von Männern und Frauen

33 Ziele der deutschnationalen Volkspartei, Berlin 1918, S. 11/12 (Deutschnationale Flugschriften 2).

34 Die Frauen und die DNVP, o.O. o.J. (wahrscheinlich Anfang 1919), S. 3 (Deutschnationale Flugschriften 4).

entworfen werden.[35] Beide Optionen waren in der Auseinandersetzung über „Frauenfragen“ in- und außerhalb der DNVP präsent. Das ‚Muttermodell‘ ist dabei als ein konservatives Gesellschaftsmodell für Frauen vor allem aus der Sicht der ‚Traditionalisten‘ zu verstehen. Für die konkrete politische Arbeit bedeutete dies, dass Frauen sich nur aus der ‚Sphäre des Hauses‘ heraus engagieren sollten und zwar in Gebieten, für die sie als ‚geeignet‘ galten, also Erziehungsfragen, Jugendpflege oder Sittlichkeitsthemen. Erna von Birckhahn, Mitglied im Völkischen Reichsausschuss der DNVP, erläuterte diese Konzeption 1924 mit einem Vergleich: Wie die besorgte Mutter ihr krankes Kind, so müsse die mütterliche Frau nun den kranken Volkskörper Deutschlands pflegen: „Unser Volk, unsere Nation, Deutschland liegt im Fieber“, lautete ihre politische Diagnose. Um hier Abhilfe zu schaffen, müsse die Frau alle politischen Optionen nutzen, auch diejenigen, die die Konservativen eigentlich ablehnten, wie die politische Gleichberechtigung der Frau. Dies sei gerechtfertigt durch die Pflicht gegenüber der „Volksgemeinschaft“:

> „Mann und Frau bilden das Volk. Wir wollen die Volkgemeinschaft, die Volksgemeinschaft, in die eingeschlossen ist – Mann und Frau. Mit der Wehrhaftigkeit seines Wesens dient der Mann seinem Volk und seiner Nation, die Frau mit ihrer Mütterlichkeit. Am Volk erfüllt sich die Mütterlichkeit der Frau durch die Sorge für das Werdende, für das Kommende, im Schaffen und Walten für Haus und Familie. Aber die Nation geht noch leer aus, denn noch hat die Frau nicht die nationalen Aufgaben des Staates mit der Mütterlichkeit des Seins durchdrungen. Noch stehen Frauen kalt und fremd zu den Pflichten gegen Staat und Nation, noch ist Staatsbürgertum ihnen ein leerer Begriff [...].
> Die schweren Zuckungen, die wir in den letzten Jahren erlebten, sind nichts anderes als das Zeichen des moralischen und seelischen Kräfteverfalls unseres Volkes [...] Soll und muß da nicht die Mütterlichkeit der Frau durch diese Not des eigenen Volkes wach werden [...]?“[36]

Diejenigen Frauen dagegen, die mit der neugegründeten DNVP die Hoffnung auf einen zeitgemäßen Konservatismus verbanden[37], vermieden den Topos

35 An diesem Punkt konnten die konservativen Frauen erfolgreich an das Modell der „organisierten Mütterlichkeit“ in der bürgerlichen Frauenbewegung anknüpfen. Magdelene von Tiling interpretierte den gesellschaftsverändernden Aspekt jedoch ganz anders als z.B. Helene Lange. Vgl. Allen, Ann Taylor, Feminism and Motherhood in Germany 1800-1914, New Brunswick N.Y. 1991.

36 Birckhahn, Erna von, Mütterlichkeit, in: Frauenkorrespondenz der DNVP, Nr. 51, 29.12.1924, S. 1.

37 Einige konservative Frauen, z.B. Paula Müller, sahen ebenso wie die Denker der sog. „konservativen Revolution“, beispielsweise Arthur Moeller van den Bruck, im Zusammenbruch des Kaiserreichs zunächst eine Chance, politische Verhältnisse neu zu gestalten. Vgl. dazu: Fritzsche, Peter, Breakdown or Breakthrough? Conserva-

von Frauen als untergeordneten Gehilfinnen und ersetzten diesen durch Begriffe wie Mitstreiterin oder Kameradin.[38] Oberster Bezugspunkt auch in ihren Beiträgen waren die Begriffe Volk und daraus abgeleitet „Volksgemeinschaft".[39] Auf einer Postkarte mit Wahlwerbung wurden Frauen als eigene soziale Gruppe, die sich in eine „Partei des deutschen Volkes" einordnen solle, angesprochen. Nach kleinen Gedichten zu den Selbstbeschreibungen der Partei als „deutsch" und „national" hieß es zum Wort „Volkspartei":

„Alle für einen, einer für alle, Männer und Frauen, Bürger und Bauern,
Reiche und Arme zum Werke vereint, Schulter an Schulter wirken und schaffen,
Jeder am Platze, den Gott ihm gegeben, Deutschland zu retten empor zum Licht.
Es gibt keine Partei der Frauen! Es gibt nur eine Partei des deutschen Volkes!
Das ist die Deutschnationale Volkspartei."[40]

In ihrer programmatischen Rede auf dem dritten Parteitag 1921 entwarf Paula Mueller-Otfried eine Geschichte der Politisierung konservativer Frauen, deren Beginn sie mit dem „Geist von 1914" verknüpfte. Nicht die Gewährung gleicher staatsbürgerlicher Rechte sei der entscheidende Politisierungsschub gewesen, sondern die „Zeit des Kriegsausbruchs, die wundervolle, nie zu vergessende Zeit der Volkserhebung im August 1914. [...] Damals haben (die

tives and the November Revolution, in: Jones/Retallack (Hg.), Between Reform, S. 299-328.

38 So auch in den Schriften von Sophie Rogge-Börner, siehe dazu: Crips, Liliane, National-feministische Utopien. Sophie Rogge-Börner und die „Deutsche Kämpferin", in: Feministische Studien, 8 (1990) Heft 1, S. 128-137, und Ziege, Eva-Maria, Sophie Rogge-Börner – Wegbereiterin der Nazi-Diktatur und völkische Sektiererin im Abseits, in: Heinsohn, Kirsten; Vogel, Barbara; Weckel, Ulrike (Hg.), Zwischen Karriere und Verfolgung. Handlungsräume von Frauen im nationalsozialistischen Deutschland, Frankfurt a. M./New York 1997, S. 44-77.

39 Zur politisch mobilisierenden Funktion dieses Begriffes Fritzsche, Peter, Germans into Nazis, Cambridge (Mass.)/London 1998; dt.: Wie aus Deutschen Nazis wurden, Zürich 1999. Zum Konzept der „Volksgemeinschaft" als Partizipationsmöglichkeit für konservative Frauen vgl. auch: Langer, Ingrid, Julie Heraeus – DNVP, in: Dies., Zwölf vergessene Frauen: Die weiblichen Abgeordneten im Parlament des Volksstaates Hessen. Ihre politische Arbeit, ihr Alltag, ihr Leben, Frankfurt a.M. 1989, S. 368-440, hier S. 403. Für Österreich: Gehmacher, Johanna, „Völkische Frauenbewegung". Deutschnationale und nationalsozialistische Geschlechterpolitik in Österreich, Wien 1998.

40 Bundesarchiv Berlin (BA), DNVP, R 8004-485: Postkarte der DNVP (wahrscheinlich Dezember 1918). Die Behauptung, es gäbe „keine Partei der Frauen", war direkt gegen die Führungsgremien der bürgerlichen Frauenbewegung gerichtet, die in der unmittelbaren Nachkriegszeit eine Reihe von politischen Schulungen für Frauen anboten, um diese auf die Wahlen vorzubereiten.

Frauen) begriffen, daß sie zum Ganzen gehören"[41]. Dieses Ganze, die „Volksgemeinschaft", erfordere die aktive Mitarbeit der Frau auch in den Bereichen, die ihr von der Natur eigentlich nicht zugewiesen worden seien, in der Öffentlichkeit und in der Politik. Mueller-Otfried erinnerte die Männer der Partei daran, dass sie den Wahlerfolg der Deutschnationalen Volkspartei auch den Stimmen der Frauen, also der Einführung des Frauenstimmrechtes, zu verdanken hätten. Die deutschnationalen Frauen würden an den ehernen Grundsätzen der Partei festhalten und auch in schwierigen Zeiten nicht vom konservativen Grundsatz abweichen, versicherte Mueller. Die Aufgabe der Frau sei es, gemeinsam mit dem Mann den Gedanken der „Volksgemeinschaft" zu leben und auf diese Weise zu verwirklichen:

> „Wir wissen alle, daß wir nicht wieder aufsteigen werden können, wenn wir nicht wieder zur Volksgemeinschaft gelangen. Wir nennen uns Volkspartei und treten damit in bewussten Gegensatz zu denen, die eine Klassenvertretung sein, ihre Ziele durch Klassenverhetzung erreichen wollen. [...] (Die Frauen) sehen in der Stärkung der Staatsmacht in erster Linie die Aufgabe des Mannes, in der Pflege der Volksseele die Aufgabe der Frau. Das ist ihr Gebiet. Da kann sie schöpferisch sein."[42]

Die innerparteiliche Diskussion in der unmittelbaren Nachkriegszeit kreiste um die Frage, wie sich Frauen in die neue politische Arena einbringen und was sie dort repräsentieren sollten.[43] Der Begriff „Volksgemeinschaft" betonte, jedenfalls aus der Sicht aktiver Frauenpolitikerinnen, die Gemeinsamkeit der politischen Arbeit von Männern und Frauen und ließ sich zudem als Gegenbegriff zur Frauenbewegung politisch funktionalisieren. Die Ausrichtung an Autorität und Monarchie der alten Konservativen wurde im frauenpolitischen Kontext der zwanziger Jahre mit der Tätigkeit für die „Volksgemeinschaft" gleichgesetzt.[44] Die Betonung des „organischen Staatsgedankens" und

---

41 Mueller-Otfried, Paula, Die Mitarbeit der Frau bei der Erneuerung unseres Volkes. Rede der Reichstagsabgeordneten Paula Mueller-Otfried auf dem dritten Parteitage der Deutschnationalen Volkspartei in München am 2. September 1921, Berlin 1921, S. 1 (Deutschnationale Flugschriften 117).

42 Ebd. S. 7-8.

43 Vgl. dazu Heinsohn, Kirsten, Im Dienste der deutschen „Volksgemeinschaft": Die „Frauenfrage" und konservative Parteien vor und nach dem Ersten Weltkrieg, in: Planert, Ute (Hg.), Nation, Politik und Geschlecht. Frauenbewegungen und Nationalismus in der Moderne, Frankfurt a. M./New York 2000, S. 215-233.

44 Grundsätze deutschnationaler Frauenarbeit, in: Der deutsche Führer. Nationale Blätter für Politik und Kultur, 1 (1922) Heft 8, S. 235/236: „Als Glied der deutschen Volksgemeinschaft bekennt sich die deutschnationale Frau zum organischen Staatsgedanken, wie ihn die Deutschnationale Volkspartei auf christlicher Grundlage vertritt. Oberstes Gebot ist daher für sie die nationale Wohlfahrt. Sie be-

die damit verbundene Ablehnung des „individualistischen Standpunktes" ermöglichte eine Arbeitsteilung der Geschlechter für eine gemeinsame antidemokratische und antisemitische Politik, die tendenziell alle Bereiche der Gesellschaft politisierte, auch das vorgeblich Private und Weibliche. Anlässlich einer sozialdemokratischen Veranstaltung zur Reform des § 218 im Sommer 1924 äußerte etwa Dr. Elisabeth Spohr, Mitglied des Preußischen Landtages:

> „Das einst fest gefügte militärische und vaterländische Pflichtbewusstsein deutscher Männer ist zu Fall gebracht. Jetzt gilt neue Wühlarbeit aus demselben Lager dem mütterlichen Pflichtbewusstsein der deutschen Frau. Auch hier unternimmt man das Unerhörte, das Eigenste des Frauenwesens, seine Mütterlichkeit zu zerstören. Überall in großen Städten werden Frauenversammlungen abgehalten für die Aufhebung der §§ 218 bis 219 StGB. Bis weit in das flache Land hinein dringt schon das Gift vom "Recht der Frau auf ihren eigenen Körper". [...] Eins müssen wir uns gegenwärtig halten: Hier geht es nicht um eine beliebige Gesetzesänderung. Hier wird ein ganz großes geistig-sittliches Ringen unseres Volkes ausgekämpft zwischen materialistisch-individualistischem Lebenswillen und idealistischer Dienstbereitschaft an Volk und Staat."[45]

Die deutschnationalen Frauenpolitikerinnen setzten also auf die politische Gemeinschaft der Geschlechter im Kampf gegen die „Auswüchse" der Moderne. In ihrer praktischen Politik im Parlament scheuten sie sich nicht, die Politisierung der Privatsphäre voranzutreiben, zum Beispiel durch Gesetzesinitiativen gegen „Schmutz und Schundliteratur" oder das „Gesetz zur Bekämpfung von Geschlechtskrankheiten". In vielen dieser Anliegen waren sich die Frauen mit den Männern ihrer Partei einig. Der Dissens entstand eher da, wo der männliche Charakter von Politik und Öffentlichkeit durch gleichberechtigte weibliche Teilnahme in Frage gestellt wurde.

Männerstimmen

Wie sahen nun aber die männlichen Vertreter der Partei die Aufgabe der Frauen? Stimmten sie der Gleichsetzung von „Volksgemeinschaft" und Gemeinschaft der Geschlechter zu? Mit Blick auf Aussagen einzelner Vertreter und der allgemeinen Programmentwicklung müssen diese Fragen klar verneint werden. Die männlichen Vertreter der Partei haben die Gemeinschaft der Geschlechter nicht als ihre politische Aufgabe angesehen. Sie haben den

trachtet alle Fragen des öffentlichen Lebens und somit auch die Frauenfragen nicht vom individualistischen Standpunkte, sondern vom Standpunkte der Gesamtheit aus."

45 Frauenkorrespondenz, Nr. 28, 26.07.1924, S. 1.

Terminus „Volksgemeinschaft" vielmehr als eine Ordnungsidee für die moderne Klassengesellschaft aufgefasst, mit der die politischen Ideen der Sozialdemokratie bzw. des Marxismus bekämpft werden sollten. Walther Lambach, führender Funktionär des Deutschnationalen Handlungsgehilfenverbandes und Mitglied des Reichstages, führte 1920 in seiner Rede auf dem Parteitag zum Thema „Unser Weg zur deutschen Volksgemeinschaft" aus, dass es

> „im Volkskörper viele trennende Furchen (gebe), die immer vorhanden sind: die Kluft der Bekenntnisse, die Klüfte, die Geschlechter voneinander trennen; wir erleben in dieser Zeit eine besonders starke Kluft zwischen jung und alt. [...] Aber sie alle zerreissen nicht, sind flache Furchen die nicht bis in die tiefsten Tiefen hineingehen. Aber die Kluft, um die der ‚Klassenkampf' tobt, hat unser Volk schärfer getrennt als die anderen."[46]

Damit hatte Lambach eine Hierarchie der gesellschaftlichen Spaltungslinien entworfen, in der die Befriedung der sozialen Klassengegensätze oberste Priorität hatte, während andere Differenzen, wie Glaubensfragen, Generationsunterschiede oder Verschiedenheiten zwischen Frauen und Männern für nachrangig und grundsätzlich lösbar erklärt wurden. Walther Lambach kommt ebenso wie Paula Mueller-Otfried in ihrer Rede am Ende seiner Ausführungen zu dem Schluss, die wahre „Volksgemeinschaft" liege im „Geist von 1914" und nur von daher sei eine Überwindung der tiefen Gräben zu erreichen.[47] Sowohl der Angestelltensprecher wie die Vertreterin der Frauen plädierten also dafür, die Implikationen der „Gemeinschaft" auch für die eigene Partei anzunehmen und die Interessen der unterschiedlichen Gruppe grundsätzlich als berechtigt anzuerkennen. Dazu waren die altkonservativen Politiker um Graf Westarp und auch die alldeutsche Gruppe um Alfred Hugenberg jedoch nicht bereit. Graf Westarp hatte schon in der Gründungsphase der Partei die Selbstbezeichnung als „Volkspartei" kritisiert und hielt auch die „Volksgemeinschaft" nicht für die entscheidende Idee, war jedoch grundsätzlich zu Kompromissen bereit.[48] Hugenberg und seine Gefolgschaft dagegen blieben kompromisslos gegen die gleichberechtigte Vertretung von Arbeitnehmerinteressen eingestellt. Das 1932 vorgelegte „deutschnationale Frei-

46 Lambach, Walther, Unser Weg zur deutschen Volksgemeinschaft. Rede des Reichstagsabgeordneten Walther Lambach auf dem 2. Parteitage der Deutschnationalen Volkspartei in Hannover am 25. Oktober 1920, Berlin 1920, S. 3-4 (Deutschnationale Flugschriften 79). Eine Interpretation der Rede findet sich in: Stupperich, „Volksgemeinschaft", S. 55/56.

47 Ebd., S. 20-22.

48 Nach Stupperich, „Volksgemeinschaft", S. 65. Stupperich bezieht sich auf das nachgelassene Manuskript von Westarp über „Konservative Politik in der Weimarer Republik", das bisher nur in einem Privatarchiv einzusehen ist.

heits-Programm“ enthielt ausführliche Erläuterungen zu Wirtschafts- und Erwerbsfragen unter der Überschrift „Sozialismus – der Feind der Freiheit“.[49] Zudem wurden antidemokratische, nicht verfassungsgemäße Vorschläge für politische Reformen in Reich und Ländern vorgestellt, so z.B. die Idee, dass der Reichskanzler zugleich preußischer Ministerpräsident sein sollte. Hugenberg leitete die Schrift mit der Bemerkung ein, es gäbe kein Parteiprogramm, das „unveränderlich“ sein könne. Mit dieser Schrift würde eine „Zusammenfassung (der) wichtigsten Ziele“[50] der DNVP vorgelegt – sie enthielt aber keinerlei Bemerkungen zu frauenpolitischen Anliegen, auch über Frauen als Mitglieder der politischen Gemeinschaft wurde kein Wort verloren. Die politisch handelnde Einheit war hier das „deutsche Volk“ oder nur „Deutschland“. Die Konstruktion des Volkes als eine Einheit von wehrhaften Männern drückte sich deutlich in der Aussage, „Deutscher sein, heißt Kämpfer sein“[51] aus.

Frauenpolitik und Arbeitnehmerpolitik waren daher in den Reihen der DNVP immer umstritten, so dass nur der Rekurs auf die „Volksgemeinschaft“ beiden Gruppen eine Stimme in der Partei zu verschaffen schien. Walther Lambach konnte sich jedoch mit seinem Bild von den nicht zerreißenden „Klüften zwischen den Geschlechtern“ und der Hierarchisierung von Differenzen auf die Seite derjenigen stellen, die den Ausschluss und die Abwertung von Frauen und frauenpolitischer Aussagen für vereinbar mit deutschnationaler Politik hielten. Die Homogenisierungstendenzen, die mit der Sprachfigur der „deutschen Volksgemeinschaft“ zusammenhängen, bewirkten eine prekäre und nur temporär haltbare Einigung sehr unterschiedlicher Gruppen und Forderungen. Während die Anliegen der Arbeiter und Angestellten jedoch nach wie vor Bestandteil deutschnationaler Programmatik und Politik waren – wenn auch unter negativem Vorzeichen –, so wurde die Frauenpolitik im Laufe der zwanziger Jahre ganz ins Abseits gedrängt.

Wie bei allen Parteien in der Weimarer Republik zeigte sich auch bei der DNVP, dass Frauen und Frauenpolitik nur dann eine Rolle spielten, wenn es darum ging, neue Wählergruppen anzusprechen. Es wurde zwar gern festgestellt, dass das Frauenwahlrecht sich positiv für die Konservativen ausgewirkt hatte, doch veranlasste dieses Argument nicht die konsequente Einbeziehung

49 Das deutschnationale Freiheits-Programm, hg. von Reinhold G. Quaatz und Paul Bang. Mit einem Vorwort von Dr. Alfred Hugenberg, Berlin 1932, S. 7. Hugenberg war seit 1928 Vorsitzender der Partei.

50 Ebd., S. 3.

51 Ebd., S. 27.

von Frauen und Frauenthemen in die Parteipolitik. Vielmehr wurde es benutzt, um dem „Weimarer System“ Fehler anzulasten, wie es der deutschnationale Politiker Walther Graef-Anklam 1928 tat, als er feststellte, das Frauenstimmrecht und das Verhältniswahlrecht seien die zwei größten innenpolitischen Fehler nach 1918 gewesen.[52] Innerparteiliche Auseinandersetzungen über Fragen der Frauenorganisation seit Januar 1922, in deren Verlauf die etablierten Frauengruppen der DNVP massiv von völkisch orientierten Frauen angegriffen wurden[53], zwangen die Parteileitung zwar, sich schützend vor die eigenen Frauengruppen zu stellen. Doch war das eine Ausnahme. Tatsächlich wurde im Zuge der Auseinandersetzungen mit den Völkischen immer deutlicher, dass auch die konservativen Männer der DNVP wieder auf die Männlichkeit der Politik und des Staates setzen wollten, indem man die „Frauenfrage“ in der DNVP für gelöst ansah. Gegen das Hauptargument der Kritikerinnen, die deutschnationale Frauenpolitik sei nicht wahrhaft konservativ, sondern eher liberal, weil an individuellen Frauenrechten orientiert, klangen die Verteidigungen der Partei recht hilflos. Graf Westarp erklärte in der Kreuzzeitung, dass sich der Frauenausschuss mit den Abgeordneten einig sei, „keine besondere, nach der demokratischen Seite hin ausgleichende Frauenpolitik [...], sondern im Rahmen der Parteipolitik gemeinsam [...] deutschnationale Politik zu treiben.“[54] Andere, wie der Reichstagsabgeordnete von Graefe-Goldebee meinten, dass der Begriff „‚Frauenrechtlerin‘ aus dem Sprachschatze [der] deutschnationalen Selbstkritik“ zu tilgen sei, „denn es gibt keine Frauenrechtlerinnen in unseren Reihen, sondern nur Vorkämpferinnen für die unter den bestehenden Verhältnissen unvermeidliche Eingliederung der Frauen in unser öffentliches Leben, unter voller Wahrung ihrer

52 Graef-Anklam, Walther, Der Werdegang der Deutschnationalen Volkspartei 1918 bis 1928, in: Weiß (Hg.), Der nationale Wille, S. 20. Das gleiche Argument, präzisiert als Fehler der Sozialdemokratie, findet sich in der Frauenkorrespondenz, Nr. 50, 17.12.1924, als Aussage von Dr. Kähler, Landtagsabgeordneter der DNVP.

53 Artikel dazu in: BA Reichslandbund, R 8034 II/7984. Anlass der Debatte war das Stimmverhalten der weiblichen deutschnationalen Abgeordneten im Mai 1921 in der Frage der Zulassung von Frauen zum Amt des Schöffen und der Geschworenen. Die deutschnationalen Frauen hatten einem kommunistischem Antrag, der diese Frage in die allgemeinen Beratungen über einen vorliegenden Gesetzesentwurf einbeziehen wollte, gegen die Stimmen der männlichen DNVP-Abgeordneten zugestimmt. In der Presse wurde der Partei daraufhin unterstellt, die Männlichkeit des Staates und der Justiz in Frage zu stellen, so z.B. von der völkischen Agitatorin Emma Witte, Ein neues Frauenprogramm! Ein Mahnwort zum Deutschnationalen Parteitage, in: Deutsches Tageblatt 98, 26.08.1921.

54 Ebd., Kreuzzeitung 107, 04.03.1922.

Weiblichkeit!“[55] Diesen Lippenbekenntnissen folgten jedoch keine Taten: Tatsächlich nahm der Anteil der weiblichen Abgeordneten zwischen 1924 und 1930 ab. Im Reichstag waren 1924 fünf deutschnationale Frauen vertreten, 1928, nach hohen Stimmverlusten, nur noch zwei, 1930 dann wieder drei. In den Landtagsfraktionen war in den kleinen Staaten in der Regel jeweils eine Frau tätig, nur in Bremen, Danzig, Hamburg, Mecklenburg-Schwerin und Preußen mehr. 1924 warnte die völkische Publizistin Beda Prilipp deshalb in der parteieigenen „Frauenkorrespondenz“ ihre männlichen Parteikollegen. Wenn sich die Rechte weiterhin so abweisend den Frauen gegenüber verhalte, sei es möglich, dass sich die Frauen den Demokraten zuwenden könnten:

„Man braucht der Parteiorganisation nicht unmittelbar nahe zu stehen – man braucht nur herumzuhorchen überall in Deutschland, um des einen gewiß zu werden: daß die Rechte ihr Wiederhineinwachsen in das Vertrauen des Volkes den Frauen dankt. [...] Am 4. Mai haben die Frauen der bisherigen Führung des Reiches die Quittung gegeben – völlig unzweideutig! Es war der stärkste Beweis politischen Sinnes, den die Frauen zeigen konnten. Er ist umso höher zu werten, als den Frauen unserer Partei keinerlei Versprechungen über irgendwelche Bevorzugungen gemacht worden sind. [...]
Die Demokraten zeigten durch die Form der Listen, dass man die fähige und kluge Frau zu schätzen und zu ehren weiß. [...] So entsteht durch die Verständnislosigkeit für ein wichtigstes innenpolitisches Problem bei den nationalen Parteien eine neue Frauenbewegung. Wir haben mehr als einmal davor gewarnt. [...] Unsere Politiker mögen sich allen Ernstes fragen, ob man durch solche Ergebnisse fähige Frauen für die nationale Arbeit gewinnt.“[56]

Der Reichstagsabgeordnete Freiherr von Freytag-Loringhoven versuchte im September 1928, die unzureichende weibliche Repräsentation in den Fraktionen aufzuwiegen gegen das „natürliche“ konservative Potenzial der Frauen, das gerade im geistigen Leben und in der Jugendarbeit seine Wirksamkeit entfalten könne – also gar nicht auf politische Vertretung angewiesen sei.

„(Es) muß einem Mann gestattet sein, gerade in der überzeugungsmäßigen Richtung der Frauen den wesentlichen Wert ihrer politischen Mitarbeit zu sehen. Mag sie psychologisch weniger aus Grundsätzen als aus instinktmässigem Empfinden erfließen, so bleibt doch das Ergebnis, daß die Frau im Kampf zwischen Grundsätzen und Interessen, insbesondere materiellen Interessen, sich für jene entscheidet, daß sie schwächliche Kompromisse ab-

55 Ebd., Potsdamer Anzeiger 114, 18.05.1922.

56 Frauenkorrespondenz, Nr. 21, 28.05.1924, S. 1. Prilipp bezieht sich hier auf die Wahl zum 3. Reichstag am 4. Mai 1924, bei der die DNVP ihre Sitzzahl von 71 auf 95 steigern konnte. Bei den demokratischen Frauen setzte im Winter 1924/1925 eine intensive Diskussion über die Etablierung eigener „Frauenlisten“ ein, um den Anteil der Frauen in Parteien und Parlament zu steigern, vgl. dazu: Die Frau, Jg. 32, Heft 5, Februar 1925, S. 129-147.

lehnt, wo durch sie hohe Ziele gefährdet werden, daß sie für parlamentarische Taktik und parlamentarischen Kuhhandel keinen Sinn hat. Und weil dem so ist, sehen die Konservativen oder, was im Grunde dasselbe ist, die völkischen Kreise der Partei ihre natürlichen Bundesgenossen in den Frauen."[57]

Konservatives Denken und Handeln wurde hier als völkische Politik definiert, die sich instinktiv gegen parlamentarische Regeln wendet. Nur aus der ‚natürlichen' konservativen Haltung der Frauen, insbesondere der Parteifrauen, wird die Bereitschaft der Männer begründet, Frauen als „willkommene Mitstreiterinnen" zu begrüßen. Wie schon andere vor ihm funktionalisierte der Freiherr die Geschlechterdichotomie für eine Aussage über das Regierungssystem der Weimarer Republik, indem er die „instinktmäßige" Ablehnung des parlamentarischen Systems und der Parteien als essentielle konservative Haltung charakterisierte – und damit im innerparteilichen Streit um Sinn und Erfolg einer Regierungsbeteiligung der DNVP einen deutlich ablehnenden Standpunkt einnahm. Auch hier diente der Beitrag zur „Frauenfrage" letztlich dem Zweck, eigene politische Anliegen voranzutreiben. Die „überzeugungsmäßige" richtige Haltung wurde für wichtiger erklärt, als Kompromissbereitschaft in einer politischen Sachfrage zu zeigen.

Das Ende vom Lied

Die deutschnationalen Frauenpolitikerinnen konnten der Funktionalisierung ihrer Anliegen nichts entgegensetzen, betonten sie selbst doch immer wieder die gemeinschaftlichen Aufgaben der Geschlechter und unterstützten damit direkt und indirekt die vorherrschende männliche Dominanz. Wie auch in den anderen bürgerlichen Parteien leistete die Berufung auf die „Volksgemeinschaft" nicht das, was die Frauen erwartet hatten: eine gleichwertige Anerkennung und Förderung ihrer politischen Arbeit. Vielmehr wurden die konservativen Frauen zurückgeworfen auf ihre vorgeblich „natürlichen" Potenziale, deren Entfaltung auch jenseits der Politik und des Staates möglich sei. Die Argumentation mit den „natürlichen" Aufgaben der Geschlechter behinderte somit weiterhin jede Form der Gleichstellung von Männern und Frauen, auch in der konkreten Parteipolitik.

57 BA Reichslandbund, R 8034 II/7984: Löwenberger Anzeiger, 19.09.1928: Die Frau und die Politik. Wir brauchen die Frau als willkommene Mitstreiterin für unsere gemeinsame Sache!

Der Ausschluss von politischer Teilhabe traf auch die Angestellten- und Arbeitnehmervertreter, die an einer Anerkennung der Interessen von Arbeitern in der Partei interessiert waren. Sie wurden nach der Wahl Hugenbergs zum Parteivorsitzenden 1928 systematisch desavouiert, bevor sie sich 1929 und 1930 von der Partei trennten bzw. getrennt wurden.[58] Auch in ihrem Fall gab es jenseits aller Rhetorik keine tragfähige politische „Gemeinschaft". Die DNVP reaktivierte damit nach 1928 das politische Muster der Konservativen aus der Zeit des Kaiserreiches, das durch die Exklusion von Arbeitern und Frauen sowie einer bürgerlichen, männlichen Hegemonie im politischen Bereich gekennzeichnet war. Dieser Prozess war jedoch weit mehr als ein Déjàvu, er bildete den Auftakt zu einer Diktatur, in der unter Berufung auf die innere Geschlossenheit der „deutschen Volksgemeinschaft" ganze Bevölkerungsgruppen diskriminiert und verfolgt wurden.

58 Vgl. dazu die Studie von Stupperich, „Volksgemeinschaft".

Subjekt, Gemeinschaft, Männerbund

Hans Blühers Wandervogelmonographien im Wilhelminischen Kaiserreich

Claudia Bruns

„What counts as the sexual is, as we shall see, variable and itself political."
(Sedgwick, 1985, 13)

1912 publizierte Hans Blüher die erste mehrbändige Monographie der Wandervogelbewegung. Am Ende des zweites Bandes heißt es prophetisch:

„Die Wandervogelbewegung steht jetzt vor dem Zweiweg des Herakles. Links: der Glanz aller prostitutiven Werte mit ihren hundert Schmeicheleien und sanften Fangarmen; rechts: der Kampf der Einzigkeit um ihr Eigentum." Fast drohend fügt Blüher hinzu: „Und wer diese Geschichte gelesen hat, kann nicht mehr sagen, er wisse nicht, wie dieses Eigentum beschaffen ist" (II, 190).[1]

Dieses Zitat stößt ins Zentrum der Problematik männerbündischer Gemeinschaft zu Beginn des 20. Jahrhunderts: in das Ringen um das ‚Eigene'[2], den ‚Besitz' des eigenen Körpers wie auch der persönlichen und nationalen Identität, die sich im Gegensatz zu den „prostitutiven Werten" konstituiert, zum geschlechtlich und rassisch Anderen - verbunden mit einer politischen Verortung in „rechts" und „links".

Im Zentrum der folgenden Analyse stehen nicht bestimmte Gruppierungen von Männern, etwa in militärischen Kampfverbänden oder literarischen

---

1 Blüher, Hans, Wandervogel. Geschichte einer Jugendbewegung. Teil 1: Heimat und Aufgang, 1. Aufl., Berlin 1912; Teil 2: Blüte und Niedergang, 1. Aufl., Berlin 1912 (erschien einige Monate nach dem ersten Band); Teil 3: Die deutsche Wandervogelbewegung als erotisches Phänomen. Ein Beitrag zur Erkenntnis der sexuellen Inversion. Mit einem Vorwort von Dr. Magnus Hirschfeld, 1. Aufl., Berlin 1912. Im Folgenden zitiert als I, II und III.

2 Ein *Eigener* zu sein, ein Mensch mit einzigartigem Charakter, galt in der deutschen Lebensreformbewegung - auch über den Kontext der Schwulenbewegung hinaus - als neuer Wert. Geuter, Ulfried, Homosexualität in der deutschen Jugendbewegung. Jungenfreundschaft und Sexualität im Diskurs von Jugendbewegung, Psychoanalyse und Jugendpsychologie am Beginn des 20. Jahrhunderts, Frankfurt a. M. 1994, S. 296-300. Zur ersten Schwulenzeitschrift mit dem programmatischen Titel *Der Eigene* (1896) und ihrem Leserkreis, der *Gemeinschaft der Eigenen,* vgl.: Keilson-Lauritz, Marita, Die Geschichte der eigenen Geschichte. Literatur und Literaturkritik in den Anfängen der Schwulenbewegung am Beispiel des *Jahrbuchs für sexuelle Zwischenstufen* und der Zeitschrift *Der Eigene*, Berlin 1997, S. 71-74.

Zirkeln, deren Struktur häufig unter dem Emblem „Männerbund" verhandelt wird. Mich interessieren vielmehr die Figurationen von männlicher Gemeinschaft, die rechte politische Theorien strukturieren. Während die (Volks-)Gemeinschaft häufig in Abgrenzung zu ihrem vermeintlichen Gegenteil, dem Individuum und dem Individualismus, beschrieben wurde, möchte ich der Frage nachgehen, wie sich die starke Affirmation von Gemeinschaft mit der gleichzeitigen Suche nach Individualität und nationaler Besonderheit, wie sie etwa in der Jugendbewegung zum Ausdruck kam,[3] verbinden ließ. Ich gehe dabei von der Annahme aus, dass der *Neue Nationalismus* in den ersten Jahrzehnten des 20. Jahrhunderts in Deutschland mit seiner zentralen Referenz auf den (Volks-)Gemeinschaftsgedanken nur die Rückseite (und äußerste Konsequenz) eines besonderen Individualismus war - wie auch die forcierte Suche nach Einzigartigkeit und Individualität den Gemeinschaftsbegriff prägte, in diesen mündete und zu diesem in einem wechselrepräsentativen Verhältnis stand.[4] Überdies zeigen sich die Interrelationen der individuellen wie kollektiven Subjektformationen in äquivalenten Exklusionsstrategien und Funktionsweisen, denen ich nachgehen möchte.

Als zentrales Referenzfeld der Analyse bieten sich die Schriften Hans Blühers an, weil in ihnen psychoanalytischer, geschlechtlicher, politischer und antisemitischer Diskurs eine Verbindung eingehen, die bestimmte Tendenzen männlicher *und* nationaler Selbstkonstitution des ersten Drittels des 20. Jahrhunderts besonders gut spiegelt und mitkonstituiert. Blühers frühe Schriften zwischen 1912 und 1915 markieren überdies einen markanten Wechsel politischer Exklusionsstrategien: Mit der partiellen Erosion der strikten Trennung von öffentlicher *als männlicher* und privater *als weiblicher* Sphäre wird um die Jahrhundertwende an der Schnittstelle zwischen Privatheit und Öffentlichkeit eine neue Grenze gezogen. Die Konstruktion des *Männerbunds* eignete sich besonders dazu, den Ausschluss von Frauen und Juden aus der nationalen Gemeinschaft auf einer subtileren und avancierteren Ebene zu reetablieren. Diesen geschlechtlichen und rassischen Exklusions-

3 Vgl. Le Rider, Jacques, Das Ende der Illusionen. Die Wiener Moderne und die Krisen der Identität, Wien 1990, S. 40-61.

4 Cornelia Klinger hat für die Romantik auf das wechselrepräsentative Verhältnis von forciertem Individualismus und einem Aufgehen in höherer Substantialität (Gemeinschaft, Mythos, Religion) aufmerksam gemacht. Dies., Flucht - Trost - Revolte. Die Moderne und ihre ästhetischen Gegenwelten, Wien 1995, S. 179. Allgemeiner vgl.: Lipowatz, Thanos, Politik der Psyche. Eine Einführung in die Psychopathologie des Politischen, Wien 1998, S. 152.

strategien lassen sich, wie ich zeigen möchte, subjekt- und gemeinschaftskonstituierende Funktionen zuschreiben: Das männliche Subjekt versuchte, sich über die oben genannten Exklusionen als geschlossene Ganzheit zu formieren. Die nationale Gemeinschaft vermochte sich als homogene männliche Allgemeinheit abzusichern.

Neben diesen konstitutiven Grenzziehungen erlauben es männliche Subjekt- und Gemeinschaftsfigurationen in den Texten Blühers, als Akte der ‚Selbstschöpfung' gelesen zu werden. Individuelle wie nationale Autonomie findet ihren legitimierenden Grund im Modus der Selbstreferenz, der Selbsthervorbringung. Hier treffen sich der Anspruch auf (romantische) Individualität und (absolute) Allgemeingültigkeit. Das individuelle Selbst wird als ontologische Allgemeingültigkeit zu sichern versucht, in Form von Gemeinschaft als männlichem, deutschem Großindividuum, so meine These.

Hans Blüher –
Exponent moderner, nationalkonservativer Männlichkeit

Mit einer Problematisierung der traditionellen Geschlechterrollen setzte um die Jahrhundertwende auch eine qualitativ neue Diskursivierung von Männlichkeit ein. Der Ethnologe Schurtz entdeckte 1902 quer durch die Kulturen Männerbünde als die Grundformen des öffentlichen Lebens und vor allem des Staates.[5] Rund zehn Jahre später sollte Hans Blüher (1888-1955) als einer der wesentlichen Theoretiker und Popularisierer der Männerbundidee gelten, die er gekoppelt an eine eigenständige Psychoanalyse der Homosexualität konstituierte. Ein erstes vorbildliches Modell männlicher Gemeinschaft sah Blüher in der Jugendbewegung realisiert. Ab 1902 war er selbst Aktivist in der noch jungen *Wandervogelbewegung – Ausschuss für Schülerfahrten* in Berlin. Hier lernte er nicht nur Gründungsmitglieder der Wandervogelbewegung, wie z.B. den Gymnasiasten Karl Fischer und den älteren Gutsbesitzer Wilhelm Jansen, kennen, sondern auch (jüdische) Intellektuelle der Siedlungs- und Lebensreformbewegung, wie Martin Buber, den linksanarchistischen Gustav Landauer oder den Expressionisten Kurt Hiller. Durch Heinrich Körber, Anhänger des Monistenbundes und frühes Mitglied der Berliner *Psychoanalyti-*

5 Schurtz, Heinrich, Altersklassen und Männerbünde. Eine Darstellung der Grundformen der Gesellschaft, Berlin 1902.

schen Vereinigung, wurde Blüher auf Freuds Schriften aufmerksam und trat zwischen 1912 und 1913 mit diesem in brieflichen Kontakt.[6]

Blüher kannte aber auch viele Männer der ‚Schwulenbewegung', wie den Sexualreformer und Mediziner Magnus Hirschfeld, der in Berlin das *Wissenschaftlich-humanitäre Komitee* zur Abschaffung des homophoben Paragraphen § 175 gegründet hatte. In Hirschfelds *Jahrbuch für sexuelle Zwischenstufen* publizierte Blüher seine ersten einschlägigen Artikel zur männlichen Inversion, mit denen er Anerkennung in medizinischen und psychoanalytischen Fachkreisen fand. Bald darauf distanzierte sich Blüher aber von Hirschfelds „Zwischenstufentheorie", weil sie männliche Homosexuelle als bemitleidenswertes „drittes Geschlecht" zwischen Mann und Frau definierte. Stattdessen favorisierte er die *maskulinistische* Traditionslinie innerhalb der schwulen Emanzipationsbewegung, die auf der Männlichkeit des Homosexuellen bestand und dessen kulturelle und staatliche Höherwertigkeit gegenüber dem ‚normalen' Mann verfocht.[7]

Darüber hinaus verstand es Blüher, auch ein breiteres Publikum anzusprechen.[8] Zunächst, indem er für einen Skandal in der Wandervogelbewegung sorgte, die er als (homo-) „erotisches Phänomen" deutete.[9] Dann aber auch, indem er mit männerbündischen Theorien eine im weiteren Sinn kulturell-politisch interessierte Öffentlichkeit ansprach. Die in den Jahren um die Jahrhundertwende und dann kurz vor Ausbruch des Ersten Weltkrieges besonders umkämpfte Geschlechter- und Frauenwahlrechtsfrage forderte viele bürgerliche Männer zu neuen Selbstversicherungen heraus. Die antifeministi-

6 Im Briefwechsel mit Blüher äußerte sich Freud zunächst sehr positiv über dessen Sexualtheorien, wenn er auch von seiner Überzeugung nicht abwich, dass Homosexualität eine pathologische Abweichung vom Normalfall, eine „Entwicklungshemmung", darstelle. Neubauer, John, Sigmund Freud und Hans Blüher in bisher unveröffentlichten Briefen, in: Psyche. Zeitschrift für Psychoanalyse und ihre Anwendungen 50 (1996), S. 138f.

7 Ausführlicher in: Bruns, Claudia, (Homo-)Sexualität als virile Sozialität. Sexualwissenschaftliche, antifeministische und antisemitische Strategien hegemonialer Männlichkeit im Diskurs der Maskulinisten (1880-1920), in: Heidel, Ulf/Micheler, Stefan/Tuider, Elisabeth (Hg.), Jenseits der Geschlechtergrenzen. Sexualitäten, Identitäten und Körper in Perspektiven von Queer Studies, Hamburg 2001, S. 87-108.

8 Nach Blühers Angaben von 1946 gehörte er den *Mitteilungen aus der Deutschen Bücherei* zufolge zu den „zwanzig gelesensten Autoren" zwischen 1912 und 1933; Geuter, S. 17f.

9 Der dritte Band war besonders schnell vergriffen und ging 1914 in die zweite verbesserte Auflage, um nach dem Krieg in weiteren Auflagen zu erscheinen.

sche Bewegung hatte 1912 ihren Höhepunkt[10] und Blüher wurde einer ihrer bekanntesten Exponenten. Nicht zuletzt durch seine modernisierten Abgrenzungsstragien gegenüber dem anderen Geschlecht traf Blühers Theorie von superiorer Männlichkeit den Nerv der Zeit. Sie wurde von einer breiten (auch weiblichen) Öffentlichkeit wahrgenommen und beeinflusste den medizinischen, literarischen und politisch-kulturellen Diskurs. Alle nachfolgenden Männerbundtheoretiker der 20er und 30er Jahre (Ernst Krieck, Alfred Bäumler u.a.) kamen um eine Auseinandersetzung mit Blühers Theorie nicht herum.[11] Insofern bildeten Blühers Schriften eine brisante Schnittstelle von maskulinistischer Schwulen- und Jugendbewegung, Sexualwissenschaften, Männlichkeitsdiskursivierung und Antifeminismus.

Während des Ersten Weltkrieges radikalisierte sich Blühers Haltung. Seine Schriften verließen den medizinischen Diskurs und bekamen eine ästhetische und dann stark religiöse Prägung, mit der Tendenz zu einem strikter schematisierten Protonormalismus.[12] Waren 1912 und 1915/16 noch Frauen die primären Gegner männlicher Superiorität, so wurden sie nach Ende des Krieges von Juden abgelöst, die nun für Blüher gleichzeitig zum Inbegriff des Unmännlichen, Undeutschen und Ungeistigen mutierten.[13] Dass sich Blüher in der Weimarer Republik der rechten politischen Bewegung der *Konservativen Revolution* anschloss[14] und in Kontakt zu dem Berliner *Herrenclub*

10 Vgl. Planert, Ute, Antifeminismus im Kaiserreich. Diskurs, soziale Formation und politische Mentalität, Göttingen 1996.

11 Hergemöller, Bernd-Ulrich, Hans Blühers Männerwelten. Fragmente, Widersprüche, Perspektiven, in: Invertito, Jahrbuch für die Geschichte der Homosexualitäten 2 (2000), S. 58-84. Aber auch Max Webers Theorie charismatischer Herrschaft zeigte sich von Blüher inspiriert. Widdig, Bernd, Männerbünde und Massen. Zur Krise männlicher Identität in der Literatur der Moderne, Opladen 1992, S. 32, S. 54.

12 Jürgen Link grenzt den an fixen Trennlinien zwischen Normalität und Anormalität orientierten „Protonormalismus" von einem „flexiblen Normalismus" ab. Ders., Versuch über den Normalismus. Wie Normalität produziert wird, Opladen 1997, S. 29f.

13 Diese Entwicklung wurde nicht zuletzt von Kaiser Wilhelm II. besonders honoriert, der ihn zu sich nach Holland ins Exil einlud; Geuter, S. 305.

14 Widdig, S. 34. Im Unterschied zum traditionellen Konservatismus bezogen sich die *neuen* Konservativen nach eigenem Selbstverständnis auf eine Tradition, die sie in einem revolutionären Akt erst selbst herstellen mussten. Als politische Bewegung wurde die *Konservative Revolution* erst nach dem Ersten Weltkrieg virulent. Breuer, Stefan, Anatomie der Konservativen Revolution, Darmstadt 1993; Ders., Grundpositionen der deutschen Rechten (1871-1945), Tübingen 1999; Mohler, Armin, Die Konservative Revolution in Deutschland 1918-1932. Ein Handbuch, 4. Aufl., Darmstadt 1994.

Heinrich von Gleichens stand, mag vielleicht angesichts seiner vielen Kontakte zu Lebensreformern, linken Intellektuellen und Juden vor dem Ersten Weltkrieg erstaunen. Der Krieg hatte zur Verstärkung von exkludierenden rechten Tendenzen beigetragen, die allerdings bei genauerem Hinsehen schon in den Vorkriegsschriften Blühers angelegt waren. Dies zeigt auch die folgende Analyse, die sich v.a. auf Blühers drei Monographien zur Wandervogelbewegung (1912), seine Schriften zur Psychoanalyse der Inversion (1912/13) und zum Antifeminismus (1915) bezieht.

Für das einzelne männliche Subjekt war nicht nur die (neo-)romantische Idee der Selbsterschaffung konstitutiv, sondern auch eine strikte Abgrenzung gegen das andere Geschlecht und andere ‚Rassen'. Diese Abgrenzungen wurden ergänzt durch bestimmte Vorstellungen von männlicher Selbstführung als Selbstbeherrschung, die auch den modernen psychoanalytischen Diskurs durchziehen. Eine solche Rationalität der Abgrenzung und Selbstbeherrschung war indes nicht nur konstitutiv für die Figuration des einzelnen männlichen Subjekts, sondern auch für die des männlichen Kollektivs. Erst in der äquivalent strukturierten homosozialen Männergemeinschaft sah sich das männliche Selbst in seiner ‚Eigenart' abgesichert. Der letzte größere Abschnitt entfaltet die politische Dimension des männlichen (Kollektiv-)Subjekts. Dabei werden die strukturalen Äquivalenzen zwischen männlicher Selbst- und Gemeinschaftsbildung und großer nationaler Gemeinschaftsformierung sichtbar.

Das (neo-)romantische Projekt

Die ‚Selbstbildung' des männlichen Jugendlichen

In seinen Texten zur Wandervogelbewegung von 1912 macht Blüher die Suche des (männlichen) Jugendlichen nach *sich selbst*, seinen expressiven Seiten und seinem empfindenden Ich zu einem zentralen Thema. Die Sehnsucht der Wandervogeljugend habe sich laut Blüher auf eine Abwendung von tradierten Mustern der Subjektkonstitution gerichtet. Da die Jugend für die „Kultur der Väter" nur noch „tiefen Haß" und „große Verachtung" empfunden habe (I, 82), hätte sie auf das Ideal der Selbstbildung zurückgreifen müssen, gemäß welchem sie sich - ohne Vorbilder - aus sich selbst heraus habe bilden müssen. Entwicklungspsychologisch stehe der Jugendliche daher auf der Stufe des

Romantikers (I, 67).[15] Seine Welt sei völlig ausgefüllt vom „romantischen Erleben der Welt“, d.h. zu keiner anderen Phase seines Lebens sei er „empfänglicher und begeisterter, betrübter und zerschlagener, bedürfnisvoller und liebenswerter als in dieser Zeit“ (I, 68).

Über diesen Rekurs auf die Romantik konnte die Befindlichkeit des jugendlichen Subjekts nicht nur besonders treffend beschrieben werden, sie fand zugleich auch eine historische Legitimation. Die implizite Analogie zwischen biographischem und historischem Ort lag in der sehnsuchtsvollen Suche nach Einzigartigkeit und Individualität, die im Projekt romantischer Selbstbildung gipfelte.[16] Diese forcierte Individualität des romantischen Subjekts hatte bereits in der historischen Romantik das Problem der Kontingenz produziert. Als Preis für die Individualität tat sich der Verlust der Eingebundenheit in eine geordnete Welt auf, in der das (männliche) Subjekt eine gottanaloge Stellung eingenommen hatte und als Repräsentant des Allgemeinen in Erscheinung getreten war.[17] In dem Maße, wie die Romantik die Position des gottanalogen Subjekts aufgab, sah sie sich daher nicht nur durch eine ungeahnte Einmaligkeit des (Künstler-)Subjekts beflügelt,[18] sondern auch mit der Sterblichkeit, Leiblichkeit und Empfindlichkeit des Individuums konfrontiert.

---

15 Ricarda Huchs Reaktualisierung romantischer Topoi leitete eine Abkehr von der naturalistischen Literatur ein und beeinflusste große Teile der Jugendbewegung. Und umgekehrt avancierte die (Neu-)Romantik um die Jahrhundertwende allgemein zum Synonym von Jugend (Laqueur, Walter, Young Germany. A History of the German Youth Movement, London/Brunswick 1984, S. 4ff.; Gillis, John R., Youth and History. Tradition and Change in European Age Relations 1770-Present, London 1974, S. 152). Nicht nur bei VertreterInnen der *Konservativen Revolution* kursierte nach dem Ersten Weltkrieg der Topos von der notwendigen „Verjüngung“ Deutschlands. Zugleich wurde die eigene Nation als besonders junge und daher zum Wandel fähigere imaginiert als andere europäische Nationen.

16 So radikalisierte die Romantik bestimmte Tendenzen der Aufklärung hin zum einmaligen, empfindenden, sterblichen Individuum; Klinger, S. 105ff.

17 Die Aufklärung konnte dieses Konzept noch weitgehend bruchlos übernehmen (indem sie das Subjekt in reinen Verstand und reine Sinnlichkeit teilte) und damit auch die Funktion, die das göttliche Subjekt als Letztbegründungsinstanz erfüllt hatte. Auch das neue naturwissenschaftliche Denken konzipierte das Subjekt individualitätsfern als Schnittpunkt allgemeiner, universeller Gesetzesbegriffe; Klinger, S. 105-109.

18 Zur ‚Erfindung‘ der ästhetisch-expressiven Rationalität vgl. Bohrer, Karl Heinz, Die Modernität der Romantik, in: Merkur 42 (1988) 3, S. 179-198, S. 186; Frank, Manfred, Die Unhintergehbarkeit von Individualität. Reflexionen über Subjekt, Person und Individuum aus Anlaß ihrer „postmodernen“ Toterklärung, Frankfurt a. M. 1986, S. 64, 116.

Schon in der späten Romantik begann man daher nach Möglichkeiten zu suchen, das Individuum wieder an (s)eine Allgemeingültigkeit zurückzubinden. Wesentlich war hier die ‚Erfindung' des Verhältnisses symbolischer „Wechselrepräsentanz" (Klinger)[19] zwischen Einzelnem und Allgemeinheit, zwischen Fragment und Totalität. Diese Strategie - so meine These - war auch konstitutiv für die Relation von Individuum und Gemeinschaft in Blühers *Wandervogelmonographien* und später in der *Konservativen Revolution*. Sie konnte sich in verschiedenen Diskurssträngen auf unterschiedliche Weise zeigen: in der Psychologie als Auflösung des kontingenten Subjekts in einem strukturiert gedachten Innenleben. Im Bereich der politischen Ästhetisierung konnte die Stilisierung des Führer-Subjekts zum Künstler-Genie dessen Rückbindung an eine Allgemeingültigkeit gewähren. Oder man band das sterbliche Ich an eine höhere Substantialität, an Natur, Religion oder Mythos.

Ähnlich den Strategien der späten Romantik lassen sich in Blühers Texten Versuche aufzeigen, das als einzigartig und autonom inszenierte Individuum dennoch mit (s)einer Allgemeingültigkeit zu verbinden. Der männliche Jugendliche sollte dabei zu *dem* deutschen Menschen schlechthin werden: im Psychologismus, in welchem das Ich durch Triebe und Wille gesteuert sei, und durch Auflösung in höherer Substantialität, der Natur.[20]

Die neue Psycho-Logik der Triebstruktur

Mit der Naturalisierung von Körperlichkeit in der Aufklärung wurde der Verlust des gottanalogen Subjekts durch einen an den Naturwissenschaften orientierten Legitimationsdiskurs abgelöst. Zugleich drang die Wissenschaft vom Menschen seit dem ausgehenden 18. Jahrhundert von der Betrachtung der Körperoberfläche immer mehr ins Körperinnere vor.[21] Dabei verschob sich die Koppelung der Seele an die Physis (über Kunst und Sprache) im

19 Klinger, S. 136ff. Zum Begriff der symbolischen *Wechselrepräsentanz* vgl. auch S. 179ff.

20 Klinger, S. 134.

21 Planert, Ute, Der dreifache Körper des Volkes: Sexualität, Biopolitik und die Wissenschaften vom Leben, in: Geschichte und Gesellschaft 26 (2000) 4, S. 539-576, S. 551.

Zuge der Verwissenschaftlichung der Seelenforschung auf das medizinisch-biologische Feld. Physis wurde zunehmend als *bios* gedeutet.[22]

So war Romantik für Blüher nicht nur ein Synonym für das „echte Innere“, sondern auch für das „Gesunde“ (I, 73). Die Wandervogelbewegung sei einem „Naturprozeß“ vergleichbar, der eine „Regeneration“ im „tiefsten Inneren“ bewirke (I, 76). Auf diese Weise wurde das innere Ich nicht nur mit einer höheren Substantialität, der Natur, verbunden, sondern auch zum Träger von Gesundheit und Echtheit. Das menschliche Ich erschien so trotz seiner Einzigartigkeit nicht haltlos, weil es gerade in dem haltlosesten Gefühlszustand als mit der gesunden Natur übereinstimmend figuriert wurde. Das aus der Konstitution der Innerlichkeit Ausgegrenzte mutierte dagegen zum Uneigentlichen, zur kranken Unnatur.

Der naturwissenschaftlich-biologistische Vorstoß (der Sexualwissenschaften) ins Körperinnere wurde begleitet von einem verstärkten Forschungsinteresse am ‚Unbewussten‘, dessen Strukturierung im Rahmen der Psychoanalyse (paradoxerweise) zur Stabilisierung des depotenzierten Ich diente, von dem sie ihren Ausgang nahm. Im Innern des Selbst, im Unbewussten, wurde dabei eine psychische Topographie entworfen, welche nicht mehr nur ein diffuses Chaos von Affekten versammelte, sondern auch Gesundheit versprach, sofern man ihre Strukturen und ‚Apparate‘ erforschen und analysieren würde. Dabei wurde der zunächst als romantisch figurierte Rekurs auf das ‚natürliche‘ Innere bei Blüher in Anlehnung an Schopenhauer vitalisiert[23] und mit Bezug auf Freud sexualisiert[24]: Nicht mehr die Seele war zentraler Referenzbegriff der Selbstkonstitution, sondern der unbewusste sexuelle Trieb avancierte zur wahren Macht im Innern.[25] So Blüher:

---

22 Lacoue-Labarthe, Philippe, Die Fiktion des Politischen. Heidegger, die Kunst und die Politik, Stuttgart 1990, S. 109.

23 Blüher führte seine Triebkonzeption auf Schopenhauers Willensmetaphorik zurück (III, 16). - Die zu Beginn des 19. Jahrhunderts einsetzende Gegenbewegung zur traditionellen Vernunftmetaphysik führte zur Inthronisierung einer naturalistischen Leib- und Willensphilosophie. An eine entsprechende Neubestimmung des Willens als Trieb, Begierde bzw. als irrationale Naturkraft durch Schelling knüpften seine Nachfolger Schopenhauer und Nietzsche an. Marquard, Odo, Transzendentaler Idealismus, Romantische Naturphilosophie, Psychoanalyse, Köln 1987, S. 198ff.; Gödde, Günter, Traditionslinien des „Unbewußten“. Schopenhauer-Nietzsche-Freud, Tübingen 1999, S. 58-60.

24 Gödde, S. 251.

25 1910 bezeichnete Magnus Hirschfeld Psychoanalytiker und Sexualbiologen als „Tunnelarbeiter“, die sich in der Mitte treffen müssten. In seinem Vorwort zu Blühers Text *Die drei Grundformen der Homosexualität, eine sexuologische Studie*

„Der Wandervogel ist eine Auslösung von Trieben [... Er trifft] in seinem Kern das romantische Gefühlsleben der Jugend, und da ging alles wie von selbst, es zuckte in ihr auf und sie strömte in Scharen zusammen in die wildeste Natur“ (I, 93). „Aber es geschah, wie alle solche Umbildungen, unterhalb des allgemeinen Bewußtseins [...]“ (I, 76). „[Dabei ist] das Unbewußte aber nichts Denkendes, sondern etwas Triebartiges, und schon darum ist es meistens stärker als Gedanken“ (II, 22).

Die von Blüher popularisierte Triebtheorie[26] kam den Bedürfnissen einer sich neu etablierenden psychoanalytischen Wissenschaft entgegen, denn sie band die alte Seelenforschung an ein biologistisches Konzept, ohne in diesem völlig aufzugehen. Den sexuellen Trieb zur Grundlage menschlichen Lebens zu erklären, lieferte einerseits eine naturwissenschaftliche (scheinbar physiologische) Begründung für menschliches Handeln und partizipierte an der legitimatorischen Macht des biologischen Diskurses.[27] Andererseits verwies die „Triebstruktur“ auf einen metaphorischen Ort, die *Schnittstelle* einer „Abgrenzung des Seelischen vom Körperlichen“[28], an dem die psychische (Selbst-)Beherrschung und Steuerung des Subjekts (mittels der Psycho-Analyse) ansetzen konnte.

Die junge Sexualpsychologie und Sexualwissenschaft[29] kann somit als eine sich neu konstituierende Form der bürgerlichen Selbstvergewisserung verstanden werden,[30] an der auch Blüher partizipierte. Die Konstruktion des

(erstmals in: Jahrbuch für sexuelle Zwischenstufen 1913, S. 139-165, S. 326-342, S. 411-444) ist in einer ähnlichen Metapher von einem „Brückenschlag“, den Blühers Text zwischen Freuds Psychoanalyse und dem sexualwissenschaftlichen *Jahrbuch* leiste, die Rede. Vgl. Keilson-Lauritz, S. 39.

26 Geuter, S. 117.

27 Freuds Wendung von rein physiologischen zu psychischen Modellen wird durch die Art der Metaphern- und Analogiebildung unterlaufen, in der er von neurophysiologischen Vorgängen auf psychische Prozesse schließt, etwa in der Rede von der „Energieverteilung“ in der menschlichen Psyche, die durch „Kraftlinien“ des „Konstanzprinzips“ strukturiert sei; Gödde, 1999, S. 192f. Laut Karl Reitter ist in der Folge die Sexualität für Freud das gesuchte „Missing link zwischen Psyche und Physis“, zwischen Körper und Seele. Ders., Der König ist nackt. Eine Kritik an Sigmund Freud, Wien 1996, S. 33ff.; Reiche, Reimut, Einleitung zu Sigmund Freud. Drei Abhandlungen zur Sexualtheorie, Frankfurt a. M. 1991, S. 16; Sigusch, Volkmar, Vom Trieb und von der Liebe, Frankfurt a. M. 1984.

28 Freud, Sigmund, Drei Abhandlungen zur Sexualtheorie, Frankfurt a. M. 1991, S. 70.

29 Zum engen Verhältnis von Psychoanalyse und Sexualwissenschaft vgl.: Sulloway, Frank J., Freud, Biologist of the mind: Beyond the Psychoanalytic Legend, Cambridge u.a. 1992, S. 277.

30 Die naturalisierte Triebstruktur des Körpers lässt sich als eine „Vermittlungsinstanz zum Selbst“ begreifen. Roelcke, Volker, Krankheit und Kulturkritik. Psychiatrische

„unbewußten Triebes" erfüllte in den Texten Blühers zwei wesentliche Funktionen für die männliche Selbst- und Gemeinschaftsbildung: Zum einen strukturierte der Trieb (als Grundlage adoleszenten Protests) die *Abgrenzungen*, die das männliche ‚Selbst' konturierten, zum anderen konstituierte der Trieb (bzw. dessen Sublimierung zum Eros) das männliche ‚Selbst' als einen „Männerhelden", der, über schöpferische und erotische Fähigkeiten gleichermaßen verfügend, Gemeinschaften und Bewegungen zu produzieren versprach.

Figurationen des Subjekts

Männliche Selbstkonturierung im Protest

Der Trieb, so Blüher, sei Grundlage und Movens des jugendlich-romantischen Protestes. Als eine zentrale Funktion dieser „Romantik der Empörung" lässt sich die Abgrenzung gegen ein ‚Außen' beschreiben. Entsprechend sei es ein „triebartiger Wunsch" der Jugend, „sich von der Verlogenheit der Alterskultur abzuwenden" (I, 82). Diese Abgrenzung strukturierte die Selbstbildung des männlichen Subjekts wie auch der männlichen Gemeinschaft, ohne sie inhaltlich zu füllen:

> „Der Wandervogel hat niemals eine einheitliche Tendenz gehabt, ein Ziel, ein Ideal, es sei denn die Romantik selbst. Er war immer nur Protest der Jugend gegen die Verbildungen ihres Gemüts" (I, 76).

Der Protest an sich wird zum *Inhalt* der Bewegung. Ganz ähnlich formulierten Vertreter der *Konservativen Revolution* in den 20er Jahren, dass ihnen die „*Kraft* der Bewegung" mehr bedeute als jedes politische Programm.[31] Die imaginären Gegner und Gegenbilder des männlichen Subjekts erweisen sich bis zu einem gewissen Grad als strukturell austauschbar. Der Übergang vom „Kampf" gegen die Vätergeneration zum Kampf gegen das andere Geschlecht und die andere Rasse lassen sich am Ende des zweites Bandes der *Wandervogel*monographien buchstäblich nachvollziehen: Nachdem Blüher den Vaterlandspatriotismus der Vätergeneration als „lächerlich" und veraltet gekenn-

Gesellschaftsdeutungen im bürgerlichen Zeitalter (1790-1914), Frankfurt a. M. 1999, S. 11f.

31 So der jungkonservative Sekretär Papens, Edgar Julius Jung; Ders., Die christliche Revolution, in: Deutsche Rundschau 236 (1933), S. 142.

zeichnet hat, wendet er sich mit der Bemerkung „[n]och ein Wort über Rasse und Physiognomie" dem neuen Jahrhundert zu und kennzeichnet die Anhänger der alten Generation in der Wandervogelbewegung als „verbaute Schädel mit negerhaftem Hinterkopf", die „wulstige Fleischteile im Gesicht" hätten (II, 188).[32] Nicht mehr der Patriotismus der Väter, sondern die „prostitutiven Werte" und physiognomisch als deviant Markierten werden als die Gegner der Zukunft präsentiert, kommende Metonyme des „Weiblichen" und des „Jüdischen". Denn, wie Blüher endet, „man muß etwas haben, wogegen man sich empört, um seiner Jugendlichkeit willen, sonst geht es rückwärts; und die jetzige Wandervogelbewegung wird es schon zu finden wissen..." (II, 191).

Männliche Selbst- und Kulturschöpfung durch Beherrschung

Der „unbewußte Trieb" liegt Blüher zufolge aber nicht nur der jugendlichen Protestbewegung zugrunde, sondern wird auch zum konstitutiven Element des männlichen Selbst als eines „männerheldischen". Der „Männerheld",[33] so Blüher, verfügt über schöpferische und erotische Fähigkeiten, mit deren Hilfe er Gemeinschaften und Bewegungen „hervorbringt". Denn als einziger sei dieser in der Lage, seine Triebe zu beherrschen und derart zur Erotik zu sublimieren, dass er damit andere an sich binden könne.

Diese Fähigkeit, seine Triebe zu steuern, wird zugleich als ein männliches Privileg beschrieben. Daher müsse es ein vordringliches Ziel des männlichen Jugendlichen sein, „die Beherrschung seiner Triebe" zu erlernen. Ein entsprechender Kontrollverlust wurde als bedrohlich für die „Einheit" der männlichen „Person" empfunden.[34] Der Frau dagegen wurde eine reflexhafte „Passi-

32 Die biologisch-physiologische Wissenschaft hatte sich gegen Ende des 19. Jahrhunderts als ein Wissenssystem etabliert, das mit seinem anthropometrischen Katalog von ‚Entartungszeichen' und der naturalisierenden Hierarchisierung sozialer Unterschiede die Semiotik der Andersartigkeit in eine sinnvolle neue Ordnung zu bringen versprach. Planert, Der dreifache Körper, S. 561-564.

33 Den Begriff des *Männerhelden* übernahm Blüher nach eigenen Angaben von dem am Stuttgarter Polytechnikum lehrenden Zoologen und Anthropologen Gustav Jäger (1832-1917). Der „Männerheld" sei das Äquivalent zum Typus des „Frauenhelden", nur mit „veränderter Triebrichtung"; Blüher, Hans, Der Männerheld (erstmals 1912/13), in: Ders., Studien zur Inversion. Das uralte Phänomen der geschlechtlichen Inversion in natürlicher Sicht, hg. v. Hans Blüher Archiv, Schmiden/Stuttgart 1965, S. 101-116, S. 101 (im Folgenden als „M" zitiert); vgl. auch: II, 113.

34 Blüher, Hans, Die latente Inversion (erstmals 1912/13), in: Ders., Studien zur Inversion und Perversion, S. 129-148, S. 132 (im Folgenden als „LI" zitiert).

visierung des Trieblebens" in der Pubertät attestiert, worin Blüher in Anlehnung an Freud die „eigentliche Weibwerdung des weiblichen Menschen" sah (LI, 130). Entsprechend ging man für die ‚normale' weibliche Entwicklung von einem „spontanen Verdrängungsschub" aus, der ihre Triebe im Unbewussten arretierte. Diese Verdrängung schloss eine selbstbestimmte Kontrolle ihrer Triebe aus und legitimierte nicht zuletzt eine mehr oder weniger gewaltsame „Bezwingung des Weibes" durch den ‚Herrn der Triebe'.[35]

Zugleich wurde ein enger Bezug zwischen (Selbst-)Beherrschung und psychischer Gesundheit hergestellt:

> „Bekanntlich [...besteht, CB] die von Freud und seinen Schülern angewandte Psychoanalyse von Neurotikern gerade in einem Überführen von Verdrängung in Beherrschung: d.h. die seinerzeit verdrängten Komplexe des Kranken [...] werden unter schweren Widerständen ins Bewußtsein gehoben, [...] und nun [...] hat dieser die Fähigkeit, es zu beherrschen. Die Persönlichkeit wird wieder hergestellt und kommt von ihrem Fatum frei" (LI, 132).

Geht man davon aus, dass der Frau gerade die Fähigkeit zur Triebbeherrschung abgesprochen wurde, so lässt sich das obige Zitat als Ausschluss der Frau von Gesundheit und persönlicher Ganzheit lesen.[36] Unfähig zur Herrschaft ist sie durch ihr „Fatum" gebunden.

Während ein bestimmtes Maß an Selbstbeherrschung bereits den ‚normalen' Mann auszeichnen sollte, so wurde vom „Männerhelden" eine weit größere Disziplinierung seiner Triebe oder Nerven erwartet.[37] Entsprechend wurde der Gründer der Berliner Wandervogelbewegung, Karl Fischer, von Blüher gerade durch den Verweis auf dessen überdurchschnittliche Härte und Selbstdisziplin nachträglich zum Heros stilisiert:

> „[Karl Fischers] Züge waren männlich und hart [...] Es schien sich bei ihm alles auf die Energie des Wollens zu konzentrieren, es war als ob er seinen Körper mit Knuten hätte

35 Blüher, Hans, Studien über den perversen Charakter (erstmals in: Zentralblatt für Psychoanalyse und Psychotherapie 4 (1913) 1-2), in: Ders., Studien zur Inversion und Perversion, S. 15-46 (im Folgenden als „SpC" zitiert).

36 Der ‚bewusste' und geordnete Umgang mit der eigenen Sexualität wird zum Äquivalent einer seelischen Erlösungsfigur, die den kirchlichen Segensspruch ablöst und zum Barometer des inneren Gleichgewichts, Glücks und Ganzheitsgefühls wird. Entsprechend glaubt Blüher, an der Sexualität nicht nur den Mut eines Mannes ablesen zu können, sondern auch dessen Wert (LI, 136). Vgl.: Foucault, Michel, Der Wille zum Wissen. Sexualität und Wahrheit 1, Frankfurt a. M. 1983, S. 78-90.

37 Ähnlich den sexuellen Trieben galt das Nervensystem seit dem 18. Jh. als übergeordnetes Kontrollsystem des Körpers und die einzelnen Nerven als Kontaktstelle zwischen Geist und Körper; Smith, John H., Wie ‚männlich' ist der Wille? Ein philosophischer Grundbegriff, andersherum gedacht, in: Erhart, Walter/Herrmann, Britta (Hg.), Wann ist der Mann ein Mann? Stuttgart 1997, S. 114-133, S. 117.

peitschen können, wenn es ihm etwa einfallen würde, ihm den Dienst zu versagen und nicht mit jeder Faser das zu tun, was er beschlossen hatte. [...] man sah mitten auf dem Unterarm einen groschengroßen brand-blutartigen Knoten [...] ,[I]ch habe sie mir bloß ins Fleisch gebrannt, wollte mal sehen, wie's mit meinen Nerven steht. Es geht noch.' So zog er gegen den Schmerz zu Felde und ähnlich machte er es gegen die Ermüdung und das Frostgefühl" (I, 105). Er war eben eine „Herrschernatur" (I, 106).

Mit der Kontrolle seiner Nerven erhielt der ,Selbstbeherrschte' zum einen seinen (männlichen) Subjektstatus und zum anderen die Legitimation zur Beherrschung seiner Umwelt.

Der „Männerheld" wurde darüber hinaus nicht nur als Produzent triebgebundener männlicher Gemeinschaft, sondern auch als „Kulturschaffender" schlechthin imaginiert. Die „große schöpferische Kulturleistung" war ihrerseits wieder an die Triebsublimierung gekoppelt.[38] Frauen könnten sich genauso wenig wie „Neger", die „unermüdlich im Sexualverkehr" seien, „durch höhere Ich-Interessen" von ihrer Triebhaftigkeit lösen. Beide verstünden „den Verdrängungseinsatz nicht und den Kultur-Aufstieg im größeren Stile" (III, 95). Entsprechend wenig könnten sie zur Kultur beitragen.

Blühers Triebtheorie privilegierte Männlichkeit qua Naturgesetz, indem sie die (männliche) Sexualität zur Grundlage aller sozialen Gebilde erklärte und paradoxerweise zugleich die Kontrolle und Sublimation der sexuellen Triebe zum höchsten Gut erhob.[39]

Die Konzeption des Männerhelden spiegelt somit den prekären Spagat zwischen der Vorstellung von einem sexuell bestimmten Naturwesen und einem Individuum, das sich in einem autonomen Willensakt selbst setzt. Indem Blühers Text den Willensbegriff einerseits mit der Natur übereinstimmend („Wille zur Lust") figuriert und zugleich am autonomen Subjektstatus des Individuums festhält, der als Voraussetzung des die *polis* stiftenden Gemein-

---

38 So heißt es bei Blüher, dass ein „völliges Auspuffen aller sexuellen Wünsche den Kulturmenschen unmöglich machen [würde]." Blüher weist jedoch auch darauf hin, dass es eine Differenz zwischen Sublimierung (die zur Kunst führt) und „falscher Verdrängung" (die zur Neurose führt) gebe. Viele Homosexuelle würden zu „falscher Verdrängung" gezwungen sein, wodurch das „deutsche Volk von Krankheit und Kulturverfall bedroht" würde; III, 95-98.

39 Blühers Texte lassen sich auch als Radikalisierung von Freuds Konzept einer allein ,männlich' strukturierten Libido interpretieren, indem er diese für Bindungen unter Männern reservierte. Vgl. zu Freuds Libidotheorie: Fliegel, Zenia Odes, Die Entwicklung der Frau in der analytischen Theorie. Sechs Jahrzehnte Kontroversen, in: Alpert, Judith, Psychoanalyse jenseits von Freud, Berlin u.a. 1991, S. 11-40, S. 17; Irigaray, Luce, Speculum. Spiegel des anderen Geschlechts, Frankfurt a. M. 1980, S. 29-39, 114-123.

willens konzipiert war („Wille zur Macht"/„Wille zum Wert"), versucht der Text die Paradoxien eines „willenlosen, unmännlichen Willens", die mit den juristischen und medizinischen Legalisierungsstrategien von Homosexualität auftauchten, zu unterwandern bzw. aufzuheben.[40] In der Trinität des Willens zur Lust, zur Macht und zum Wert erscheint das männliche Individuum als absolutes Allgemeines reinstalliert, d.h. als Individuum (und damit als Rechts-/Staatssubjekt), als ontologisch begründetes Naturwesen (und damit als Allgemeines) und als Kulturwesen (das der nationalen Gemeinschaft Sinn verleiht).[41]

Figurationen des Kollektivs

Sicherung des männlichen Selbst in der homoerotischen Männergemeinschaft

Nicht nur das individuelle männliche Subjekt konstituierte sich durch Abgrenzungen gegen ‚Andere' und durch eine rigide Art der Selbstführung. Das männliche Kollektiv wurde durch ähnliche Abgrenzungen bestimmt. Mit einer Problematisierung des „Mädchenwanderns" macht Blühers Text von 1912 deutlich, dass Frauen der (männlichen) Gemeinschaft schadeten. Die von Blüher abschätzig als „Experiment" bezeichnete Aufnahme der Mädchen in die Wandervogelbewegung[42] hätte seiner Einschätzung nach leicht „verhängnisvoll auslaufen" können. Denn wenn sich die Geschlechter ineinander verlieben würden, gebe es eine „deutliche Tendenz zur Vereinzelung", „während die [Verliebtheit] von Mann zu Mann meistens sozialisierend" wirke (II, 135). Allein das Vorhandensein des Männerhelden sowie die Freundschaftsstimmung „schützen" den Wandervogel (II, 136).

---

40 Zu den drei Willensbegriffen Blühers siehe SpC. Allgemeiner bei Smith, S. 118ff.

41 Die besondere Funktionalität der psychoanalytischen Triebtheorie lag möglicherweise darin, dass sich mit ihrer Hilfe sowohl die überlegene sexuelle *biologisch-genetische* Potenz des Mannes (der zu Beginn des 20. Jhs. zunehmend als ‚Gattungswesen' ‚entdeckt' wurde; Planert, Der dreifache Körper, S. 568ff.) wie zugleich dessen geistige Überlegenheit ‚erklären' ließ. Reine Triebhaftigkeit wurde jedoch nach wie vor Frauen und ‚wilden Rassen' zugeschrieben.

42 Zur Geschichte des Mädchenwanderns vgl.: de Ras, Marion E.P., Körper, Eros und weibliche Kultur. Mädchen im Wandervogel und in der Bündischen Jugend 1900-1933, Pfaffenweiler 1988.

Hier kehrt Blüher den zivilisationskritischen Topos von der modernen *Vereinzelung* des Menschen, der sich im Bild der Asozialität des Homosexuellen spiegelte, um. Der homosexuelle bzw. „homosoziale"[43] Mann wurde zum sozialisierenden Faktor der modernen Gesellschaft, zum sozialen Moment in einer unsozialen, feindlichen Umgebung, wogegen das heterosexuelle Rollenmodell zum bloß Notwendigen, aber *nicht* Kulturschaffenden herabsank.

Es war jedoch nicht die heterosexuelle Praxis, die den einzelnen Menschen disqualifizierte, denn der Mann konnte entsprechend seiner bisexuellen ‚Natur' auch Homo- und Heterosexualität vereinen, sondern seine *Weiblichkeit*. Ausschließlich (männliche) Männer waren nach Blüher in der Lage dazu, „Gemeinschaft" zu bilden. Entsprechend negativ bewertete Blüher die Aufnahme der Mädchen in den Wandervogel:

> „Das Mädchenwandern war eine Bereicherung und Vervollkommnung zum allgemein Menschlichen hin. - Wie aber, wenn es Ideen, Tendenzen, Einrichtungen gibt, die zuerst einseitig gebildet, von dem Augenblicke an, wo sie sich zum Allgemein-Menschlichen erheben, auch auf dem Wege zu ihrem Untergange sind - ? [...] In der Beschränkung könnte die Eigenart liegen, und da das Allgemein-Menschliche nichts Eigenartiges ist, so wäre der Weg dazu eine Entfernung vom Original" (II, 136f.).

Das Allgemein-Menschliche, das Plurale und Universalistische, das auch Frauen umfassen würde, die an sich „schon ein ebensolches Recht zum Fortschritt" (II, 136) hätten, habe also den entscheidenden Nachteil, dass es nichts „Eigenartiges" sei, nicht von eigener Art. Der Fortschritt verwandelt sich so zu einer Bedrohung, die mit dem Fluch des Untergangs belegt ist.

---

43 Mit Eve Kosofsky Sedgwick möchte ich den Begriff *homosozial* auf die sozialen Bindungen zwischen mindestens zwei Personen desselben Geschlechts beziehen. Er wurde historisch in Abgrenzung zu *homosexuell* gebildet, um zwischen einem (in homophoben Gesellschaften verworfenen) genitalen und einem sozialen Begehren (vor allem von Männern) zu differenzieren. Sedgwick geht jedoch von einem kulturell kontingenten strukturellen Kontinuum der Begriffe aus und fragt v.a. danach, was *historisch* als (homo)sozial und was als (homo-)sexuell markiert wurde. (Dies., Between Men. English Literature and Male Homosexual Desire, New York 1985, S. 3ff.). Grundsätzlich ist darauf hinzuweisen, dass auch die Männer der Schwulenbewegung aus juristischen, normativen oder moralischen Gründen eindeutig sexuelle Konnotationen in ihrer Begriffswahl vermieden und oft allgemeinere Ausdrücke wie „Freundschaft", „Männer"- oder „Knabenliebe" vorzogen; Keilson-Lauritz, S. 329-344.

Als Konsequenz, so Blüher in Anlehnung an die maskulinistischen Theorien des Zoologen Benedict Friedländer (1866-1908),[44] müsse die Trennung zwischen Mann und Frau vollkommen neu gezogen werden. Galt nach romantischer Staatsmetapher die Familie als „Keimzelle" des Staates, als ihr „Urbild", so avanciert bei Blüher die männliche Gemeinschaft explizit zur staatstragenden Kleingruppe, deren Konzeption das ‚Weibliche' als einen Teil der Familie exkludiert:

> „Die Familie, das heterosexuelle Triebprodukt, ist also keineswegs die Grundlage des Staates, wie man durch oberflächliche Analogie in Bezug auf monarchische Verwaltung bisher verführt meinte, sondern gerade umgekehrt jener mehr oder weniger starke Rest des homosexuellen. Jede Raubtierfamilie belehrt uns, dass die Staatenbildung nicht die Folge der Familienbildung ist, wogegen der Bienen- und Ameisenstaat, der ähnliche nichtfamiliäre Sexualverhältnisse aufweist aus eben diesen verständlich wird, und noch vielmehr zeigt es der sozial so hoch veranlagte Mensch, dessen staatenbildende Eigenschaft in seiner besonderen Sexualstruktur, die über die Familie hinausgeht, begründet ist (Ben. Friedländer)" (III, 69f.).

Ähnlich der freudschen Psychoanalyse wird hier das Soziale mit dem Sexuellen analogisiert und als eine Austauschfigur verwendet: Die gemeinschafts- und staatsbildende Funktion des Mannes wird generell auf seinen sexuellen Trieb zurückgeführt. Zugespitzt formuliert, präsentiert sich das Sexuelle als *das* Soziale. Ein zu enger Begriff von Sexualität versage laut Blüher nicht nur bei wissenschaftlicher Erkenntnis, sondern „vollends", wo es sich „um praktische Kulturfragen handelt" (III, 22). Explizit formuliert der Text damit auch den Anspruch einer erweiterten Kompetenz von Sexualwissenschaftlern und Psychoanalytikern für den sozialen und gesellschaftlichen, im weitesten Sinne politischen Bereich. Wurde kulturelle Devianz im 19. Jahrhundert u.a. mithilfe des Sexualitätsdispositivs strukturiert, so konnte nun mit einer bewussten Veränderung desselben (andersherum) Politik gemacht werden.

Die Radikalität der Schriften Blühers, die in der provokativen Proklamation der männlichen Gemeinschaftsbildung als Folge homo*sexueller* (und nicht nur homo*sozialer*) Bindungen lag, wird jedoch immer wieder unterlaufen und gebrochen. Der Text spielt mit den Optionen einer Radikalität, die als Homosexualität angedeutet und als Homosozialität immer wieder zurückgenommen wird. Denn wiederholt betont Blüher, dass die Relevanz der körperlich praktizierten Homosexualität überschätzt werde. Die kulturschaffende

---

44 Keilson-Lauritz, S. 403; Hergemöller, Mann für Mann, Biographisches Lexikon zur Geschichte von Freundesliebe und mann-männlicher Sexualität im deutschen Sprachraum, Hamburg 1998, S. 244-245.

„Potenz“ der „mann-männlichen“ Bindung beginne vielmehr schon bei der Freundschaft und dem Liebeswerben und steigere sich über verschiedene Stufen nur selten zur Homosexualität.[45]

So wird der (staatenbildende) „sexuelle Trieb“ von Blüher in verschiedene Grade der Anziehung zwischen Männern differenziert. Es gebe erstens den sogenannten „Normalen“, womit der „heterosexuell aktive“ Mann gemeint ist, zweitens die „Erastennatur“, bei der sich der Mann „zum Jüngling“ hingezogen fühlt („Contrectation“), aber dennoch Geschlechtsverkehr („Detumescenz“) mit dem weiblichen Geschlecht praktiziert.[46] Drittens gebe es den „vollpotenten Bisexuellen“, der seine Neigung zu beiden Geschlechtern gleichgewichtig auslebe und viertens den „Invertierten“, der „das Weib“ „nicht sonderlich berücksichtige“, und damit den „eigentliche[n] Heerführer der Jugend“ verkörpere (III, 74-75).[47] Übergänge von einer „Rubrik“ in die andere seien selbstverständlich möglich. Am häufigsten kämen aber Fall eins und zwei vor, was schon ausreiche, „um die Abbiegung von der Norm herzustellen und ein eigenartiges erotisches Milieu zu schaffen“ (III, 77f.). Wenn man die Wirkung der „idealen Vorstellungen“ berücksichtige, sei man davor geschützt, „die Nähe der Detumescenzgrenze“ in Jugendbünden „zu überschätzen“ (III, 105). Blühers Verständnis von mann-männlicher Bindung trifft also in weiten Teilen das, was Eve Sedgwick mit dem Begriff „homosozial“ kritisiert.[48] Dies belegt auch das folgende Zitat:

„Daß dieses Erschließen des mann-männlichen Liebesgebietes nicht ohne weiteres identisch ist mit dem Loslassen der mann-männlichen Wollust, sondern vielmehr das hier sehr

45 Blüher wollte den Begriff der Homosexualität durch den der „Inversion“ ersetzen. Er versuchte, damit die Gleichartigkeit der Triebkonstitution bei Homo- und Heterosexuellen zu betonen, die sich allein durch die andere Triebrichtung, nicht aber die Art des Triebes (seine Orientierung an einer „normalen sexuellen Leitlinie“ im Sinne Freuds) unterschieden. Vgl. auch: Geuter, S. 114-117.

46 Die Begrifflichkeit von *Contrectations-* und *Detumescenztrieb* übernahm Blüher von dem Mediziner Albert Moll. Der *Contrectationstrieb* sei der „Trieb zur Gesellung“. *Detumescenz* meine „die sich [...] plötzlich erhebende Begierde und das Verlangen, sie zu löschen“ III, 54.

47 Zur naheliegenden Analogie von „mann-männlicher“ zu ‚weib-weiblicher‘ homoerotischer Gemeinschaftsbildung (immerhin ging Blüher von der „prinzipiellen Bisexualität jedes Menschen“ aus, vgl. III, 69) heißt es 1915 knapp: „*Weibliche Gesellschaft* gibt es nicht; jedenfalls sind ihre Rudimente funktionslos. Sogar das weibliebende Weib hat den Mann nötig“, Blüher, Hans, Was ist Antifeminismus? (erstmals in: Aufbruch, Monatsblätter aus der Jugendbewegung, 2 (1915) 3), in: Ders., Gesammelte Aufsätze, Jena 1919, S. 86-93, S. 89f. Im Folgenden als „Antifem.“ zitiert.

48 Vgl. Anm. 43.

weit gedehnte und besonders gekennzeichnete Contrectationsleben betrifft, glaube ich [...] gezeigt zu haben" (III, 113).

Paradoxerweise gelten aber für den invertierten „Vollmenschen" (SpC, 33), den „Männerhelden", andere Regeln. Erst wenn dessen „Gemütswerte" „mit voller Wucht auf der homosexuellen Seite liegen" und er die „Detumescenz vollzieht", ist die „Konstruktion der einheitlichen Persönlichkeit geschlossen (Männerheld)". Verdrängt er dagegen die „Detumescenz", droht er zum neurotisch „erkrankten Männerhelden" oder gar zum „Verfolger"[49] zu werden (III, 105). Allein dem „invertierten Vollmenschen" wird also das Ausleben des „gesamten Liebeskomplexes" eingeräumt. Und zwar mit der Begründung, dass das „Ganze als Organismus" einer physikalischen Logik folgend, durch „Kraftzentren" (die die stärkere Erotik des Führers legitimieren) zusammengehalten werden müsse (III, 58).

Im Widerspruch zur hier angedeuteten körperlichen Praxis von Homosexualität steht die gewünschte, vom „Männerhelden" erwartete Sublimation. Je größer seine sexuelle Libido, desto größer auch seine erotische Macht über die anderen Männer – *sofern* er seine Triebe zu sublimieren versteht (III, 54f.):

„Die Detumescenz ist bei der invertierten Liebe in weite Ferne gerückt, ihr Abstand von den letzten Äußerungen der Contrectation größer als bei der normalen, wo fast jeder Vorgang, jedes leiseste Werben schon auf die beabsichtigte gleichgeschlechtliche Besitzergreifung hinweist" (III, 56).[50]

Im Text wird die Not des verbotenen Auslebens der Homosexualität zur Tugend der (gemeinschaftsbildenden) „Contrectation" gewendet, womit Blüher paradoxerweise den gesellschaftlichen Imperativ der Verwerfung des Sexuellen für den homosexuellen Raum reproduziert. Die Vorstellung homoerotischer Sexualität rückt buchstäblich „in weite Ferne", wird zur Phantasie einer entlegenen Welt, die mehr als „geistige Kollegialität" verspricht (III, 57). Der „Männerheld" wird nicht nur im Rahmen der sozialen (Volks-)Gemeinschaft zum idealisierten Anführer, sondern auch zum unerreichbaren sexuellen Idealtyp.

---

49 Blüher führt den „Verfolgertypus" ein, welcher seine eigene Homosexualität neurotisch verdränge, sie jedoch bei anderen Männern unerbittlich verfolge. III, 100f.

50 Das „Verweilen in der Contrectation" sei bei Intervierten zum „selbständigen Gefühlskomplex avanziert. [...] Auf invertiertem Gebiet ist das Natur, und die bei weitem häufigsten Fälle von Liebe zwischen Geschlechtsgleichen scheinen mir so geartet zu sein", III, 55.

Indes räumt Blüher ein, dass es auch junge Männer in der Wandervogelbewegung gebe, die trotz ihrer hohen sozialen Kompetenz vollkommen „asexuelle Naturen“ seien (III, 78). Diesen fehlten die für den Männerbund so elementaren „erotischen Bindungs-Kräfte“. Entsprechend werden sie trotz ihres Engagements für die Gemeinschaft sehr negativ gezeichnet als „bodenlos langweilig“, liebesunfähig und „dienstfertig“ (III, 78). Der gemeinschaftsbildende Trieb war also nicht als *sozialer* relevant, sondern erst als *(homo-) erotische Kraft*, ob sie nun sexuell manifest wurde oder nicht.[51]

Blühers Normalisierungsstrategie eines zum Homosexuellen offenen Kontinuums männlicher homosozialer Bindungen war damit in einem gewissen Sinne ‚reaktionär‘ und ‚revolutionär‘ (emanzipatorisch) zugleich.[52] Sie knüpfte den Erhalt einer alten, patriarchalen Tradition der Exklusion von Frauen mit Hilfe neuester Theorien (der Psychoanalyse und der Sexualwissenschaften) an die Akzeptanz eines „homoerotischen“ Begehrens. Dass es dabei nicht vordringlich um genitale Sexualität ging, sondern ‚nur‘ um *Erotik*, erleichterte seinen Theorien den Eingang in die Wandervogelgemeinde.[53]

Hintergrund dieser Verschiebung von der Familie zum Männerbund als staatstragender Konzeption war die Infragestellung des Ausschlusses der Frau aus dem staatspolitischen und öffentlichen Bereich, der um die Jahrhundertwende zu einem zentralen Thema wurde.[54] Blüher beklagte 1915 genau diesen

51 So ist die Einführung des Begriffs von der „Potenzgröße“ der Objektliebe zu verstehen, die beim „Asexuellen“ „gleich Null“ sei (II, 78). Sexuelle und soziale Potenz wurden aneinander gekoppelt und bedingten sich gegenseitig.

52 Mit dieser doppelten Bewegung verweist sie auf das semantische Paradoxon der politischen Gruppierung der *Konservativen Revolution* in der Weimarer Republik, an der Blüher partizipierte.

53 Der psychoanalytische Gedanke, dem auch Blüher anhing, dass alles, was ‚seelische Liebe‘ und ‚Erotik‘ ausmache, seine Grundlage in einem sexuellen Triebbedürfnis finde, wurde dagegen in der „Geschlechterdebatte“ der *Freideutschen Jugend* abgelehnt; Geuter, S. 210ff.

54 Frauen waren zunehmend besser organisiert, ab 1896 auch auf internationaler Ebene (Gerhard, Ute, Unerhört. Die Geschichte der deutschen Frauenbewegung, Hamburg 1990, S. 170). Die Frauenerwerbsquote stieg zwischen 1895 und 1907 von 37,4 auf 45,9 Prozent an (Albrecht, W. u.a., Frauenfrage und Sozialdemokratie, in: Archiv für Sozialgeschichte 19 (1979), S. 460). Die Bildungschancen verbesserten sich, Frauen besuchten seit der Jahrhundertwende vermehrt Universitäten. 1908 erstritten Frauen auch ihr Recht auf eine explizit politische Artikulation und eine Mitarbeit in politischen Parteien und Vereinen. Diese sozialhistorischen Veränderungen führten keineswegs zu einer „feministischen“ bürgerlichen Gesellschaft, wie Blüher sie bereits am Werk sah (Antifem., 92). Neben Veränderungen auf der Ebene der kulturellen Produktion boten sie jedoch ausreichend Zündstoff für eine Welle erneuter Selbstversicherungen „männlicher Identität“, wie in der an-

Tatbestand: „In den letzten Jahrzehnten drangen die Frauen so ziemlich in alles ein, was früher als allein dem Manne zugehörig galt" (Antifem., 86). Mit seinen Thesen löste er zuerst in der Jugendbewegung eine Debatte um die „Geschlechterfrage" aus, die sich in den 20er Jahren in weite gesellschaftliche Kreise hinein ausbreitete.[55] Ähnlich wie die Diskursivierung von Sexualität an ihre Beherrschung und Kontrolle gebunden war, verstärkte die einsetzende Nivellierung der geschlechtlichen Identitäten (die sich zum Beispiel in der neuen Möglichkeit des gemeinsamen Wanderns von Jungen und Mädchen äußerte) eine Rhetorik der Virilisierung und ‚Vermännlichung' politisch relevanter Diskursfelder. Diese Virilisierung wurde zu einer zentralen Strategie der *Maskulinisten*, mit der sich diese in hegemoniale Männlichkeit einzuschreiben versuchten und mit der sie zugleich die Diskursivierung von ‚normaler' Männlichkeit mitbestimmten.[56] Die maskulinistische Konzeption des homosexuellen Begehrens blieb dabei weitgehend am dichotomen Geschlechtermodell orientiert.[57] Sie ließ sich weniger als Subversion eines patriarchalen Heterosexismus lesen (der „weibliche" Mann blieb gegenüber dem „virilen" Mann der „wertlosere"), denn als dessen Fortschreibung mit anderen Mitteln, als patriarchale Konstruktion im Medium der Homosexualität. Es zeigt sich, dass eine komplexe strukturelle Kongruenz von männlichem Homo- und Heterosexismus patriarchale Hierarchien stützen konnte.[58]

---

tifeministischen Bewegung zum Ausdruck kam. Vgl. ausführlicher: Planert, Antifeminismus, S. 11-19.

55 Geuter, S. 16f., S. 103-117.

56 Vgl. dazu ausführlicher: Keilson-Lauritz, S. 88-102, 142-153. Hewitt, S. 79-129. Bruns, S. 87-108.

57 „[...] ganz gleichgültig, ob das Liebesverhältnis sich zwischen Mann und Weib oder zwischen Mann und Mann abspielt. Auch im letzten Falle ist einer von Beiden psychisch der ‚weibliche' Teil", III, 61.

58 Der virile Männerheld (vgl. SpC, 45) bedurfte strukturell des anderen, ‚weiblichen' Pols, wodurch das exkludierte ‚Weibliche' paradoxerweise im konstitutiven Zentrum der Homosexualität lokalisiert wurde (III, 35). Dieses in die ‚Natur' der männlichen homosexuellen Beziehung eingeschriebene ‚Weibliche' ließe zunächst eine subversive Aufwertung der Frau oder des ‚weiblichen' Mannes vermuten. Doch die Inklusion des ‚Weiblichen' wirkte sich weder innovativ auf die Konzeption dessen aus, was als ‚Frau' figuriert wurde (eine ‚männliche Frau' blieb undenkbar), noch emanzipatorisch auf die ihr zugeschriebene gesellschaftliche Funktion, so dass es angemessener zu sein scheint, von einer *Aneignung* des ‚Weiblichen' durch das ‚Männliche' zu sprechen.

Figurationen des Politischen

Der „echte" Mann als Großindividuum und Führer

Der sogenannte „echte Mann" herrscht nicht nur mittels Triebbeherrschung über sich selbst, sondern wird auch auf dem politischen Feld als „geborener Führer" bezeichnet. Wurde schon in der psychosexuellen Konstruktion des männlichen Ich die (Selbst-)Beherrschung eng an die Fähigkeit zum Schöpferischen gebunden, so wird auch im politischen Projekt die Äquivalenz zwischen Führer und Künstler über den Naturbezug legitimiert: Sie haben gemeinsam, dass sie „ihr Führertum in sich selber haben, als Bevorzugung und Ausersehung der Natur, und nicht vom Volk".[59] Männlichkeit und politische Führungsqualitäten bedingten sich gegenseitig. Der echte Mann war der echte Führer.

Die zentrale schöpferische Leistung des Männerhelden ist die Erschaffung einer homoerotischen bzw. homosozialen Gemeinschaft:

„[Die Jugend] mußte jetzt ihr Herz an einen anderen Mann hängen. [...] hiermit trat das ganze Wesen all solcher Vergötterungen zutage, das sonst verhängt und verdrängt ist: eine deutliche Verliebtheit. [...] es war wirkliche Erotik, die hier ausbrach. [...] Sie hatte überall den Ton des Heroischen an sich. Bezeichnend ist hierfür z.B. das Gedicht eines etwa 24jährigen Wandervogelführers, das an Jansen gerichtet ist, (oder an ‚Ihn', wie man vielfach kurz sagte) und das die Überschrift trägt: ‚Der heimliche König'" (II, 57f.).[60]

Hier deutet sich die grundlegende Abhängigkeit männlicher Gemeinschaft von einer Führerfigur, dem Männerhelden, an. Erst im Kontakt mit dem großen Einen werde die männliche Jugend wieder „lebenskräftig", steige „geistig einige Stufen höher" und werde zu „Persönlichkeiten", die nach dem „Persönlichen" strebten (II, 99). Das „große Ich" ermöglichte also die Bindung und Bildung anderer Persönlichkeiten an ihn/ihm. Und umgekehrt umfasste das männliche Großindividuum das Ganze der männlichen Gemeinschaft, denn, so Blüher, der Männerheld seinerseits „liebt das männliche Geschlecht,

---

59 Blüher, Hans, Führer und Volk in der Jugendbewegung (1. Aufl. 1917), Jena 1918, S. 4 (im Folgenden als „FV" zitiert).

60 Gemeint ist der Gutsbesitzer Wilhelm Jansen, der 1905 zum Altwandervogel gestoßen war und 1906 zum Nachfolger des Wandervogel-Gründers Karl Fischer avancierte. Zwei Jahre später wurde Jansen pädophiler Neigungen verdächtigt, musste seine Ämter niederlegen und wurde nach dem erneuten Aufflammen homophober Ressentiments 1910 aus der Wandervogelbewegung ausgeschlossen. Blühers zweiter Band der *Wandervogelmonographien* ergriff für Jansen Partei; Geuter, S. 38-41; Hergemöller, Mann für Mann, S. 395f.

aber nicht nur in der einzelnen Person, sondern auch in seiner Totalität" (M, 114). Das heißt, das autonome Selbstsein des Helden wurde als individuelle Allgemeinheit zu sichern versucht. Obwohl dieser Prozess um die Hervorbringung der einzelnen männlichen „Persönlichkeit" kreiste, wurde die Existenz dessen, was als autonome Persönlichkeit beschrieben und mit ihr angestrebt wurde, an Dominanz und Unterordnung, an eine vorbehaltlose, rücksichtslose Angleichung an etwas Höheres, an „Ihn", gekoppelt.[61]

Dieses erotisch legitimierte, wechselseitig repräsentative Verhältnis zwischen Männerheld und Gemeinschaft wurde in der Imitation eines ‚neu entdeckten' Griechenlands zum Mythos, der nicht einfach die griechische Kultur, sondern die Schöpferkraft der Griechen selbst nachahmen wollte. Seit der Romantik glaubte man, eine spezifische Nähe zwischen griechischer und deutscher Kultur bzw. Sprache herleiten zu können. Daran anknüpfend lehnte Blüher es ab, einen „hellenischen Himmel auf germanischer Erde" bauen zu wollen (III, 112). Eine simple Übernahme der „griechischen Volkseigentümlichkeit" müsse am „Charakter der germanischen Volksseele zerschellen" (III, 114). Vielmehr liege das zentrale Element einer „wahren" Griechenlandrezeption im „*Selbst*studium", in der Entdeckung der „antiken Erotik" als „dionysischem Phänomen" (II, 156). Indem im Dionysischen das ‚Schöpferische' selbst und nicht etwa die spezifische Ausformung der griechischen Lebensart nachgeahmt werden sollte, schien sich eine Möglichkeit unabgeleiteten Zustandekommens und reiner Ursprünglichkeit abzuzeichnen. Griechenland wurde zum nietzscheanisch inspirierten Vorbild einer Selbsthervorbringung - durch die eigenständige Kultivierung des „sexuellen Phänomens" (III, 114).[62] Eine solcherart romantisierte Griechenlandrezeption ließ den Männerhelden nicht nur als Vorbild einer einzigartigen Identität in Erscheinung treten, sondern *zugleich* als deren Hervorbringung.[63] Dieser autopoetische Vorgang

61 Individualismus verweist also auf folgendes Paradox: Einerseits kann er sich auf den kleinsten, unteilbaren Teil des Selbst („in-dividuum") beziehen und andererseits die heroische Extension eines Individuums auf Kosten anderer in sich schließen. Diese faschistische Variante des Individualismus ist dabei nur eine der verschiedenen Spielarten des Individualismus. Valesio, Paolo, The Beautiful Lie: Heroic Individuality and Fascism, in: Heller, Thomas C./Sosna, Morton/Wellbery, David E. (Hg.), Reconstructing Individualism, Autonomy, Individuality, and the Self in Western Thought, Stanford 1986, S. 163-183, S. 166, 174.

62 Damit grenzt sich die deutsche Rezeption des Griechenlandmythos explizit von der Griechenland-Renaissance in anderen europäischen Ländern ab. Blüher sieht es als vollkommen „mißglückt" an, den „hellenischen Geist" in Form des „sogenannten ‚Humanismus' wach zu erhalten" III, 112.

63 Lacoue-Labarthe, S. 131.

wird von Lacoue-Labarthe als integraler Bestandteil des „Nazimythos“ beschrieben: Es gehe eben nicht um die Wiederbelebung eines konkreten (germanischen) Mythos, den der Nazismus ins Programm seiner Ideologie übernommen hätte. Es gehe auch nicht um die Begeisterung für den *mythos* im Gegensatz zum *logos*. Der Nazismus bestehe ganz wesentlich in einer Hervorbringung, einer Ins-Werk-Setzung, einer Setzung des Politischen als *Formwillen*. In diesem Sinne war der Nazimythos (über Odin und Wotan hinaus) eine Macht zur Zusammenfassung von Kräften und zur Ausrichtung eines Individuums oder Volkes. Er war die Macht zu einer konkreten, verkörperten Identität, zu einem „arischen Typ als absolutes Subjekt“, der mit reinem Willen (zu sich) sich selbst will.[64] Dieser *Formwille*, der sich 1912 in psychoanalytischen Kategorien von Triebstruktur und Sublimierung äußerte, wurde von Blüher ab 1916 explizit ästhetisch gewendet. Nun sollten *eros* und *logos* im Männlichen eine „radikal-platonische“ Synthese eingehen, die zur Schau des „Göttlichen“ führe und zu einer „grundsätzlichen Neuschöpfung“ aus der „Idee des besten Staates“ heraus.[65] Dabei fungierte der (platonisch-) ästhetische Diskurs als Interdiskurs zwischen Psychoanalyse, Sexualwissenschaft und Politik.

Doch schon 1912 war der Führer nicht nur Verkörperung und Produzent seiner selbst, er verkörperte und produzierte auch die Gemeinschaft, sei es nun als homosozialer Männerbund oder national-rassische Gemeinschaft. Im Gegensatz zur Demokratie ringe dort, wo der Führer sein Volk hervorbringe, „das Menschentum *um sich selbst* und *schafft* Bewegung“ (FV, 5). Denn:

> „[Der Führer kennt den] Seelenzustand der ihn umgebenden Menschlichkeit und hat Mitleid mit ihm. Er weiß, daß es den Menschen, wenn sie lange ohne Führer gewesen sind, nicht möglich ist, in ihr eigenes Wesen einzutauchen und von dort her sich die Kraft und die Würde für ihr Leben zu holen. Er weiß, [...] daß sie allein überhaupt nichts haben, was ihrem Leben Gehalt und Würde zu geben vermag. [...] Der führerische Mann will also wirklich das Glück des Volkes: aber er hat vorher in seiner schöpferischen Phantasie das Volk selbst auf eine höhere Lage gehoben, die es eben erst zu diesem Glücke fähig macht, während der Volksvertreter das Volk nimmt, ‚wie es einmal ist‘, und es – vertritt“ (FV, 5).

Die in der neuzeitlichen Metaphysik angelegte Verunendlichung oder Absolutsetzung des Subjekts als einer einzigartigen Einheit stößt hier auf das Resultat ihrer Operation: Die Gemeinschaft vollendet den subjektiven Prozess

64 Lacoue-Labarthe, S. 131-138.

65 Blüher, Hans, Die Intellektuellen und die Geistigen (erstmals 1916), in: Ders., Philosophie auf Posten. Gesammelte Schriften 1916-1921, Heidelberg 1928, S. 71-96, S. 90.

par excellence, den Prozess der Selbsterschaffung und Selbstbildung, in einer Einswerdung mit dem Führer. Es ist also für das Verständnis dieses Führerkults nicht nur wichtig, auf die Identifikation der Masse mit dem ‚Führer' zu verweisen, sondern auch die Dimension der *Formierung* der verstreuten Einzelnen zum Kollektivsubjekt wahrzunehmen, in der sich die ‚Gemeinschaft' als Produkt der Schöpfertat eines Großsubjekts, das sie selbst *ist*, inszeniert. In diesem Prozess repräsentiert der ‚Führer' keine Transzendenz, sondern die reine Immanenz der Gemeinschaft.[66] Es geht um die Übereinstimmung und totale Beteiligung am Mythos des großen Selbst.

Nationale Selbstschöpfung durch antifeministische und antisemitische Exklusionen

Das politische Programm Blühers ging über die Selbsthervorbringung des männlichen Kollektivsubjekts inhaltlich kaum hinaus. So schien es dem Heroentum Karl Fischers keinen Abbruch zu tun, dass er als *der* Männerheld und Schöpfer des Wandervogels schlechthin keinen einzigen klaren politischen Gedanken hatte:

„[Karl Fischer trug, CB] eine Menge guter und trefflicher Gedanken in sich, verstand aber nicht recht, diese unter einem Ausdruck zusammenzufassen. So blieb sein Ideal stets ein nebelverhülltes, ein ungenanntes, das er vielleicht selber nie ganz gekannt hat [...] Man kam dem Mitleid nahe, wenn man diesen Mann mit seinem unbekannten Ideale ringen sah" (I, 102f.).

Trotzdem heißt es weiter: „Er wollte eine Bewegung schaffen, die für dieses Ideal da sein sollte, er griff mächtig in die Herzen einer Jugend [...]" (I, 103). Und diese „hatte das untrügliche Bewußtsein: hier steht einer vor dir, der mehr zu wollen imstande ist als du" (I, 104).

Wie beim „Oberbacchanten" der Jugendbewegung, so lässt sich beim Volksführer die „Romantik des Protests" nachzeichnen, denn als rein *über die Abgrenzung* gegen das demokratische System Definiertes entpuppt sich das *eigene System* als ungefüllt:

„Der führerische Mann wählt nach einem vorläufig noch höchst verborgenen und nur wenigen einsichtbaren Systeme der Wahl. Auch ihm selbst pflegt es verborgen zu sein, und man kann mit Sicherheit nur das eine sagen, daß es völlig verschieden ist von der Art wie die Menge einen Interessenvertreter wählt" (FV, 6).

---

66 Lacoue-Labarthe, S. 110f.

Zwar implizierte das staatstheoretische Konzept letztlich einen hierarchischen Führerstaat, doch die Frage, wie dieser Staat realisiert werden könne, blieb unbeantwortet. Die Konzeption der nationalen „Gemeinschaft" wurde zum strukturellen Äquivalent der ‚kleinen' männlichen „Gemeinschaft" der Jugendbewegung. Und in beiden Fällen war es das hypostasierte Individuum, das den Reiz und die Faszination auslöste. Aus dem *Männerhelden* wurde bereits 1917 in den Texten Blühers der *Führer*, aus den *Wandervögeln* die *Jugendbewegung* und aus der *männlichen Gemeinschaft* das *Volk*.

Das Zentrum, die sogenannte „gesunde Mitte" (II, 140) oder auch das „eigentlich Innere" des individuellen wie nationalen Selbst, ist charakterisiert durch *Männlichkeit* und *rassische Reinheit*, die sich in der Rede von der „Ungemischtheit" bereits andeutet:

„[E]s gehört zu den tiefsten und edelsten Befangenheiten solcher führerischer Männer, daß sie das Glück der menschlichen Gesellschaft, wozu also Männer und Frauen in gleicher Weise gehören, von der Seite des Männerbundes her und nur in seinem Rahmen denkend zu erreichen meinen. Sie beachten die Frauen kaum. Die Engheiten solcher Führer sind aber gründiger und weiser als die vorgeblichen Weitherzigkeiten der Volksvertreter, die von vornherein mit der gemischten Gesellschaft die Menschheit fördern wollen" (FV, 8).

Frauen, die schon im psychologischen Diskurs vom individuellen Subjektstatus exkludiert wurden, fielen entsprechend dieser Konzeption aus der Mitte der Gesellschaft heraus. Zwar gehörten auch Frauen zum Volk, doch wurden sie als vom Führer „nicht Beachtete" imaginiert. Entsprechend überschritt die Möglichkeit der weiblichen Jugend, als „vollberechtigte Mitwandernde" zur männlichen Wandervogeljugend zu stoßen, Blüher zufolge die Grenzen des Zumutbaren. Er ‚zitiert' aus dem Tagebuch eines männlichen Wandervogelführers, Hans Breuer:

„Sonntag, den 4. Oktober. Massendemonstration der heidelberger Maidlinschaft. Es sah fast aus wie eine Verschwörung, um die herrschenden Männerkreise aus dem W.V. zu pfeffern. In großen Haufen standen sie morgens auf dem alten Brückenkopfe, dabei nur ein Drittel Buben" (II, 132f.).

Diese weibliche „Verschwörung" wird von Blüher in ein Bild gefasst, das diese Grenzüberschreitung plastisch macht:

„Eine Hetze Mädels leistete sich Folgendes (wie ein Bericht lautet): Die Wanderschwestern mußten auch ihr Sonnwendfest haben. Sonnabend [...] war uns für die Feier das ganze Luftbad in den Ginsternbergen zur Verfügung gestellt. Als wir aber ankamen, fanden wir es verschlossen, Ich eilte um einen Schlüssel oder Dietrich zu holen. Als ich wiederkam, war man bereits über den Zaun hinweg. Findig war von innen eine Leiter geholt, von außen an das Dach der Halle gestellt und der Eingang war geschaffen. Als die Mütter sahen, wie ihre Töchter hinüberkletterten, faßten sie bald Mut und wählten diesen Weg. Die Sache war nun so romantisch, daß niemand mehr den Wunsch hatte, auf anderem Wege ins Innere zu gelangen" (II, 134).

Das, was für die männliche Jugend als Abenteuer und Romantik, als triebhaft natürliche Empörung gegen die Elterngeneration beschrieben wurde, sollte nach antifeministischer Vorstellung für die Mädchen undenkbar bleiben. Während die Jungen im Text Blühers geradezu ihre romantische Eigentlichkeit im Stehlen fanden, im Eindringen in fremde Räume, in die Gärten des Direktors, die Kulturräume der Väter,[67] blieb den Mädchen das Eindringen *ins Innere* auf direktem Weg verschlossen. Sie besaßen nicht den Schlüssel, das phallische Symbol des Zugangs zu Macht. Zugleich wurde der beschriebene Umweg für sie zu einem Abenteuer, das dem von männlichen Altersgenossen zu gleichen schien. Doch macht Blühers Rahmenkommentierung unmissverständlich deutlich, dass dieser weiblichen Übertrittshandlung der Geschmack der Fälschung und der Imitation des männlichen *Originals* anhaftete. 1915 nutzte Blüher das Bild vom Mond, der nur *abgeleitet*, die Sonne reflektierend leuchte:

„Niemand wird sein Leuchten bezweifeln, niemand den Wert seines Leuchtens – aber es ist nicht ursprüngliches Licht. So ist auch die Geistigkeit der Frau keine ursprüngliche Geistigkeit, sondern eine durchaus reflektierte" (Antifem., 87).

Auch wenn es nur ein *Luftort* ist, den die Mädchen erreichen wollten, fern der Gesellschaft, so ist dieser Grenzübertritt in Räume männlich definierter Freiheit etwas, das nicht geduldet werden konnte. Dies wird in Blühers zweiter Zitation Hans Breuers deutlich, der - in seiner Funktion als Bundesleiter einer gemischtgeschlechtlichen Wandervogelgruppierung - gerade das weibliche „Vagantentum" einschränken wollte. Ein Landheim sollte den Aufenthalt im Freien begrenzen und den Bereich umreißen, in welchem die weibliche Jugend ihre „Sonderinteressen" pflegen und von „rauhen Gewaltmärschen" der Jungen verschont bleiben würde (II, 135). Obwohl Frauen der Innenraum des Hauses zugesprochen wurde, konnten sie nicht ins eigentlich Innere gelangen. Denn diesen Raum des „Eigentlichen" besetzte die männliche Jugend. Die unbegrenzte Revolution der Jungen gegen die Väter grenzte somit zwar alle Gebiete der Kultur ein, wollte jedoch die Emanzipation der Frauen erneut ausschließen.

67 Es galt „als Ruhm, auf möglichst gefahrvollem Wege irgend etwas zu stehlen [...]. Sie [...] überkletterten Zäune und brachen mit besonderer Vorliebe in den Garten des Direktors ein", I, 74.

Indem die Grenzübertritte der Frauen die Unmöglichkeit der Homogenität der männlichen Selbstkonstitution verkörperten, mutierten sie zu einer nationalen Bedrohung, die die Nation weit tiefer erschüttern konnte als die Auseinandersetzung mit dem kriegerischen Gegner, dem gegenüber die (tödlichen) Grenzen vergleichsweise klar und leicht zu ziehen waren. Bereits die Griechen wurden, so Blüher, in „ihrem wichtigsten Zeitalter" „von Fragen bestürmt", die „geeignet waren, sie selbst und ihr Inneres aufs Tiefste zu erregen: sie rangen mit dem Werte des Weibes [...] das ist kein leichtes Stück für ein kleines oasenartiges Volk [...], das doch eben die Perser besiegt hatte" (III, 117). Mit dieser Einschätzung stand Blüher nicht allein. Wurde doch 1912 die Gründung des *Deutschen Bundes zur Bekämpfung der Frauenemanzipation* durch den Weimarer Oberlehrer Friedrich Sigismund als großes Medienereignis gefeiert. Der Wahlsieg der SPD heizte die Stimmung noch zusätzlich an. Mit seiner Schrift *Was ist Antifeminismus*, die an prominenter Stelle als Beilage zu Sigismunds Pamphlet gegen das *Frauenstimmrecht* erschien, mischte sich Blüher direkt in die politische Debatte ein.[68]

In ähnlicher und doch existenziellerer Weise wurden Juden aufgefordert, sich zu markieren, ihre Andersheit zu kennzeichnen und damit ihre Reghettoisierung (in der nationalen Einheit) zu ermöglichen. Karl Fischer „verlangte", dass „[die Juden] sich zusammentäten, so daß Nation neben Nation stände und jeder wüßte, wo der andere sei" (I, 102). Dieses In-Opposition-Setzen „der Juden" ließ (im Gegensatz zur flexibleren Exklusion von Frauen) keine Grenzüberschreitung mehr zu. Fünf Jahre später attestierte Blüher den Juden darüber hinausgehend eine grundsätzliche „Männerbundschwäche",[69] d.h. die generelle Unfähigkeit zur *Bildung nationaler Einheit* als einer homoerotischen bzw. -sozialen Gemeinschaft. Juden wurden mit dieser Zuschreibung von Bindungsunfähigkeit zum Anderen der männlichen Gemeinschaft hypostasiert, zum Synonym von Dissoziiertheit, Differenz und Mangel. Sie fungierten als das letztlich auch geschlechtlich unverortbare *Negativ* der Männergemeinschaft. Weder konnte der jüdische Mann zu einer ‚echten Frau' werden, noch erfüllte er Blühers Kriterien ‚echter Männlichkeit'. Juden fehle nicht nur die bindende Eroskraft, sondern auch die richtige Mischung von

68 Sigismund, Friedrich, Frauenstimmrecht, Leipzig 1912; als Beilage: Blüher, Hans, Was ist Antifeminismus? Sonderblätter des Aufbruchs 1 (4 Bl. geheftet). Vgl. Planert, Antifeminismus, S. 119f.

69 Blüher, Hans, Die Rolle der Erotik in der männlichen Gesellschaft, Jena 1917, S. 281 [in späteren Aufl. mit dem Zusatz: I. Band. Der Typus inversus. Im Folgenden abgekürzt als „RdE I"].

eros und *logos*, der Grundlage männlicher Schöpferkraft und Geistigkeit schlechthin (RdE I, 212). ‚Das Jüdische' wurde als *Ursache* der ihm begegnenden Aggression wahrgenommen, wo es der Verkörperung der unmöglichen Homogenisierung der Gesellschaft diente.[70] Denn erst die radikale Differenz zum Jüdischen konstituierte und legitimierte die eigene nationale Existenz.[71]

Dieses Phantasma der Reinheit hatte eine psychotische Struktur: Der verworfene Signifikant kehrte im Realen als Halluzination oder paranoide Konstruktion zurück, als Verfolger, böser Vater, als Jude.[72] Im Metaphernsystem des rassistischen Biologismus mutierte der andere jüdische oder andere geschlechtliche Körper u.a. zum krankmachenden Fremdkörper, zur Bedrohung der Volksgesundheit und der Reinheit der eigenen Gruppe, die es auszumerzen galt.[73] Dieses Denksystem markierte einen „deutsch-patriotischen Juden oder Halbjuden" bereits 1912 als „lächerliche" „Karikatur", dessen „Auswüchse und Verkrüppelungen" einen „Mangel an echter Rasse" offenbarten (II, 188).[74]

Nicht zufällig wurden Juden dabei zugleich als weiblich formiert.[75] Juden und Frauen fungierten als strukturell kongruente Metaphern des Peripheren, Ungesunden, Dissoziierten und der nicht-geschlossenen Persönlichkeit. Dem Männerheld wurde dagegen explizit eine „geschlossene Konstruktion einer

---

70 Lipowatz, S. 179f. Die Massenvernichtung der Juden geht nach Lacoue-Labarthe über diese Logik hinaus, sofern die Juden weder dem Innerhalb noch dem Außerhalb der Gemeinschaft zugezählt werden, d.h. buchstäblich unverortbar sind oder von vornherein unter dem Verbot stehen, überhaupt zu existieren. Lacoue-Labarthe, S. 212.

71 Im Gegensatz zu dieser Homogenisierung der eigenen Gruppe steht das Bemühen um die Herstellung oder Aufrechterhaltung gesellschaftlicher Hierarchien und natürlicher ewiger Differenzen, etwa zwischen den Klassen oder auch zwischen Führer und Volk. Der Rassist denke, so Lipowatz, in den Kategorien narzisstischer Einverleibung und totaler Identifikation (mit der Nation oder dem Führer) oder totaler Differenz; Lipowatz, S. 239.

72 Lipowatz, S. 171.

73 Planert, Der dreifache Körper, S. 563.

74 Der diskursive Umgang mit Devianz verschob sich dabei von physiognomischer Stigmatisierung und Pathologisierung hin zur gesamtgesellschaftlichen Bedrohung; Planert, Der dreifache Körper, S. 561.

75 Die strukturelle Kongruenz von Antisemitismus und Antifeminismus hat eine lange Tradition. Die Kombination der Elemente männlich/weiblich und nichtjüdisch/jüdisch konnte historisch variieren, wobei der abgewertete Geschlechtscharakter konstant mit dem Jüdischen verbunden wurde; Le Rider, Jacques, Der Fall Otto Weininger. Wurzeln des Antifeminismus und Antisemitismus, Wien u.a. 1985, S. 191-193.

einheitlichen Persönlichkeit“ (III, 105) zugesprochen, analog zu den „geschlossene[n] Männerbünde[n]“ (Antifem., 88).[76] Frauen und Juden wurden so gleichsam zur Verkörperung der „Peripherie“ der politischen Nation, die nach pseudo-physikalischer Logik zwangsläufig durch eine nicht genauer charakterisierte „Bewegung“ aus der Mitte herausgeschleudert werden würde: „Was an der Peripherie liegt, hat bei eintretender Bewegung das Verlangen, die Mitte zu fliehen“ (FV, 9).

Dass diesem angeblichen „Flucht-Verlangen“ der Juden (das diese zu *Abfall(enden)* werden ließ)[77] bereits ab 1922 in den Texten Blühers mit der Androhung der Vernichtung, einem jüdischen „Weltpogrom“, nachgeholfen wurde,[78] unterscheidet die Ausgrenzung des ‚Jüdischen‘ radikal von der des ‚Weiblichen‘. Ute Planert vermutet, dass Frauen - im Gegensatz zu anderen als deviant markierten Gruppen - weder aus dem ‚Volkskörper‘ noch aus dem Projekt der ‚Volksgesundheit‘ vollkommen ausgeschlossen werden konnten, und zwar wegen ihrer generativen Fähigkeiten. Für diese These spricht, dass Frauen, die sich dem Reproduktionsdiktat nicht unterwerfen wollten, ebenfalls als „biologische Gefahr“ galten und als „undeutsch“ markiert wurden.[79]

Zugleich verwies diese radikale Abgrenzung von dem geschlechtlich und rassisch Anderen auch auf die Umkehrung des gewaltsamen Ausschlusses von Homosexuellen aus „der Gesellschaft“, die die „Invertierten“ allererst als strafrechtlich verfolgte und gesellschaftlich geächtete Gruppe konstituierte. So lässt sich die starke affektive Besetzung von Exklusionsstrategien gegen Frauen und Juden u.a. auch als Strategie zur Normalisierung von Inversion lesen.[80] Eine ähnliche Funktion mag den antisemitischen Formationen in den

---

76 Vgl. auch Benno Wagner, der die zeitgenössische Konstruktion einer Analogie von Judentum und (deterritorialisiertem) Nomadentum aufzeigt. Blüher selbst markierte 1922 eine Wende zu einem neuen Antisemitismus, indem er ein Element „totaler Unberechenbarkeit“ hinzufügte, das Juden in eine „Fluchtmasse“ verwandelte, die sich irreversibel von den nichtjüdischen Bevölkerungen dissoziiert habe und sich *nur* insoweit wieder assoziieren könne, als es ihr der *Zionismus* ermögliche. Wagner, Benno, Das Gesetz der Wüste und das Gesetz der Großen Zahl. ‚Jüdische Wanderung‘ zwischen 1887 und 1922, in: kultuRRevolution, as-soziation und interdiskurs. Zeitschrift für angewandte Diskurstheorie, 38/39 (1999), S. 35-43.

77 Was außerhalb des „organischen Ganzen“ liegt, tendiert dazu, als „Abfall“, als Verräter oder Dissident angesehen zu werden. Der „Abfall“ als das „böse Objekt“ verdichtet die Aggressivität der Gruppe und spielt eine Rolle für ihre (imaginäre) Konsistenz: Der Abfall ist der Doppelgänger des Führers. Lipowatz, S. 89.

78 Blüher, Hans, Secessio judaica. Philosophische Grundlegung der historischen Sicht des Judentums und der antisemitischen Bewegung, Berlin 1922, S. 57.

79 Planert, Der dreifache Körper, S. 567, Anm. 109.

80 Bruns, S. 107f.

Diskursen der emanzipatorischen Frauenbewegung zugrunde liegen. Die von (imaginärer oder realer) Exklusion bedrohten Gruppen tendierten zumindest teilweise dazu, gesellschaftlich akzeptierte Exklusionen zu verdoppeln und zu reproduzieren, um ihre eigene Gruppe zu stärken und vermeintlich an die Gesellschaft anzubinden, ja sich in deren Zentrum einzuführen. So betonte Blüher, dass die Jugendbewegung kein Zweckverband „von außen her" sei. Vielmehr habe sie in fünfzehn Jahren „in so rauschender Weise von ihrem eignen Leben Zeugnis abgelegt" (FV, 9), dass sie ein Recht darauf erworben hätte, sich eigenmächtig bzw. selbstschöpfend im Zentrum, in der *Mitte* der Gesellschaft, zu platzieren. Das „Gediegenste" an ihr bleibe nur noch, in den

> „Strudel der Mitte des Menschentumes zu tauchen [...]. Wer das nicht einsieht, wer meint, die Mitte würde durch den Umkreis geschaffen: zu dem können wir nicht reden. Es gibt keine Mittel, solche zu überzeugen, es gibt nur Mittel, sie zu bekämpfen" (FV, 9).

Durch die scharfe Abgrenzung von anderen Exkludierten wird die Imagination der eigenen Teilhabe an einem ‚Ganzen' im Binnenraum der Gesellschaft aufrechterhalten. Blüher formuliert die Bedrohung für Homosexuelle so weitgehend, dass er schreibt, die Gesellschaft wolle die Invertierten „mit Stumpf und Stiel ausrotten" (III, 111). Durch die proklamierte kulturelle Überlegenheit des Invertierten wird die „Freigabe des invertierten Liebeskomplexes zu einer psychosanitären Forderung im Interesse des Volkstumes" (III, 111). Daher auch die Betonung der eigenen *Originalität*, des Anspruchs auf den *Ursprung*, den Kern- und Schutzraum der nationalen Gemeinschaft in den Texten Blühers, die mit der verbreiteten Suche nach (bzw. dem Wahn) einer Absicherung nationaler Identität in einer absoluten Individualität strukturell kongruent war.[81]

Resümee

Zusammenfassend lässt sich sagen, dass das Projekt Blühers in einer Selbstschöpfung und Selbstthematisierung des sich selbst gewissen, männlichen, rassisch reinen *Großindividuums* liegt, das - mit dem Volk identifiziert - zu-

81 Möglicherweise war dies auch eine der Funktionen des jüdischen Antisemitismus, der von Theodor Lessing als „jüdischer Selbsthaß" (1930) bezeichnet wurde; ders., Der jüdische Selbsthaß, Berlin 1930 (Neuausgabe München 1980); Le Rider, S. 180-219, bes. S. 205.

gleich dieses Volk *ist* und dadurch dieses als Eigentliches, Einzig*artiges* konstituiert.

Problematisch ist jedoch, dass die individuelle Eigentümlichkeit keine solche ist ohne die relative Differenz zu anderen Individuen; nur durch *diese* wird jene konstituiert und wahrnehmbar. Umgekehrt kann es aber auch keine wirkliche (d.h. qualitative und nicht nur quantitative) Pluralität geben, ohne die Individualität des Einzelnen zu akzeptieren. Die krampfhafte und tödliche Bemühung um Differenz zu den Ausgegrenzten mag der Ahnung dieses Konflikts geschuldet sein. Doch da dem ‚Weiblichen' wie dem ‚Jüdischen' die „Eigenheit als Eigentum" radikal aberkannt wurde, führte der „Kampf um die Eigen*artigkeit*" letztlich nicht zum Ziel. Das Absehen von der Differenz zerstört die Individualität und lässt das Einzelne und das Allgemeine nach der einen oder nach der anderen Seite hin in kurzschlüssiger Weise zusammenfallen.[82] Die politische Konsequenz der Ausschaltung der Pluralität hat Hannah Arendt auf die klare Formel gebracht: „Dem Terror gelingt es, Menschen so zu organisieren, als gäbe es sie gar nicht im Plural, sondern nur im Singular, als gäbe es nur einen gigantischen Menschen auf der Erde."[83]

In diesem Sinne möchte ich zu meiner Ausgangsthese zurückkommen, dass gerade das Streben nach Gemeinschaft strukturell mit der Figuration eines singulären, einzigartigen Subjektstatus verbunden war, mit der phantasmatischen Produktion eines besonderen Individuums, das seine Singularität an ontologische Allgemeingültigkeit koppelte und im männlich figurierten Großindividuum seine Gestalt fand. Gerade das Fehlen eines Konzepts für die Verbindung von einzelnen Individuen - außerhalb des Aufgehens im männerbündischen Großindividuum - erwies sich als problematisch. Die ständig reproduzierte Wesensgleichheit von *großem Individuum* als Volk, Nation, Staat und *kleinem Individuum* führte gerade nicht zu einer Aufhebung der Ohnmachtserfahrung und zu einer Integration des Einzelnen in Gemeinschaft, weil das große Individuum die Kontingenz des Individuellen auf einer in seiner Größenordnung verschobenen Ebene teilte.[84]

Erst wenn die eigene Gesellschaft oder nationale Gemeinschaft nicht als ein geschlossenes Ganzes imaginiert wird, um dessen originäre Inbesitznahme

---

82 Klinger, S. 182. Dieses Phänomen der *„illegitimen, unbegründeten Identität* des Besonderen oder des Individuellen mit dem Allgemeinen oder dem Universellen" bezeichnet Lipowatz als Strukturmerkmal jeder Ideologie; ders., S. 152.

83 Arendt, Hannah, Elemente und Ursprünge totalitärer Herrschaft, München 1986, S. 714.

84 Klinger, S. 183.

und Schöpfung (als singuläre Identität) zu konkurrieren ist, kann auf radikale Ausgrenzungsstrategien verzichtet werden. Aus *totalen* Differenzen heraus könnte sich der Blick auf reale Differenzen (er)öffnen, die die *absolute* Exklusion des Anderen (paradoxerweise) zu unterwandern und aufzubrechen vermögen.

Die Demokratie ist weiblich

Zur Bildpolitik der NSDAP am Beispiel nationalsozialistischer Karikaturen in der Weimarer Republik

Katrin Schmersahl

Seit der Zeit der europäischen Nationalstaatsbildung verlor die bildende Kunst mehr und mehr ihren Herrschaft legitimierenden Charakter. An ihre Stelle traten neue Bildmedien, auf die – basierend auf neuen Reproduktionstechniken – nunmehr in politischen Zusammenhängen zurückgegriffen wurde. Vor allem der Erste Weltkrieg bescherte den neuen Medien ihren Durchbruch. Erstmals wurden visuelle Medien im großen Umfang gezielt als Propagandamittel eingesetzt; eine Entwicklung, die sich in der Weimarer Republik fortsetzte. Die Parteien nutzten im Kampf um die politische Macht neben Plakaten, Transparenten, Symbolen und Fotografien satirische und illustrierte Zeitschriften. Eine exemplarische Analyse dieser visuellen Medien kann nicht nur dazu verhelfen, mehr über die Vorstellungen politisch-kultureller Normalität und die politischen Kommunikationsformen der Weimarer Zeit zu erfahren. Vielmehr kann die „visuelle Aufklärung der Vergangenheit"[1] darüber hinaus dazu beitragen, die Grundlagen für eine Kritik heutiger Bilderwelten zu liefern.

Kulturgeschichtlich inspirierte Fragestellungen zielen auf die Produktion von Bedeutung und die Konstruktion von kollektiven Identitäten und verweisen damit auf den Bereich der Repräsentationen.[2] Studien aus dem Bereich der Geschlechterforschung haben nun darauf hingewiesen, dass die Frau als Repräsentationsbild zwar beständig anwesend ist, nicht aber als historisch handelndes Subjekt oder gar als Produzentin von kulturellen Bedeutungssystemen.[3] Eine historische Analyse von Bildern als Repräsentationen des

1 Paul, Gerhard, Der Aufstand der Bilder. Die NS-Propaganda vor 1933, 2. Aufl., Bonn 1992, S. 11.

2 Vgl. Chartier, Roger, Einleitung: Kulturgeschichte zwischen Repräsentationen und Praktiken, in: ders.: Die unvollendete Vergangenheit. Geschichte und die Macht der Weltauslegung, aus dem Franz. von Ulrich Raulff, Frankfurt a. M. 1992, S. 7-23.

3 Vgl. zusammenfassend Bronfen, Elisabeth, Weiblichkeit und Repräsentation – aus der Perspektive von Semiotik, Ästhetik und Psychoanalyse, in: Bußmann, Hadumod / Hof, Renate (Hg.), Genus. Zur Geschlechterdifferenz in den Kulturwissenschaften, Stuttgart 1995, S. 409-441.

Sozialen und Politischen wird diese geschlechtsspezifische Differenz im Netzwerk der Repräsentationen zu berücksichtigen haben. Es gilt mithin, sowohl die symbolischen Dimensionen von Herrschaft[4] als auch die geschlechtsspezifischen Implikationen politischer Repräsentationsmodi zu analysieren.[5]

Im Mittelpunkt dieses Artikels steht die Analyse von nationalsozialistischen Karikaturen zum Ende der Weimarer Zeit. Zu fragen ist, inwiefern die Nationalsozialisten auf geschlechtsspezifische Bildtopoi rekurrierten, um sich selbst und den politischen Gegner darzustellen. Dabei wird es vor allem darum gehen, die visuellen Konstruktionen im Hinblick auf deren ikonographische Traditionen sowie politischen Funktionen zu analysieren. Die bislang vorliegenden Arbeiten zur NS-Bildpolitik in der Weimarer Republik lassen in ihrer Konzentration auf klassische politikgeschichtliche Felder nämlich nicht nur die kritische Reflexion eines traditionellen Politikbegriffs vermissen, sondern auch die Berücksichtigung geschlechterpolitischer Fragestellungen. Hinzu kommt, dass dem Medium der Karikatur und damit auch den von den Nationalsozialisten zu Ende der Weimarer Zeit gegründeten satirischen Zeitschriften bislang kaum Beachtung geschenkt wurde.[6]

Zu Beginn des Jahres 1931 gründeten die Nationalsozialisten gleich zwei eigene Karikaturzeitschriften - *Die Brennessel* und *Die Zeitlupe* -, mit deren Hilfe man den Kampf gegen jene Blätter zu führen gedachte, „die durch ihre satirisch-pazifistischen Schmierereien und der Verhöhnung und versuchten Lächerlichmachung der nationalsozialistischen Bewegung und ihrer Führer in mehr gemeiner als witziger Form ihr Leben gefristet“ hätten. Die politische

4 Vgl. Bourdieu, Pierre, „Die männliche Herrschaft“, in: Dölling, Irene / Krais, Beate (Hg.), Ein alltägliches Spiel. Geschlechterkonstruktion in der sozialen Praxis, Frankfurt a. M. 1997, S. 153-217.

5 Vgl. Wenk, Silke, Geschlechterdifferenz und visuelle Repräsentation des Politischen, in: Frauen Kunst Wissenschaft 27 (1999), S. 25-42. Zur allegorischen Visualisierung von Nation vgl. z.B. Schade, Sigrid / Wagner, Monika / Weigel, Sigrid (Hg.), Allegorien und Geschlechterdifferenz, Köln u.a. 1994; Wenk, Silke, Der öffentliche weibliche Akt. Eine Allegorie des Sozialstaates, in: Metis 1993, H.1, S. 41-56.

6 Selbst in dem bislang unübertroffenen Überblickswerk von Haese, Klaus / Schütte, Wolfgang U., Frau Republik geht pleite. Deutsche Karikaturen der zwanziger Jahre, Leipzig 1989 zur politischen Karikatur in der Weimarer Republik sind beide Zeitschriften lediglich im Anhang vermerkt. Zur nationalsozialistischen Karikatur bislang nur Grünewald, Dietrich: Bemerkungen zur nationalsozialistischen Karikatur, in: Ästhetik und Kommunikation 6 (1975), S. 85-90; Paul 1992, S. 143-145.

Karikatur sei von jeher „eine scharf geschliffene Waffe des Angriffs im politischen Daseinskampfe“ gewesen, die man jedoch allzu lange den Feinden der deutschen Nation überlassen habe.[7] In der Tat wurde das Medium der Karikatur traditionell als Mittel oppositioneller Kritik sowohl des sich emanzipierenden Bürgertums als auch von Seiten der Arbeiterbewegung eingesetzt. Mittels einfacher visueller Deutungsmuster konnten gesellschaftliche Verhältnisse und Ideen kritisiert werden, indem diese in Bildern eine Zuspitzung erfuhren. Die Karikatur wurde aber auch als Medium politischer Propaganda genutzt: Insbesondere im Ersten Weltkrieg avancierte sie zum kriegerischen Nebenschauplatz und diente der Abwertung des Gegners sowie der Fixierung des Feindbildes.[8] Hier konnten die Nationalsozialisten mit ihren Karikaturen anknüpfen. Zwar hatten sie auch schon vor 1931 die Karikatur als Propagandamittel genutzt: Vor allem die Karikaturen von „Mjölnir“ (d.i. Hans Schweitzer) und „Fips“ (d.i. Philipp Rupprecht) in Goebbels Zeitschrift *Angriff* und Streichers *Stürmer* sind noch heute berühmt-berüchtigt.[9] Auch im *Völkischen Beobachter* und im *Illustrierten Beobachter* erschienen zu Ende der zwanziger Jahre immer häufiger Karikaturen. Doch verfügten die Nationalsozialisten - im Gegensatz zum linken und liberalen politischen Spektrum, das mit einer Reihe satirischer Zeitschriften aufwarten konnte – bis Ende 1930 über keine eigene Karikaturzeitschrift.[10] Erst 1930 regte Hitler, überzeugt von der Agitationsfunktion der Karikatur, die Gründung einer satirisch-politischen Zeitschrift an, so dass im Januar 1931 erstmals *Die Brennessel* im Münchner Parteiverlag *Franz Eher Nachf. GmbH* erscheinen konnte.[11] *Die Brennessel* erreichte bald eine Auflage von 80.000 Stück und erschien ab April 1931 vierzehntägig, ab Oktober 1931 wöchentlich. Für Bilder und Text zeichnete Karl Prühäußer verantwortlich. Während *Die Brennessel* erst 1938 im *Simplicissimus* aufging, dessen Aufmachung übrigens bei ihrer Gründung Pate gestanden hatte, überlebte *Die Zeitlupe* allerdings bereits das folgende

7 Die Brennessel 1931, 17, S. 2000.

8 Vgl. Kessemeier, Siegfried, Politische Geschichte und Bildsatire, in: ders. (Hg.), Ereignis Karikaturen. Geschichte in Spottbildern 1600-1930, Westfälisches Landesmuseum für Kunst und Kulturgeschichte, Münster 1928, S. 15-26, hier S. 16f. Zur politischen Karikatur allgemein vgl. Unverfehrt, Gerd / Guratsch, Herwig / Stolz, Christoph, Bild als Waffe: Mittel und Motive der Karikatur in fünf Jahrhunderten, München 1994.

9 Vgl. zu Hans Schweitzer Paul 1992, S. 161ff und zu Philipp Rupprecht ebenda, S. 157f.

10 Für einen Überblick vgl. Haese / Schütte 1989.

11 Vgl. Grünewald 1975.

Jahr nicht mehr. *Die Zeitlupe* trug den programmatischen Untertitel *Politisch-satirische Wochenschrift* und wurde von dem Leipziger Verlag *Auf gut deutsch GmbH* unter der Leitung von Erich Helm herausgegeben und erschien von Anbeginn an wöchentlich.

Der neue Mensch ist ein Mann: Zur Identifizierung von Männlichkeit, Nation, Volk und NSDAP

Über dem Titelbild des bekannten nationalsozialistischen Karikaturisten und Plakatgestalters Mjölnir (d.i. Hans Schweitzer), das die erste Ausgabe der *Brennessel* schmückt, ist in Großbuchstaben lediglich das Wort „WIR" zu lesen[12] **(Abb. 1)**. Das Bild selbst zeigt einen bedeutungsperpektivisch erhöhten Mann, der mit heroischer Gelassenheit breitbeinig über seine Gegner, die gekrümmt unter seinen Füßen hocken und über Tituli an der Kleidung als Marxismus und Reaktion ausgewiesen sind, triumphiert.[13] Die rechte Hand zum Schwur erhoben, die linke zur Faust geballt, symbolisiert die Figur finstere Entschlossenheit und Zielstrebigkeit. Der Kopf des herkulischen Mannes ist von einer strahlenden Sonne hinterfangen, deren Zentrum ein helles Hakenkreuz bildet. Die Hakenkreuzsonne, die als Symbol in der NS-Bilderwelt immer wieder anzutreffen ist und auf die Wurzeln der NS-Ideologie in der Neuromantik der Jahrhundertwende verweist, symbolisiert eine mit naturgesetzlicher Kraft anbrechende, leuchtende Zukunft.[14] Der Weg zu diesem „Morgen" ist durch Hakenkreuzfahnen markiert, die perspektivisch auf den männlich-markanten Kopf des NS-Riesen zulaufen. Die Bildunterschrift „Was rechts, was links, veraltete Begriffe: Ein neuer Mensch formt eine neue Zeit!" weist die in martialischer Männlichkeit über ihre Gegner aufragende Gestalt als den erwarteten neuen Menschen aus, der allein dazu befähigt ist, sich über die parteipolitischen Auseinandersetzungen der Weimarer Republik zu erheben. Dieser neue Mensch ist - im Gegensatz zu den karikaturistisch verzerrten Gestalten am Boden - ein *heroischer* Mann, der in seiner idealisierten aggressiven und zugleich disziplinierten Männlichkeit gleichzeitig das „WIR" der nationalsozialistischen Bewegung und deren Ziel, die nationalsozialistische Herrschaft, symbolisiert. Diese bedeutungsperspektivisch erhöhte Leitfigur

12 Zu Hans Schweitzer vgl. Paul 1992, S. 161ff.
13 Zum Begriff „Bedeutungsmaßstab" vgl. Unverfehrt u.a. 1984, S. 250.
14 Zum Hakenkreuz als Sinnbild der Sonne und als das Symbol der nationalsozialistischen Bewegung vgl. zusammenfassend Paul 1992, S. 167ff.

des Nationalsozialismus, typisch für die NS-Plakatpropaganda in der Weimarer Republik, hat ihre ikonographischen Ursprünge unübersehbar im Arbeiterriesen der Arbeiterbewegung.[15] Typisch für den Stil vor allem der NS-Plakatpropaganda ist auch das antithetische Kampfbild, das das idealisierte Bild des neuen Menschen seinen Feinden gegenüberstellt. Diese Darstellungsform hatte ihre Wurzeln sowohl in der Durchhaltepropaganda des Ersten Weltkrieges als auch in Freicorpsplakaten der Weimarer Republik.[16] Der auch hier übliche heroisch-deutsche Übermensch wurde nun gewissermaßen mit der Figur des Arbeiterriesen vereint, so dass letzterer in der NS-Propaganda das Paradoxon eines arisierten Arbeiterriesen, den NS-Riesen, ergab. Dieser war durch „arische" Charakteristika codiert: längliche Schädelform, die ins Soldatische stilisierten Gesichtsformen und blonde Haare.[17]

In der Karikatur „WIR" fallen das Volk, die – im Selbstverständnis der Nationalsozialisten einzig wahrhaft nationale - nationalsozialistische Partei bzw. Bewegung sowie deren Ziel, die NS-Herrschaft, symbolisch in einer Figur zusammen. Dass der NS-Riese das Volk symbolisieren soll, macht spätestens ein Blick auf Karikaturen deutlich, in denen er durch Tituli ausdrücklich als das deutsche Volk gekennzeichnet ist.[18] Diese Identifizierung von Männlichkeit, Nation, Volk und (nationalsozialistischer) Politik hat ihre Wurzeln in der historischen Gleichzeitigkeit, mit der der Nationalismus als Bewegung parallel zur modernen Konstruktion von Männlichkeit entstanden war. Beide hatten ihren Ursprung in den napoleonischen Kriegen, so dass auch die Verbindung von Maskulinität und Militarismus stets gegenwärtig war.[19] Dabei

15 Vgl. Unverfehrt u.a. 1984, S. 252; Janusch, Daniela, Die plakative Propaganda der Sozialdemokratischen Partei Deutschlands zu den Reichstagswahlen 1928 bis 1932, Bochum 1989, S. 111. Zum Begriff Arbeiterriese vgl. Hiepe, Richard, Riese Proletariat und große Maschinerie. Revolutionäre Bildvorstellungen in der Kunst des 19. Jahrhunderts, in: Kunst und Unterricht, Heft 19, 1923, S. 22.

16 Vgl. Schockel, Erwin, Das politische Plakat. Eine psychologische Betrachtung, 2. Aufl., München 1939; Politische Plakate der Weimarer Republik 1918-1933, Ausst. Kat., Hessisches Landesmuseum Darmstadt 1980, S. 12f; Diederich, Reiner / Grübling, Richard / Bartoll, Max, Die rote Gefahr. Antisozialistische Bildagitation 1918-1976, Berlin 1976.

17 Vgl. hierzu die Analyse des NS-Plakates „Wir Arbeiter sind erwacht" (Felix Albrecht, 1932), in: Politische Plakate der Weimarer Republik 1980, S. 130.

18 Vgl. z.B. Illustrierter Beobachter 1931, 1, S. 7.

19 Vgl. Hagemann, Karen, „Heran, heran, zu Sieg oder Tod!" Entwürfe patriotisch-wehrhafter Männlichkeit in der Zeit der Befreiungskriege, in: Kühne, Thomas (Hg.), Männergeschichte - Geschlechtergeschichte: Männlichkeit im Wandel der Moderne, Frankfurt a. M. / New York 1996, S. 51-68; Frevert, Ute, Soldaten,

spielte die visuelle Vermittlung dieser neuen Ideale von Anbeginn und in mehrfacher Hinsicht eine konstitutive Rolle: Zum einen übernahm der Nationalismus das maskuline Stereotyp als ein Mittel der Selbstdarstellung, dem das von Winkelmann definierte neoklassizistische Ideal des männlichen Körpers zugrunde lag, welches den neuen Anforderungen militärischer Disziplin entsprach.[20] Zum anderen begann mit der zweiten Hälfte des 18. Jahrhunderts ein in hohem Maße visuell ausgerichtetes Zeitalter, das Disziplinen wie Physiognomie und Anthropologie hervorbrachte: Hier wurde eine Norm des Menschen konstruiert, die Moral und Schönheit miteinander verband und den männlichen Körper zum Ausgangspunkt nahm. Nicht zuletzt die sich spezialisierenden und professionalisierenden Disziplinen der Medizin trugen im Laufe des 19. Jahrhunderts erheblich dazu bei, diesen Prozess voranzutreiben: Die Konstruktion von Normalität erfolgte über die Ausformulierung rassistischer, antisemitischer und sexistischer Stereotype.[21] Sowohl deren Inhalte als auch die Formen ihrer Vermittlung spiegeln die verhängnisvolle Tendenz wider, Menschen mithilfe *ästhetischer* Bewertungsmaßstäbe zu kategorisieren.[22]

Staatsbürger. Überlegungen zur historischen Konstruktion von Männlichkeit, in: Kühne 1996, S. 69-87; Frevert, Ute, Nation, Krieg und Geschlecht im 19. Jahrhundert, in: Hettling, Manfred / Nolte, Paul, Nation und Gesellschaft in Deutschland. Historische Essays, München 1996, S. 151-173; Frevert, Ute (Hg.), Militär und Gesellschaft im 19. und 20. Jahrhundert, Stuttgart 1997.

20 Vgl. hierzu ausführlich Mosse, George L., Das Bild des Mannes. Zur Konstruktion der modernen Männlichkeit, Frankfurt a. M. 1997.

21 Vgl. Schmersahl, Katrin, Medizin und Geschlecht. Zur Konstruktion der Kategorie Geschlecht im medizinischen Diskurs des 19. Jahrhunderts, Opladen 1998; Hödl, Klaus, Die Pathologisierung des jüdischen Körpers. Antisemitismus, Geschlecht und Medizin im Fin de Siècle, Wien 1997; Mosse, George L., Die Geschichte des Rassismus in Europa, 2. Aufl. Frankfurt a. M. 1990; Gilman, Sander L., Hottentottin und Prostituierte. Zu einer Ikonographie der sexualisierten Frau, in: ders., Rasse, Sexualität und Seuche. Stereotype aus der Innenwelt der westlichen Kultur, Reinbek bei Hamburg 1992, S. 119-154.

22 Vgl.: Die Macht der Bilder. Antisemitische Vorurteile und Mythen, hg. vom Jüdischen Museum der Stadt Wien, Wien 1995; Schoeps, Julius H. / Schlör, Joachim, Antisemitismus. Vorurteile und Mythen, München / Zürich 1995; Gilman, Sander L., The Jew's Body, New York u. London 1991; Volland, Gerlinde, „Gepletschte Nasen", „schwülstiger Mund" und ein zu kleines Hirn: Über den Beitrag von ästhetischen Kriterien zu den aufkommenden Rassenlehren des 18. Jahrhunderts, in: dies. (Hg.), Einsprüche. Multidisziplinäre Beiträge zur Frauenforschung, Dortmund 1992, S. 127-161; Belovari, Susanne, Wie wir zur „idealen weißen Rasse" kamen. Eine kurze Geschichte des biologischen Rassenbegriffs, in: Gilman, Sander L. / Jütte, Robert / Kohlbauer-Fritz, Gabriele (Hg.), „Der schejne Jid". Das Bild des „jüdischen Körpers" in Mythos und Ritual, Wien 1998, S. 23-44.

Männlichkeit hatte im 19. und beginnenden 20. Jahrhundert Konjunktur: Von der Jugendbewegung über die Reformbewegungen und politisch-religiösen Erneuerungsbewegungen bis hin zu den boomenden nationalistischen Vereinen: Sie alle lebten dem Idol des männlichen Helden nach, der - stark, natürlich und gesund – den angestrebten neuen Menschen verkörperte.[23] Diese Vorstellung vom neuen Menschen als Mann findet seinen Niederschlag auch in der bildlichen Darstellung: Immer mehr Heroen bevölkerten die Plakatlandschaft, und sie verdrängten zunehmend die weiblichen Allegorien des 19. Jahrhunderts vom Sockel.[24] Viele ersehnten einen Krieg, da man diesem in sozialdarwinistischer Manier eine reinigende Wirkung unterstellte: Im „Stahlbad der Nerven" sollte sich die als „verweiblicht" empfundene Männlichkeit der Vorkriegszeit restaurieren. Zwar hatte der Erste Weltkrieg keineswegs die erhoffte kathartische Wirkung gezeitigt: Statt dessen kehrten die Soldaten besiegt und an Körper und Psyche beschädigt zurück. Darüber hinaus wurden Frauen mit Beginn der Weimarer Republik zu Staatsbürgerinnen und damit zu einer weiteren Bedrohung männlicher Lebenswelten. Dennoch erreichte Maskulinität als nationales und politisches Symbol erst nach dem Ersten Weltkrieg ihren Höhepunkt -, vielleicht gerade weil der Krieg keineswegs den ersehnten neuen Menschen, sprich den siegreichen männlichen Helden geschaffen hatte.[25]

Das Ideal der Volksgemeinschaft, das bereits um die Jahrhundertwende und im Ersten Weltkrieg Konjunktur hatte, verband sich nach dem Ersten Weltkrieg mit dem Mythos der Frontkameradschaft zur Leitidee eines antipluralistischen Gesellschaftsmodells.[26] Vor allem die nationale Rechte nahm nicht nur die Erinnerung an den Ersten Weltkrieg für sich in Anspruch, sondern meinte, den Krieg gegen die als „Verräter" denunzierten sog. „Novem-

23 Vgl. Sombart, Nicolaus, Männerbund und Politische Kultur in Deutschland, in: Knoll, Joachim / Schoeps, J. H. (Hg.), Typisch deutsch: Die Jugendbewegung, Opladen 1987; Mosse 1997.

24 Vgl. Zeller, Ursula, Die Frühzeit des politischen Bildplakates in Deutschland, Stuttgart 1988, S. 91; Frevert, Ute, Herren und Helden. Vom Aufstieg und Niedergang des Heroismus im 19. und 20. Jahrhundert, in: Dülmen, Richard von (Hg.), Erfindung des Menschen. Schöpfungsträume und Körperbilder 1500-2000, Wien / Köln/Weimar 1998, S. 323-346, hier S. 332f.

25 Vgl. Mosse 1997.

26 Zum Begriff Volksgemeinschaft vgl. Thamer, Hans Ulrich, Volksgemeinschaft: Mensch und Masse, in: van Dülmen 1998, S. 367-386. Zum Mythos der Frontkameradschaft vgl. Kühne, Thomas, „... aus diesem Krieg werden nicht nur harte Männer heimkehren". Kriegskameradschaft und Männlichkeit im 20. Jahrhundert, in: Kühne 1996, S. 174-192.

berverbrecher" fortführen zu müssen. Die „nationale Revolution" sollte eine Volksgemeinschaft erschaffen, die auf dem Männerbund der soldatischen Kameradschaft basierte. In konservativen Kreisen galt der Mann als Verkörperung von Nation, Vaterland und Volksgemeinschaft. Aber auch die Arbeiterbewegung – und hier vor allem die KPD – berief sich auf ein Männlichkeitsideal, das sich in seiner martialischen Ausprägung kaum von dem rechter Kreise unterschied.[27] Die Nationalsozialisten konnten hier anschließen: Sie adaptierten konsequent das herrschende Männlichkeitsideal und verbanden dieses ikonographisch einerseits mit der Werbung um den Arbeiter und andererseits mit ihrer Selbstdarstellung als nationaler Befreiungskraft.

Eine 1931 in der *Brennessel* veröffentlichte Karikatur zeigt anschaulich, dass die Nationalsozialisten vorgaben, eben diese Utopie einzulösen **(Abb. 2)**. Gerade die bildliche Darstellung eignete sich dazu, ikonographische und symbolische Formen miteinander zu verknüpfen und zugleich an eine – mythisch-religiös unterlegte – Weltanschauung zurückzubinden. Das Bild besteht aus drei einzelnen Abschnitten, die sich wie Schaukästen übereinander auftürmen und in ihrer Anordnung entfernt an Altarbilder erinnern. Die solcherart dreigeteilte Bildgeschichte zeigt in aufsteigender Reihe 1. einen aufgebahrten toten Soldaten, 2. eine aus Frauen und Männern zusammengesetzte Menschenmenge, die wild um ein Kalb tanzt, das auf einem Steinblock steht, sowie 3. eine Phalanx von fünf Männern, die in stoischer Unbeweglichkeit nebeneinander aufgereiht stehen. Die mittlere Position hat dabei ein Uniformierter inne, dessen führende Stellung perspektivisch – er steht etwas vor den anderen Männern – vereindeutigt wird. Die „Kommenden" werden hier nicht nur als männerbündische Volksgemeinschaft unter der Leitung des soldatisch anmutenden NS-Parteimannes imaginiert, sondern gleichzeitig präsentiert sich die nationalsozialistische Partei als klassenübergreifende „Volkspartei". Die bildliche Umsetzung erfolgt gemäß der traditionellen politischen Ikonographie: Die Männer neben dem nationalsozialistischen Führer sind durch ihre Attribute als Künstler (Skulptur), Bauer (Sichel), Arbeiter (Hammer) und Gelehrter (Buch) gekennzeichnet.[28] Die Bildunterschrift lautet „Die Geopferten, die Heutigen, die Kommenden" und verknüpft die drei Bildebenen mit

27 Zur KPD vgl. Weitz, Eric, Creating German Communism, 1890-1990, Princeton 1997, S. 188-232.

28 Ähnliche Darstellungen finden sich sowohl in der Karikatur als auch in der Plakatpropaganda häufig. Allerdings wurde zumeist ein Dreierschema (Bauer, Arbeiter, Intellektueller, jeweils zu erkennen an der Sense, dem Hammer und an der Kleidung) verwendet, um den klassenübergreifenden Aspekt darzustellen.

den Zeiten Vergangenheit, Gegenwart und Zukunft. Der Geopferte und die Kommenden zeichnen sich durch ihre militärisch-straffe, Zucht und Ordnung repräsentierende Haltung aus und stehen somit im deutlichen Kontrast zu den „Heutigen", die – Frauen wie Männer – in wilder Ekstase um das goldene Kalb tanzen. Mit dem Bezug auf die Gefallenen des Ersten Weltkrieges rekurrieren die Nationalsozialisten auf einen vaterländischen Opfermythos, der die Kriegstoten seit den Befreiungskriegen umgibt. Dahinter stand die Vorstellung der reinigenden, erneuernden und stärkenden Kraft des Opfers. Gerade nach dem verlorenen Krieg war die Ansicht verbreitet, dass die im Ersten Weltkrieg erbrachten „Opfer" ihren Sinn erst durch den Sieg der „nationalen Revolution" erhalten würden.[29] Dadurch, dass die Bildabschnitte (von unten nach oben gelesen) „Vergangenheit" und „Gegenwart" farblich durch einen schwarzen Hintergrund miteinander verbunden sind und somit zu einem einheitlichen Block verschmelzen, bietet sich eine weitere Lesart an: Der aufgebahrte Soldat kann auch als „Gefallener der Bewegung" interpretiert werden und wird somit mit den Gefallenen des Ersten Weltkrieges, die sich jeweils „für Deutschland geopfert" hatten, gleichgesetzt. Eine Reihe weiterer Bilder stützt diese Lesart: Sei es, dass die „Gefallenen der Bewegung", vor allem der jugendliche Märtyrer, entsprechend aufgebahrt abgebildet sind oder eine Karikatur unter dem Titel „Auferstehung" den „Geist" eines Frontkämpfers im Bombardement zeigt, der – laut Bildunterschrift – „fortlebt".[30]

Die „Kommenden" und die „Geopferten" werden den „Heutigen" kontrastiert: Die reine Männergemeinschaft steht der gemischtgeschlechtlichen Gesellschaft gegenüber, die straffe Haltung dem ekstatischen Tanz. Die Darstellung der „Heutigen" als eine Menge von Frauen und Männern, die um ein Kalb tanzen, evoziert eine Reihe von Assoziationen, die von „jüdisch" über das „Anbeten falscher Götter" bzw. des „Mammons" bis hin zu einem „dekadenten" Leben reichen. Dem idealisierten Mann kommt in diesem Szenario die Aufgabe zu, die Dekadenz und den moralischen „Sumpf" der Weimarer Republik zu überwinden. Der führende Theoretiker des Männerbundes, Alfred Bäumler, hatte als Lebensform des Mannes den Staat und die Arbeit genannt und sie der materiellen Kultur, die durch „das Weib", Erotik, Wirt-

---

29 Zum nationalsozialistischen Opfermythos und zur Genese von Märtyrern der Bewegung vgl. ausführlich Behrenbeck, Sabine, Der Kult um die toten Helden. Nationalsozialistische Mythen, Riten und Symbole 1923 bis 1945, Vierow bei Greifswald 1996.

30 Vgl. Die Brennessel 1931, 22, S. 255; Die Zeitlupe 1931, 3, S. 31.

schaft und Genuss gekennzeichnet sei, entgegengestellt.[31] Das von der Partei präsentierte Selbstbild sowie die von ihr anvisierten Zielvorstellungen werden dementsprechend durch männliche Helden repräsentiert, die den Bereichen Arbeit und Krieg zuzuordnen sind: Zu den am häufigsten verwendeten Leitfiguren zählen neben dem arisierten Arbeiterriesen[32] der einzelne SA-Held[33] oder marschierende bzw. aufgereihte SA-Männer[34], der Frontsoldat[35], der Märtyrer der Bewegung[36] und der Bauer[37].

Der neue Mensch – und das ist der neue Mann – hat sich vom Weiblichen fern zu halten – so die durchgängige Botschaft der Bilder: Kein einziges Bild zeigt den neuen Mann, sei es als Helden der Arbeit oder des politischen Kampfes an der Seite einer Frau oder im Kreise seiner Familie.[38] Zu den positiv konnotierten Frauengestalten gehören lediglich Darstellungen der verarmten, hungernden Mutter mit Kind in der Manier kollwitzscher Mütterdarstellungen, die als Ikone des Leidens den sozialen Verrat des Bonzen unterstreichen.[39] Sie sind das Medium, um den Mann zum politischen Kampf aufzufordern, indem an seine „männlichen" Schutzinstinkte appelliert wird.

---

31 Vgl. Sombart, Nicolaus, Männerbund und Politische Kultur in Deutschland, in: Kühne 1996, S. 136-155, hier S. 152f.

32 Vgl. z.B. Die Brennessel 1931, 18, S. 216; Die Brennessel 1932, 40, Titelbild.

33 Vgl. z.B. Die Brennessel 1931, 21, S. 244; Die Brennessel 1931, 27, S. 317; Die Brennessel 1932, 13, S. 153; Die Brennessel 1932, 28, Titelbild.

34 Vgl. z.B. Die Brennessel 1931, 4, S. 45; Die Brennessel 1932, 9, S. 100; Die Brennessel 1933, 7, Titelbild.

35 Vgl. Brennessel 1933, 1, S. 9; Die Brennessel 1932, 7, Titelbild; Die Brennessel 1932, 9, Titelbild.

36 Vgl. Brennessel 1931, 22, S. 255.

37 Vgl. Brennessel 1931, 3, S. 28; Die Brennessel 1933, 10, Titelbild; Die Brennessel 1933, 32, Titelbild; Die Brennessel 1933, 10, Titelbild; Die Brennessel 1933, 32, Titelbild. Als weitere Leitfiguren sind zu nennen: der siegreiche Boxer (Die Brennessel 1931, 14, S. 162) sowie führende NS-Persönlichkeiten wie z.B. Göring (Die Brennessel 1933, 11, Titelbild) und Fr. Ritter von Epp (Die Brennessel 1933, 12, Titelbild), die – ähnlich wie der NS-Riese – bedeutungsperspektivisch erhöht sind.

38 Dies gilt summa summarum auch für die fotografische Selbstdarstellung der Partei bzw. der nationalsozialistischen Bewegung im *Illustrierten Beobachter*. Vgl. dazu Schmersahl, Katrin, „Im Land der Bubiköpfe": Die Neue Frau als Medium nationalsozialistischer Feindbildpropaganda im „Illustrierten Beobachter" zwischen 1926 und 1933, in: Werkstatt Geschichte, Ende 2001 (in Vorbereitung).

39 Vgl. Brennessel 1932, 10, Titelbild: „Um Freiheit und Brot" von Paul Ricken. Die Bildunterschrift lautet: „Vergeßt nicht: Sieben fette Jahre für die Bonzen sind sieben magere für uns!"; Brennessel 1932, 14, S. 165: „Genosse Brolat". Die Bildunterschrift lautet: „Ich kann diese armen Leute nicht leiden sehen. Das Hemd könnte ich mir für sie ausziehen – wenns nicht von Seide wäre"; Die Zeitlupe 1931, 6, S. 69.

Verkehrte Welt: Zur Darstellung politisch aktiver Frauen

Die *Brennessel* veröffentlichte 1933 die Karikatur „Mama 1933" **(Abb. 3)**. Zu sehen ist eine mit Abendkleid, Schmuck und modischem Hut mit Federboa bekleidete Frau, die offensichtlich im Begriff steht, auszugehen. Sie wendet sich lächelnd mit den Worten „Beklag dich nicht, mein Lieber – wenn wir Frauen uns mit Politik beschäftigen müssen, dann müsst ihr Männer eben die Kinder wickeln!" an einen jungen Mann im Bademantel, der gerade einem Baby auf seinem Arm die Flasche gibt. Seine Frage „Und was hat dein Ball mit Politik zu tun?" beantwortet sie überlegen: „Du bist gut – wo soll man denn sonst deinen Minister erwischen?"

Ins Bild gesetzt ist hier der Topos der „verkehrten Welt", der seit der Frühen Neuzeit bei Karikaturisten beliebt war, um in der Realität Bestehendes, jedoch als falsch Empfundenes, zu überzeichnen und zu verurteilen. Kennzeichnend für diesen Topos ist eine Inversion bipolarer Relationen. Insofern kann es auch nicht verwundern, dass zu den Bildtypen der verkehrten Welt bereits früh die Geschlechterrollenumkehrung gehörte, die durch einen Kleider- und Rollentausch signalisiert wurde.[40] Gemessen an der im Laufe des 19. Jahrhunderts auch wissenschaftlich als „natürlich" beglaubigten Geschlechterordnung mussten ein Mann, der sich zu Hause um den Nachwuchs kümmert, und eine Frau, die in das öffentliche Leben hinausgeht, um politisch wirksam zu sein, als die ultima ratio einer verkehrten Welt erscheinen: Entgegen der herkömmlichen Ordnung der Geschlechterrollen übernimmt die Frau nicht nur den dominanten Part in der Ehe, sondern wird auch in der (politischen) Öffentlichkeit zur Repräsentantin der Familie. Der Mann hingegen erscheint als „Pantoffelheld" und bezahlt seine Häuslichkeit und Sorge um den Nachwuchs mit seiner Männlichkeit. Damit einher geht der Vorwurf, dass mit dem Eintritt der Frau in die Politik diese traditionell männliche Domäne verweibliche: Schließlich will die politisierte und politisierende Frau den Minister ausgerechnet auf einem Ball „erwischen".

Das Thema der verkehrten Welt war auch ein beliebtes Motiv auf antisemitischen Postkarten der Jahrhundertwende: So wurde der „effeminierte" oder „weibische" jüdische Mann - ein seit dem Ende des 19. Jahrhunderts auch in

40 Vgl. Kuper, Michael, Zur Semiotik der Inversion. Verkehrte Welt und Lachkultur im 16. Jahrhundert, Berlin 1993, hier vor allem S. 12-15; Chartier, Roger, Die verkehrte Welt, in: ders. 1992, S. 88-100.

Literatur und Wissenschaft weit verbreitetes Stereotyp – als Ehemann einer emanzipierten Frau dargestellt, der einem Säugling gerade die Flasche gibt, wohingegen sie entweder im Hosenrock und Pfeife rauchend im flotten Tempo Fahrrad fährt oder gerade im Begriff steht – ihren Ehegatten zwischen Kindern und aufgehängter Wäsche zurücklassend –, aus der Wohnung zu gehen.[41] Derlei Bildgeschichten suggerierten dem Betrachter, dass einerseits emanzipierte Frauen „lediglich" einen weibischen (und jüdischen) Mann als Partner fänden und andererseits effeminierte Männer für die als unnatürlich gebrandmarkte Emanzipation der Frau verantwortlich seien.[42]

Gehörte das Bild der emanzipierten Frau in einem verwahrlosten Haushalt mit schreienden, den Ehemännern oder sich selbst überlassenen Kleinkindern seit jeher in das Repertoire antifeministischer Karikaturen,[43] so setzten die Nationalsozialisten diese Klischeevorstellung gezielt zur Denunzierung des politischen Gegners ein. Die Karikatur „Aus dem Familienleben der Kommune" **(Abb. 4)** zeigt eine nur mit Bikini, verschiedenen großformatigen Schleifen und hochhackigen Schuhen bekleidete Frau, die ihrer Wäsche waschenden Mutter ein schreiendes Kleinkind mit den Worten „Mutta, verwahr mich mal den Kleenen – ick jeh als Ehrenjungfrau bei die Fahnenweihe!" entgegenhält. Die Körperhaltung der (jungen) Mutter sowie ihre Mimik lassen sie als herzlose Rabenmutter erscheinen, die bar aller Mutterliebe ist. Hier wird dem Betrachter nicht nur die angebliche Bedrohung der Familie als

41 Vgl. Leiskau, Katja / Geppert, Daniela, „Alte Thaler, junge Weiber sind die besten Zeitvertreiber". Sexismus und Voyeurismus, in: Gold, Helmut / Heuberger, Georg (Hg.), Abgestempelt. Judenfeindliche Postkarten, auf der Grundlage der Sammlung Wolfgang Haney, eine Publikation der Museumsstiftung Post und Telekommunikation und des Jüdischen Museums Frankfurt a.M./Heidelberg 1999, S. 205-214 sowie die Abbildungen ebenda, S. 207.

42 Hitler erklärte 1934, dass das Wort von der Frauen-Emanzipation nur ein vom jüdischen Intellekt erfundenes Wort sei. Vgl. Frevert, Ute, „Wo du hingehst ..." – Aufbrüche im Verhältnis der Geschlechter, in: Nitschke, August / Ritter, Gerhard A. / Peukert, Detlev J.K. u.a. (Hg.), Jahrhundertwende. Der Aufbruch in die Moderne 1880-1930, Bd. 2, Reinbek bei Hamburg 1990, S. 89-118, S. 114.

43 Vor allem das satirische Bild der gelehrten Frau und Schriftstellerin, dem sog. Blaustrumpf, lebte von dem Motiv der Vernachlässigung der hausfraulichen Pflichten. Vgl. hierzu die Serie „Les Bas bleus" von Daumier, die Anfang der vierziger Jahre des 19. Jahrhunderts erschien. Vgl. Fuchs, Eduard, Sozialgeschichte der Frau, erweiterte Neuausgabe, München o.J. [zuerst erschienen als: ders., Die Frau in der Karikatur, München 1906], S. 479f. Zu Daumier vgl. Rentmeister, C., Daumier und das hässliche Geschlecht, in: Honoré Daumier und die ungelösten Probleme der bürgerlichen Gesellschaft, Berlin 1974; Powell, Kirsten / Childs, Elisabeth C., Femmes d'Esprit. Women in Daumier's Caricature, Middlebury / Verm. 1990.

Keimzelle des Staates und Hüterin der Moral durch die kommunistische Partei vor Augen geführt. Darüber hinaus werden deren politische Veranstaltungen und Aktionen durch die Teilnahme derartiger „Ehrenjungfrauen" ins Lächerliche gezogen: Der Stolz der Mutter ob ihrer Teilnahme am politischen Leben „als Ehrenjungfrau bei die Fahnenweihe" erscheint nicht nur eitel und dumm, sondern wird auch durch ihr als hässlich vorgeführtes Erscheinungsbild karikiert.

Politisch aktive Frauen wurden entweder als moderne, wohlhabende und allzu modebewusste Frauen[44] visualisiert oder aber als hässliche Mannweiber. Das Bild der modisch-mondänen Dame, die sich „übertrieben" kleidet und schmückt, wurde keineswegs nur von den Nationalsozialisten immer wieder bemüht, um die angebliche fundamentale Differenz zwischen Politik und Weiblichkeit aufzuzeigen: Gefangen in typisch weiblicher Eitelkeit schienen Frauen – so der Tenor der Karikaturisten – unfähig, politisch verantwortlich zu denken, geschweige denn zu handeln.[45] Der Witz entsteht regelmäßig aus der Kontrastierung einer angeblich „weiblichen Natur", der die Frauen nicht entfliehen können, und ihrem „emanzipativen Gehabe" bzw. der ihnen unterstellten Unfähigkeit, den mit Beginn der Weimarer Republik erworbenen politischen Rechten gerecht zu werden. In der NS-Presse wurden die mondänen Damen im Kontext des gesellschaftlichen Lebens abgebildet: Schlanke Frauen flanieren in sportlich modischer Nachmittagskleidung durch großstädtische Parkanlagen[46], wohnen im Schneiderkostüm sportlichen Großveranstaltungen wie Pferderennen bei[47] oder bräunen sich in koketter Haltung am Strand.[48] Stets werden sie dabei als reiche, elitäre und politisch unmündige, naive Wesen desavouiert, die unfähig sind, den Ernst politischer Aufgaben zu begreifen und zudem als „Schiebertöchter"[49] von der allgemeinen wirtschaftlichen Not nicht betroffen sind. So kommentiert die eine das Pferderennen mit

44 Vgl. z.B. Brennessel 1931, 7, S. 78; 1931, 12, S. 136.

45 So heißt es beispielsweise in einer Karikatur „Die verlorene Stimme" von D. Lendecke im Simplicissimus von 1919: „Haben gnädige Frau auch gewählt?" „Nein, meine Schneiderin ist mit dem Kostüm nicht fertig geworden." Vgl. Gertz, Uta / Glimm, Karin / Wegener, Kathrin, Von der Angst zur Offensive? Zum Streit um das Frauenwahlrecht, in: Herding, Klaus / Otto, Gunter (Hg.), „Nervöse Auffangorgane des inneren und äußeren Lebens": Karikaturen, Giessen 1980 (Kunstwissenschaftliche Untersuchungen des Ulmer Vereins, Verband für Kunst- und Kulturwissenschaften Bd. 10), S. 261-301, hier S. 261 (Abb. 9, S. 279).

46 Brennessel 1931, 5, S. 52.

47 Brennessel 1931, 8, S. 93.

48 Brennessel 1931, 12, S. 136.

49 Brennessel 1931, 14, S. 165.

den Worten: „Sieh' mal: ‚Notverordnung' wird noch ‚Republik' schlagen!"[50] und die sonnenbadende Strandschönheit vertraut ihrer Freundin an: „Papa meint, auch bei 100° Notverordnung geht uns die Haut nicht ab."[51] Die mondäne Frau der Oberschicht, die im Badeanzug am Strand ihren Kaffee einnimmt und währenddessen die Möglichkeiten zu einer politischen Laufbahn erwägt, wird den Nationalsozialisten zum „Monument weiblicher Politik"[52] (**Abb. 5**). Die mondänen Frauen entsprechen der phänotypischen Festlegung der Neuen Frau – eine schlanke Gestalt mit Bubikopf, kurzem Rock oder Schneiderkostüm, Seidenstrümpfen und Topfhut bzw. in der neuesten Sport- oder Strandkleidung – und erscheinen den diversen Mode- und Frauenjournalen der Zeit entsprungen zu sein.[53] Die Karikaturen der mondänen Frau erhalten ihren satirischen Gehalt erst durch die entsprechenden Bildunterschriften, die die Dargestellten regelmäßig als eine Art „Luxusweibchen" diffamierten. Die Orte, an denen sie ihr gesellschaftliches Leben verbringt, sind zumeist auch jene Orte, an denen die Geschlechter miteinander Kontakt haben. Entsprechend häufig ist die mondäne Frau auch an der Seite von Männern abgebildet, wodurch diese allein aufgrund ihrer Nähe zum Weiblichen der Diffamierung anheimfallen. Die Männer in der Umgebung der mondänen Frau erweisen sich als (ebenso) snobistisch und korrupt, zudem erscheinen sie als verweiblicht und sind oftmals als jüdisch gekennzeichnet.[54] Mit dem Topos der modisch-mondänen Dame konnte demzufolge zusätzlich auf der Klaviatur antisemitischer Ressentiments gespielt werden, da dieses Bildstereotyp traditionell in der antisemitischen Darstellung jüdischer Frauen verankert war.[55]

---

50 Brennessel 1931, 8, S. 93.

51 Brennessel 1931, 12, S. 136.

52 Die Brennessel 1933, 30, S. 357.

53 Zum Typus der Neuen Frau vgl. Kessemeier, Gesa, Sportlich, sachlich, männlich. Das Bild der „Neuen Frau" in den Zwanziger Jahren. Zur Konstruktion geschlechtsspezifischer Körperbilder in der Mode der Jahre 1920 bis 1929, Münster 2000. Vgl. hier auch weitere Literatur zur Neuen Frau.

54 Vgl. z.B. Brennessel 1931, 3, S. 31; 1931, 5, S. 52; 1931, 15, S. 179; 1931, 25, S. 297; 1931, 26, S. 309; 1931, 29, S. 345; 1932, 15, S. 172; 1933, 6, S. 72. Vgl. zum Bildtopos der Neuen Frau und seiner politischen Funktionalisierung in der fotografischen Praxis des Illustrierten Beobachters auch Schmersahl 2001 (in Vorbereitung).

55 Auch die jüdischen Frauen im *Stürmer* sind stets dicklich, aufdringlich gekleidet und mit Pelzen und Schmuck behängt. Zur Darstellung der jüdischen Frau im Stürmer vgl. Paucker, Pauline, Bildnisse jüdischer Frauen 1789-1991. Klischee und Wandel, in: Dick, Jutta / Hahn, Barbara, „Von einer Welt in die andere". Jüdinnen im 19. und 20. Jahrhundert, Wien 1993, S. 29-46, hier S. 41.

Galt selbst die modische Dame bereits tendenziell als „vermännlicht", so wurde dieser Vorwurf im Topos des hässlichen Mannweibes ästhetisch verdichtet. Dieses Bildstereotyp gehörte gleichfalls sowohl in das Repertoire antijüdischer als auch antifeministischer Vorurteile. In Anlehnung an antisemitische Hexendarstellungen und Illustrationen der „verkehrten Welt" wurde die Jüdin seit dem 17. Jahrhundert als eine Frau imaginiert, die die männliche Rolle anstrebe.[56] Auch die emanzipierte Frau wurde zumeist als „vermännlicht" dargestellt. Von der bildlichen Attacke gegen die gelehrte Frau und Schriftstellerin, dem sog. Blaustrumpf im 18. Jahrhundert, über die diesen Typus ablösende Studentin, die im letzten Viertel des 19. Jahrhunderts besonders häufig als Ziel der Karikaturisten herhalten musste, bis hin zum Typus der politisch aktiven Frau: Für alle gilt, dass sie bevorzugt als hässlich und unweiblich dargestellt wurden.[57] In den letzten Dekaden des 19. Jahrhunderts erhielt das „Mannweib" auch Einzug in die Humanwissenschaften: Die unterstellte physische, psychosoziale und habituelle Vermännlichung (hierzu zählten z.B. Rauchen und Trinken) galt Medizinern als Symptom der in den 70er Jahren konstruierten Krankheit „Conträrsexualität", d.h. Homosexualität bzw. Lesbianismus. In den zwanziger Jahren verfiel die Neue Frau, deren veränderte äußere Erscheinung und deren Auftreten im öffentlichen Raum allgemein mit der Emanzipation der Frauen gleichgesetzt wurde, dem Verdikt der „Vermännlichung".[58]

Deutlicher noch als in der „Karikatur aus dem Familienleben der Kommune" wird der Topos des hässlichen Mannweibes in der 1931 von der *Zeitlupe* veröffentlichten Karikatur „Diäten-Schwund im Preußischen Landtag" visualisiert. Gezeigt wird, wie sich eine sozialdemokratische Politikerin mit den – als Zitat aus der Zeitschrift *Kraft und Schönheit*[59] ausgewiesenen – Sätzen „Wir Sozialdemokraten können uns jede Diätenkürzung leisten, liebe Kollegin. Was wir an Geld verlieren, gewinnen wir an Würde" an zwei weitere Politikerinnen wendet **(Abb. 6)**. Der Witz entsteht sowohl durch die Kontrastierung von idealisierter Norm und Normwidrigkeit als auch durch

56 Vgl. Jakubowski, Jeanette, Vierzehntes Bild: „Die Jüdin". Darstellungen in deutschen antisemitischen Schriften von 1700 bis zum Nationalsozialismus in: Schoeps / Schör 1995, S. 196-209, hier S. 197ff.

57 Vgl. Fuchs, Eduard, Sozialgeschichte der Frau, [1906], S. 478ff. Für weiteres Bildmaterial vgl. auch ders. / Kind, Alfred, Die Weiberherrschaft in der Geschichte der Menschheit, München 1913.

58 Kessemeier 2000, S. 188ff.

59 Gemeint ist die Sport-Zeitung *Kraft und Schönheit. Zeitschrift für vernuenftige Leibeszucht*, die von 1921 bis 1927 in Berlin erschien.

den Gegensatz zwischen dem karikaturistisch verzerrten Erscheinungsbild der Parlamentarierinnen und ihrem Credo, materielle Einbußen durch den ideellen Zugewinn an „Würde“ jederzeit ausgleichen zu können.[60] Zu sehen sind drei Frauen in der für das Motiv der Grazien charakteristischen Seiten-, Vorder- und Rückenansicht, die wie eine Mischung aus sitzengebliebener alter Jungfer, blasiertem Blaustrumpf und monströsem Mannweib erscheinen und alle visuellen Klischees der hässlichen emanzipierten Frau bedienen: Alle tragen kurze Haare und schlecht sitzende sowie schlampig wirkende Zweiteiler (bestehend aus knielangem Rock und Jumper bzw. Jackett). Die links im Bild zu sehende Frau, ausgestattet mit langer gebogener Nase und hängendem Busen, trägt als Requisit der berufstätigen Frau eine Aktentasche unter dem Arm und scheint aufgrund ihrer „sprechenden“ Gestik auch die Rednerin zu sein. In der Bildmitte steht, leicht nach hinten versetzt, eine extrem hagere und große Frau, die mit einem affektiert und dümmlich wirkenden Gesichtsausdruck auf die Sprecherin herabsieht. Rechts von ihr befindet sich eine in Rückenansicht gegebene Politikerin, die mit den klassischen Mitteln der Karikatur, nämlich Übertreibung und Kontrastierung, vorgeführt wird. Einerseits wird ihre vordergründig durch Kontrapost, S-Drehung des Körpers und damenhaft abgespreiztem Finger kokette und betont weibliche Ausstrahlung derart übertrieben, dass sie nur noch lächerlich wirkt. Andererseits wird ihre Weiblichkeit durch das männliche Attribut Zigarre konterkariert, so dass ihre übertriebene Weiblichkeit zur krankhaften Mannweiblichkeit pervertiert.

Wie bereits angedeutet nutzten die Nationalsozialisten in dieser Darstellung ein besonders beliebtes Motiv der antifeministischen Karikatur, nämlich dasjenige der *Drei Grazien.* Dieses eignete sich für die satirische Herabsetzung von Frauen ausnehmend gut, da es traditionell den Inbegriff weiblicher Anmut und Schönheit repräsentierte und deswegen jede Übertretung des weiblichen Geschlechtscharakters nicht nur besonders augenfällig war, sondern auch besonders grotesk wirken musste.[61] In seiner antifeministischen Version wurde das Drei-Grazien-Motiv dazu genutzt, die Modetorheiten des weiblichen Geschlechts[62] oder die angeblich „vermännlichenden“ Auswir-

60 Persifliert wird zudem der Begriff der weiblichen Würde, die von Schiller 1796 besungen worden war.

61 Vgl. hierzu ausführlich Friedrich, Annegret, Das Urteil des Paris. Ein Bild und sein Kontext um die Jahrhundertwende, Marburg 1997, S. 140ff. Vgl. auch die dort abgebildeten Karikaturen.

62 Vgl. Friedrich 1997, Abb. 87, 88, 89.

kungen der Frauenbewegung[63] zu karikieren. Die Nationalsozialisten zielten jedoch in ihrer Kritik keineswegs vorrangig auf die emanzipativen Bewegungen von Frauen oder auf ihre eitlen Modetorheiten, sondern griffen das Motiv auf, um es gegen das parlamentarische System als solches zu wenden. Der Preußische Landtag war die letzte Bastion der sog. Weimarer Koalition aus SPD, Zentrum und DVP und damit auch der parlamentarischen Demokratie. Aufgrund der polyvalenten Semantik von Bildern boten sich verschiedene – für die Nationalsozialisten wünschenswerte – Lesarten der Karikatur an: Einerseits konnten die drei Grazien als Repräsentantinnen der sozialdemokratischen Partei interpretiert werden. Andererseits wurde suggeriert, dass der Preußische Landtag lediglich aus Frauen bestehe, die auf diese Weise nicht nur die Verweiblichung der preußischen Politik versinnbildlichen, sondern auch als symbolische Repräsentantinnen der drei Weimarer Koalitionsparteien gedeutet werden können. Die Vermutung, dass auch diese Lesart in der Karikatur angelegt ist, wird nicht zuletzt dadurch gestützt, dass der – gemäß dem Politikverständnis der Nationalsozialisten als männlich imaginierte - Betrachter sich vor die Wahl zwischen drei Frauen gestellt sieht, also die Rolle des Schönheitsrichters Paris übernimmt.[64] Bereits im Kaiserreich hatte das kunsthistorische Motiv des Paris-Urteils Eingang in die politische Satire gefunden: So zeigt die Karikatur „Das neue Urteil des Paris" aus der sozialdemokratischen Karikaturzeitschrift *Der wahre Jacob* Bismarck als Paris, der zwischen drei „Mannweibern" zu wählen hat, die durch Tituli auf den sie umhüllenden antikischen Gewändern als „conservativ", „ultramontan" und „liberal" gekennzeichnet sind.[65] Die „conservative" Venus, die schließlich den Apfel erhalten wird, ist ebenso „vermännlicht" wie ihre Konkurrentinnen Athena und Hera: Sie alle tragen entweder eine Brille (ein Hinweis auf Gelehrsamkeit und damit per definitionem auf Vermännlichung) und/oder wei-

63 Vgl. ebenda, Abb. 85, 86.

64 Paris ist der griechischen Mythologie zufolge der Sohn des Priamos und der Hekabe und somit Prinz von Troja. Aphrodite verspricht ihm die schönste Frau, wenn er ihr vor Hera und Athena den Apfel der Eris mit der Aufschrift „Der Schönsten" zuerkennt. Aphrodite erhält den Apfel, Paris entführt Helena, die schönste Frau, und entfesselt dadurch den Trojanischen Krieg.

65 Vgl. die Abbildung in Achten, Udo (Hg.), Der wahre Jacob: illustriertes humoristisch-satirisches Monatsblatt (ein halbes Jahrhundert in Faksimiles), Bonn 1994, S. 23. Zur Zeitschrift vgl. auch Robertson, Ann, Karikatur im Kontext. Zur Entwicklung der sozialdemokratischen illustrierten satirischen Zeitschrift Der Wahre Jacob zwischen Kaiserreich und Republik, Frankfurt a. M. / Bern / New York / Paris 1992, S. 23.

sen Bartwuchs auf. Das Gesicht der liberalen Göttin ziert sogar ein dunkler Vollbart. Der kunsthistorisch im Paris-Urteil ausbuchstabierte Anspruch des Mannes auf die Wahl der schönsten Frau[66] wird hier durch das „Angebot" ad absurdum geführt. Der an und für sich eine überlegene Männlichkeit konstituierende Akt der Wahl verkehrt sich in diesem Fall angesichts des Virilismus der „Göttinnen" in sein Gegenteil. Für den sich als Paris imaginierenden Betrachter der nationalsozialistischen Karikatur, der vor einem ähnlichen „Angebot" steht, dürfte klar gewesen sein, dass er keiner der drei Grazien den Apfel reichen würde. Auf die politische Ebene übersetzt hieße dies, dass die gemäß den Regeln des parlamentarischen Systems zu treffende Wahl für einen Mann mit Urteilsvermögen eine absurde Unmöglichkeit darstellen muss. Ferner korreliert in der Karikatur der drei Grazien das männliche Monopol, über Schönheit zu sprechen, mit einem Politikverständnis, das exklusiv für Männer reserviert ist.[67]

Hässlich, böse und krank ...

Hässlichkeit war von jeher ein probates Mittel, um die Schreckensvision der emanzipierten Frau zu visualisieren. Mit der Profanisierung christlicher Bildtradition, in der Hässlichkeit zumeist zur Darstellung des Teufels genutzt worden war, wurde die Gleichsetzung von hässlich und böse zunehmend auch zur Kennzeichnung von Menschen verwandt: Fortan diente die Deformation des Körpers zur Kennzeichnung des Bösen.[68] Vor allem Johann Kaspar Lavaters zu Ende des 18. Jahrhunderts entworfene Physiognomielehre veranschaulicht nicht nur die anwachsende Bedeutung des Visuellen in der Moderne, sondern auch die Annahme einer „Harmonie der moralischen und

66 Der zum Bild verdichtete Mythos vom Paris-Urteil, dem zufolge Paris bekanntlich zwischen drei Göttinnen die Schönste auswählen soll, kann als paradigmatisch für die Degradierung der Frauen zum „schönen sprachlosen Objekt" und für die „Zurichtung des Weiblichen für den männlichen Blick" angesehen werden. Vgl. Friedrich 1997.

67 Die Identifizierung von sexuellem bzw. erotischem Wahlrecht und politischen Rechten war keineswegs eine neue Vorstellung: Hatte schon Johann Jacob Bachofen einen notwendigen Zusammenhang zwischen der sexuellen Selbstbestimmung und der Herrschaft eines Geschlechts postuliert, so wurde kurz darauf das Wahlrecht des Mannes als naturwissenschaftlich legitimiertes Naturgesetz sanktioniert. Vgl. Schmersahl 1998, S. 33f., 84f.

68 Vgl. Bild als Waffe, S. 20ff.

körperlichen Schönheit",[69] die nicht zuletzt rassistischen Theorien und Stereotypen Vorschub leisten sollte. Grundlegend war die Vorstellung von einer Verbindung von Körper und Moral, so dass körperliche Schönheit als Ausdruck von Tugendhaftigkeit gedeutet wurde. Im Umkehrschluss hieß dies, dass eine hässliche Erscheinung mit einem unmoralischen Wesen korrespondiere. Mit der Ausformulierung der Geschlechtscharaktere seit dem Ende des 18. Jahrhunderts gingen auch geschlechtsspezifisch geschiedene Schönheitsideale einher, die wiederum die ebenfalls geschlechtlich segregierten bürgerlichen Tugenden reflektierten.[70]

Im Laufe des 19. Jahrhunderts wurden der konstruierten Verbindung zwischen Schönheit, Tugend und Geschlechtscharakter naturwissenschaftliche Weihen verliehen, indem Gesundheit sowohl mit Tugendhaftigkeit als auch mit einer höchstmöglichen Ausdifferenzierung der Geschlechtscharaktere gleichgesetzt wurde. Mediziner scheuten sich nicht, Schönheit und Gesundheit und vice versa „Hässlichkeit" und „Entartung" kausal aufeinander zu beziehen.[71] Sie identifizierten vollendete Schönheit mit vollkommener Gesundheit, die wiederum auf der Erfüllung der Geschlechtscharaktere beruhte.[72] Gleichzeitig galt Schönheit allgemein als wichtigstes Attribut der Frau: Während der Geschlechtscharakter des Mannes diesen zum Helden prädestinierte, wurde Schönheit, Synonym der Weiblichkeit, zum sekundären Geschlechtscharakter erhoben und galt als körperlicher Ausdruck spezifisch weiblicher Eigenschaften. Aus der zunehmenden Verschränkung von künstlerischem und ärztlichem Blick folgte, dass das ästhetische Urteil über weibliche Schönheit sich als wissenschaftlich überprüfbare Natur ausgab und in der diskursiven Konstruktion des Hässlichen und Abweichenden eine Norm des

69 Zitiert nach Arburg, Hans Georg von, Johann Caspar Lavaters Physiognomik. Geschichte – Methodik – Wirkung, in: Mraz, Gerda / Schögl, Uwe (Hg.), Das Kunstkabinett des Johann Caspar Lavater, Wien 1999, S. 40-59, hier, S. 48; Vgl. auch Campe, Rüdiger / Schneider, Manfred, Geschichte der Physiognomik, Freiburg im Breisgau 1996; Breitenfellner, Kirstin, Physiognomie und Charakter. Die „Wissenschaft" der Physiognomik von Lavater bis zum Nationalsozialismus, in: dies. / Kohn-Ley, Charlotte (Hg.), Wie ein Monster entsteht. Zur Konstruktion des anderen in Rassismus und Antisemitismus, Bodenheim 1998, S. 56-76; Breitenfellner, Kirstin, Der „jüdische Fuß" und die „jüdische Nase". Physiognomik, Medizingeschichte und Antisemitismus im 19. und 20. Jahrhundert, in: dies. / Kohn-Ley 1998, S. 103-120.

70 Zur Genese des männlichen Schönheitsideals vgl. Mosse 1997, S. 42ff.

71 Vgl. Möbius, Paul Julius, Ueber Entartung, Wiesbaden 1900, S. 112.

72 Vgl. hierzu ausführlich Schmersahl 1998, vor allem S. 90ff.

idealen weiblichen Körpers festgeschrieben wurde.[73] Verbunden wurde dieses Ideal seit der Jahrhundertwende zunehmend mit rassistischen Paradigmen: Die Frau galt als „Trägerin nationaler Züge und Rasseeigentümlichkeiten“, so dass ihrer Schönheit als Funktion von Gesundheit und Gebärtüchtigkeit eine entscheidende Rolle zugesprochen wurde.[74] Hässlichkeit wurde somit nicht nur zum Zeichen von Unweiblichkeit, sondern darüber hinaus von Krankhaftigkeit und Degeneration. Die emanzipierte „vermännlichte“ Frau konnte zum Symbol von Unnatur und Entartung werden und diente Karikaturisten als bevorzugtes Mittel der satirischen Darstellung der emanzipierten Frau. Die Karikaturen fungierten dabei nicht nur als Warnung und Abschreckung, sondern lösten auf der visuellen Ebene das männliche Monopol, den Diskurs über „Weiblichkeit“ zu führen, ein.

Bereits mehrfach wurde auf die den antifeministischen Karikaturen inhärenten antisemitischen Konnotationen und Stereotype hingewiesen, ohne allerdings ausführlicher auf die vielfältigen Zusammenhänge zwischen Antisemitismus und Antifeminismus einzugehen.[75] Es dürfte allerdings deutlich geworden sein, dass die bildliche Ausgrenzung der emanzipierten politischen Frau sowohl über ihre „verkehrte“ Geschlechtszugehörigkeit als auch aufgrund ihrer Zugehörigkeit zur „jüdischen Rasse“ erfolgte. Dasselbe gilt summa summarum auch für die Abbildungen von denjenigen Männern, die aus Sicht der Nationalsozialisten zu Feinden erklärt worden waren: Das zumeist unübersehbar mit den visuellen Merkmalen des Juden ausgestattete Feindbild enthielt als ein immer wiederkehrendes Stereotyp ebenfalls das der „falschen“ Geschlechterrolle. Physiologische, psychologische und habituelle Kennzeichen wiesen den jüdischen Mann auf der Folie der komplementär aufeinander bezogenen und hierarchisch strukturierten Geschlechtscharaktere als „verweiblicht“ aus.[76]

---

73 Vgl. hierzu ausführlich Friedrich, Annegret, Kritik der Urteilskraft oder: Die Wissenschaft von der weiblichen Schönheit in Kunst, Medizin und Anthropologie der Jahrhundertwende, in: dies. / Haehnel, Birgit / Schmidt-Linsenhoff, Victoria u.a. (Hg.), Projektionen - Rassismus und Sexismus in der Visuellen Kultur, Marburg 1997, S. 164-182.

74 Vgl. Hugo Sellheim, Die Reize der Frau und ihre Bedeutung für den Kulturfortschritt, Stuttgart 1909; ders., Das Geheimnis des Ewig-Weiblichen, Stuttgart 1911, S. 10ff., 22, 65.

75 Vgl. hierzu ausführlich Frevert 1994, S. 75ff.; Planert, Ute, Antifeminismus im Kaiserreich. Diskurs, soziale Formation und politische Mentalität, Göttingen 1998.

76 Vgl. Leiskau / Geppert 1999, S. 206.

Bereits die antisemitische Propaganda der 80er und 90er Jahre des 19. Jahrhunderts hatte dabei das Stereotyp des effeminierten Juden zur Anwendung gebracht. Damit konnte das landläufige Vorurteil, dass die semitische „Rasse" der arischen unterlegen sei, durch ein weiteres, vorgeblich sowohl in der Physis als auch im sozialen Verhalten verankertes Zeichen der Inferiorität gestützt und mittels einfacher und allgemein verständlicher Charakteristika visualisiert werden. Hinzu kam, dass die Konstruktion des Juden in Analogie zum weiblichen Körper es ermöglichte, dem Juden eine Reihe „weiblicher" Eigenschaften wie Feigheit, Eitelkeit etc. bis hin zur besonderen Anfälligkeit gegenüber klinischen Krankheitsbildern wie der typisch weiblichen Krankheit Hysterie zuzuweisen.[77] Waren zunächst Frauen als das andere Geschlecht klassifiziert worden, so folgte auf dieser Grundlage die ebenfalls hierarchisch organisierte Klassifikation von Juden als einer Rasse. Diese Klassifikationen waren nicht nur angeblich naturwissenschaftlich fundiert, sondern stellten für die bürgerliche Gesellschaft des 19. und 20. Jahrhunderts maßgebliche Ordnungsmuster dar, auf die die Nationalsozialisten zurückgreifen konnten.[78] Beide Gruppen repräsentierten das von der Norm, nämlich männlich und Nicht-Jude zu sein, Abweichende und verhalfen somit dem nicht-jüdischen Mann zu einem konsistenten Selbstbild. Die Nationalsozialisten nutzten in den meisten ihrer Karikaturen die weitgehenden Diffamierungsmöglichkeiten, die sich aus der Anwendung der Kategorien Geschlecht und Rasse ergaben. Dabei konnten sie jeweils auf tradierte Assoziationszusammenhänge, Bildmotive und –stereotype zurückgreifen.

Symbolische Repräsentation der Demokratie

Die Topoi „Vermännlichung" und „jüdische Physiognomie" wurden in der nationalsozialistischen Presse denn auch für einen weiteren Frauentypus eingesetzt, mit dem die Nationalsozialisten auf die traditionelle Form der Repräsentation einer Nation bzw. mit dieser assoziierten übergeordneten Werten bzw. Zielen rekurrierten –, wenn auch unter umgekehrten Vorzeichen. In diesem Typus verschmolzen die Nationalsozialisten das tradierte Wissen über

---

77 Vgl. Braun, Christina von, Antisemitismus und Misogynie. Vom Zusammenhang zweier Erscheinungen, in: Dick / Hahn 1993, S. 179-196. Hödl 1997, S. 201ff; Gilman, Sander L., Difference and Pathology. Stereotypes of Sexuality, Race, and Madness, Ithaca 1985, S. 162.

78 Vgl. auch Frevert 1994, S. 78.

weibliche Staatsallegorien mit antifeministischen und antisemitischen Bildmotiven.

Eine Karikatur aus dem Jahr 1928 **(Abb. 7)** zeigt in der Bildmitte eine fette, unansehnliche und mächtig wirkende Frauengestalt, die durch einen Titulus auf der Kleidung als „Demokratie“ ausgewiesen ist. Sie ist mit einem weiten sackartigen Gewand gekleidet und trägt eine Art Zipfelmütze auf dem Kopf, unter der gerade noch ein paar schwarze gekräuselte Haare herausschauen. Ihre Physiognomie ist abstoßend hässlich: Sie hat ein breites, teilweise dunkel gefärbtes und deshalb schmutzig wirkendes Gesicht, eine lange gebogene Nase, hervorquellende Augen, aus ihrem breiten Mund „schießt“ Spucke hervor und ihr Kopf ruht ohne sichtbaren Übergang auf einem massigen und vierschrötigen Körper. In der rechten Hand, die mehr an eine Pranke erinnert, hält sie einen Palmzweig, in der linken, wie zum Angriff erhobenen Hand eine Feder, aus der Tinte spritzt. Ihr Angriff richtet sich gegen einen schmächtig wirkenden in Zivil gekleideten Mann zu ihrer Linken, der mit einer Geste der Hilflosigkeit vor ihr zurückweicht. Gemeint ist Walter von Keudell, Reichsinnenminister und DNVP-Mitglied, der in seiner Hand eine entfaltete Papierrolle trägt, auf der die Inschrift „Rotfront verboten! v. Keudell“ zu lesen ist. Die „Demokratie“ bekämpft also seinen Versuch, den Rotfront – Kämpferbund zu verbieten. Zur Rechten hat sie einen Mann untergehakt, der, mit einem Dolch in der Hand, tief ins Gesicht gezogener Schiebermütze, einer „affenähnlichen“ Physiognomie sowie der Inschrift „Terror“ auf seiner Kleidung unschwer als Negativ-Stereotyp des KPD-Mannes zu erkennen ist. Der Palmzweig – traditionell das Zeichen für Frieden – zwischen der „Demokratie“ und dem KPD-Mann verweist auf das der Weimarer Republik unterstellte Bündnis mit dem Kommunismus bzw. der KPD und soll gleichzeitig den Widerspruch zwischen der nach außen hin zur Schau gestellten „Friedfertigkeit“ der Weimarer Demokratie und ihrer vermeintlichen Unterstützung terroristischer Akte visualisieren. Der von den Nationalsozialisten beabsichtigte Akt der Demaskierung wird dabei unmissverständlich deutlich: Das schöne, weibliche, blond gelockte Gesicht der Allegorie erscheint in der Karikatur als Maske, die der „eigentlichen“, als mannweibliches Monster vorgestellten Figur während ihrer geifernden Rede heruntergerutscht ist. Dadurch kommt unter der schönen Maske holder Weiblichkeit das „wahre Gesicht“ der Demokratie zum Vorschein, die – laut Bildunterschrift – davon überzeugt ist, dass die Republik nur von „Hakenkreuz und Schwarzweißrot" bedroht sei.[79]

In diesem von den Nationalsozialisten häufig eingesetzten personalisierten Bild der Demokratie fließen verschiedene ikonographische Traditionen zusammen. Zum einen bezogen die Nationalsozialisten sich in der Schaffung dieser eindeutig negativ konnotierten Allegorie der Demokratie bzw. der Weimarer Republik auf das Stereotyp der „jüdischen Matrone". Dieses hatte eine weite Verbreitung durch Bildpostkarten erfahren, auf denen die jüdische Frau stereotyp mit männlichen Gesichtszügen, massigem Körperbau und oft – das Thema der verkehrten Welt aufnehmend - an der Seite ihres kleinen, spindeldürren und ihr offensichtlich körperlich hoffnungslos unterlegenen Ehemannes dargestellt wurde.[80] In ihrer ganzen Erscheinung bildet die jüdische Matrone den Gegenentwurf zum klassischen Schönheitsideal. Rachel Dipper beschreibt sie wie folgt:

> „Ihre Physiognomie zeichnet sich durch eine große, krumme Nase, eine dicke Unterlippe, häufig eine Warze, betont breite Wangenknochen, einen relativ wuchtigen Unterkiefer, teilweise mit Doppelkinn, schwarzes krauses Haar und einen grimmigen Gesichtsausdruck aus. Besonders die dicken, unförmig hängenden Brüste und das breite Gesäß ihres korpulenten Körpers werden betont (...) [Sie] trägt in der Regel ein Kleid, das meist direkt unter den Brüsten gegürtet ist, und eine Haube oder einen imposanten Federhut. (...) Oft ist sie mit auffallenden Ohrringen, Ketten und Ringen geschmückt."[81]

Das wahrscheinlich erst zu Ende des 19. Jahrhunderts zum Stereotyp geronnene Bild der jüdischen Matrone findet sich nicht nur auf Postkarten, sondern auch in Satireblättern wie dem Münchner *Simplicissimus*. In der reaktionären und dezidiert antisemitischen Wiener Karikaturzeitschrift *Kikeriki* wurde die Figur zudem häufig als Personifikation des Liberalismus, liberaler Parteien oder der Presse verwendet und – wie auf **Abb. 8** zu sehen – mit einer idealisierten weiblichen Personifikation kontrastiert.[82] Die Ähnlichkeiten zwischen der „Demokratie" in der nationalsozialistischen Karikatur und der „jüdischen Matrone" im *Kikeriki*, die durch eine Kleidungsinschrift als „Liberalismus" gekennzeichnet ist, sind augenfällig, nur dass die „Demokratie" noch unweiblicher, aggressiver und unansehnlicher wirkt. Eine weitere Differenz besteht in der unterschiedlichen Kopfbedeckung: Während die „Matrone Liberalis-

79 Illustrierter Beobachter 1928, 9, S. 117.

80 Vgl. Leiskau / Geppert 1999, S. 205f.

81 Rachel Dipper, „Einmal muss der Mensch ins Bad". Grüsse aus Karlsbad und Marienbad, in: Gold / Heuberger 1999, S. 194-204, hier S. 199, 201.

82 Vgl. ebenda, S. 201.

mus“ einen reich mit Blumen verzierten, dekorativen Hut trägt, der höchstens dem Bereich der Modekarikatur zuzuordnen wäre, stellt die Kopfbedeckung der „Demokratie“ in der politischen Semantik ein eindeutiges Zeichen dar. Die Allegorie der „Demokratie“ trägt in der Bilderwelt des Nationalsozialismus stets die sogenannte phrygische Mütze, also die französische Freiheitsmütze, die traditionell als Erkennungszeichen für die französische Nationalstaatsallegorie Marianne fungiert.[83] Diese war vor allem in der rechten Presse als Personifikation des Erbfeindes Frankreich verbreitet. Besonders der *Kladderadatsch* hatte sie in der Weimarer Republik zu einem seiner Lieblingsfeindbilder erkoren. Doch wurde sie zumeist - dem angeblichen Geschlechtscharakter der französischen Frau entsprechend – zwar als liederliche und dirnenhafte, aber durchaus „weibliche“ Figur präsentiert.[84] In der NS-Presse dagegen spielt sie insgesamt nur eine untergeordnete Rolle und weist – obwohl auch Marianne-Interpretationen zu finden sind, die sie als dirnenhaft-weiblich imaginieren [85]– teilweise eindeutig „vermännlichte“ Züge auf und ähnelt in ihrer Physiognomie wiederum der „Demokratie“ bzw. deren ikonographischer Vorgängerin, der „jüdischen Matrone“. Ein Beispiel hierfür ist die **Abb. 9**: Marianne wird durch ihren Panzer (mit der Aufschrift RF) und den überdimensionierten Säbel, dessen Griff wie ein gallischer Hahn geformt ist, als außerordentlich wehrhaft imaginiert, eine unzweideutige Anspielung auf Frankreichs militärische Überlegenheit und vermeintliche Aggressivität. Ihr gibt die SPD, dargestellt durch einen bebrillten Mann mit Ballonmütze, in unterwürfiger Pose einen Handkuss. Die Bildunterschrift lautet:

„Die rote Canaille/ Die S.P.D. katzbuckelt peitschenzahm/ Vor Frankreich, flötend: >Küss‘ die Hand, Madam‘!< / Doch die umgirrte Peitschen-Marianne/ Die lacht sich eins vorm roten Kuschdich-Mann:/ Und preßt *durch diesen* ohne jeden Flaus/ Des armen Deutschlands Letztbestand heraus.“

Das Bild macht dem Betrachter klar, dass die SPD keineswegs „Manns genug“ ist, sich den Forderungen – „Verzicht auf Panzer –B! ‚Ostlocarno‘!! Verzicht auf Zoll-Union!!!“ - seiner Angebeteten zu widersetzten. Indem die Nationalsozialisten die Allegorie der Demokratie (wie sie auf Abb. 7 zu sehen

83 Zur Darstellung der französischen Nationalstaatsallegorie vgl. „Die Allegorie der Freiheit“ in: Freiheit, Gleichheit, Brüderlichkeit. 200 Jahre Französische Revolution in Deutschland, Germanisches Nationalmuseum, Nürnberg 1989, S. 656ff.

84 Vgl. Koch, Ursula E. (Hg.), Marianne und Germania in der Karikatur (1550-1999), Leipzig o.J. (1999).

85 Vgl. z.B. Die Brennessel 1933, 39, S. 463; Die Brennessel 1933, 18, S. 213; Die Zeitlupe 1931, 4, S. 45.

war) ikonographisch einerseits aus dem Typus der jüdischen Matrone herleiten und sie andererseits (nicht zuletzt durch ihre Kopfbedeckung) implizit mit dem Erbfeind Frankreich gleichsetzen, erscheint die – deutsche – Demokratie als im Kern jüdisch und französisch unterwandert.

Eine andere Karikatur zeigt eine weibliche Gestalt, die – diesmal als „Reichstagsmehrheit" tituliert – wiederum sowohl Züge der jüdischen Matrone als auch der dirnenhaft-weiblichen Marianne aufweist **(Abb. 10)**. Die „Reichstagsmehrheit" trägt ein Kleid in den Farben der Republik und die phrygische Mütze und steht kokett zwischen zwei Männern, die von ihr umarmt werden. Während der eine – in Zivil und mit Melone als „Young" tituliert ist, repräsentiert ein französischer Soldat die Miltärmacht Frankreich. Die Bildunterschrift lautet:

> „Als feile Feindesauslands-Metze/ Lehnt freiheitschaffende Gesetze,/ Wie jüngst man eins in Antrag gab,/ Die Reichstagsmehrheit nur brüsk ab./ Auf ihres Youngflirts Strich und Spuren/ Wird sie sich noch zu Tode huren."[86]

Die Demokratie respektive die Reichstagsmehrheit erscheint hier als weibliche Allegorie, die sich nicht nur mit den „Feinden" Deutschlands einlässt, sondern generell mit den Untugenden ihrer französischen Schwester Marianne ausgestattet ist. Grundsätzlich wurden nämlich – auch schon vor dem Ersten Weltkrieg – die nationalen Geschlechtscharaktere als Teil und Ausdruck des Nationalcharakters interpretiert. Aus deutscher Sicht hieß das, dass die deutsche Frau den weiblichen Geschlechtscharakter, d.h. Sittlichkeit, Schamhaftigkeit und Treue verkörperte, wohingegen die französische Frau mit den entgegensetzten Eigenschaften ausgestattet war, d.h. dass sie als lüstern, sinnlich, frivol, liederlich, kokett und vergnügungssüchtig imaginiert wurde.[87] Diese Gleichsetzung von Geschlechtscharakter und Feindstereotyp, die – zumindest dem Anspruch nach – für jede Frau galt, fand ihre visuelle Umsetzung vor allem in der karikaturistischen Darstellung der Nationalstaatsallegorie der jeweils anderen Nation, so dass Marianne in der deutschen Publizistik zumeist die durch das weibliche Geschlecht vermittelten französischen Untugenden aufwies.[88] Indem die Allegorie der Demokratie durch die Überblendung unterschiedlicher ikonographischer Traditionen in der NS-Presse sowohl als

86 Illustrierter Beobachter 1929, 50, S. 667.

87 Tacke, Charlotte, Nation und Geschlechtscharaktere, in: Frauen und Nation, hg. von Frauen & Geschichte Baden-Württemberg, Tübingen 1996, S. 35-48, hier S. 42f.

88 Vgl. Koch 1999.

„jüdisch" als auch als „französisch" charakterisiert wurde, konnten die Nationalsozialisten in dem Bestreben, die Weimarer Republik zu denunzieren, auf – in der Bevölkerung jeweils weit verbreitete - antisemitische und frankophobe Ressentiments zurückgreifen.[89] Hinzu kam, dass gleichzeitig die in der republikfreundlichen Presse geläufigen positiv besetzten weiblichen Allegorien der Republik, die häufig in der Tradition der Delacroixschen Freiheitsdarstellung standen, karikiert werden konnten.[90]

Im *Kikeriki* kontrastierte man um die Jahrhundertwende die „jüdische Matrone Liberalismus" noch mit einer idealisierten weiblichen Allegorie, die die positiven Werte verkörperte. In dem sozialdemokratischen Satireblatt *Der wahre Jacob* treten auch in der Zeit der Weimarer Republik - neben männlichen Leitfiguren wie dem Arbeiterriesen - durchaus noch mächtige, lichtvolle Frauengestalten auf, die positive Werte wie Harmonie, Güte und Zukunftsgewissheit und nicht zuletzt die Republik verkörperten.[91] Und in der ursprünglich bürgerlich demokratischen Karikaturzeitschrift *Kladderadatsch*, die in der Weimarer Zeit einen militanten Konservatismus vertrat und sich rühmte, das einzige große politische Witzblatt Deutschlands „auf nationaler Grundlage"[92] zu sein, fand – neben Hindenburg als einziger männlicher Leitfigur – weiterhin Germania als positive nationale Integrationsfigur Verwendung.[93] Den Nationalsozialisten diente die ehemals so berühmte Nationalstaatsallegorie allerdings nicht mehr als Träger von nationaler Identität und Zukunftsoptimismus. Vielmehr wird mittels der Germania-Darstellungen in der NS-Karikatur der Wunsch nach der starken Hand eines Führers zum Ausdruck gebracht: Germania erscheint als passive Frauenfigur, die auf den (männlichen) Befreier wartet.[94]

In der nationalsozialistischen Bilderwelt sind Frauengestalten als Trägerinnen positiver Eigenschaften und nationalem Selbstverständnis nicht mehr zu

89 Für Für weitere Beispiele der nationalsozialistischen Allegorie der Demokratie vgl. z.B. Illustrierter Beobachter 1930, 40, S. 687; Illustrierter Beobachter 1931, 15, S. 434; Die Zeitlupe 1931, 5, S. 58.

90 Vgl. Haese / Schütte 1989, S. 56f., 73.

91 Vgl. ebenda, S. 73.

92 Vgl. ebenda, S. 114ff.

93 Vgl. z.B. die Karikatur „Der Götze" im Kladderadatsch, 1931, 51 von H. Lindloff. Während die Personifikationen der verschiedenen Parteien einen Götzen, der das Parteiensystem symbolisiert, anbeten, wird Germania von ihnen nicht beachtet. Dementsprechend lautet die Bildunterschrift: Germania: „Alles betet diesen edlen Götzen an. Wer kümmert sich um mich?" abgedruckt in Haese / Schütte 1989, S. 113.

94 Vgl. Die Brennessel 1931, 17, Titelbild.

finden. Im Gegenteil: Sie personifizieren immer das andere, das zu bekämpfende Prinzip. Der zum Feindbild stilisierten weiblichen Allegorie der Demokratie bzw. „dieses System(s)“, wie es auf einer anderen Abbildung **(Abb. 11)** heißt, wird als positive Personifizierung stets ein Mann gegenübergestellt, nämlich der idealisierte und arisierte Arbeitertypus, der gleichzeitig das deutsche Volk und die nationalsozialistische Partei verkörpert. In einer Karikatur von 1931 wird er beispielsweise als ein durchaus heldenhafter Mann – seine Körperhaltung ist aufrecht, und offensichtlich angstfrei blickt er auf seinen Peiniger – dargestellt, der aber von der bedeutungsperspektivisch erhöhten weiblichen Verkörperung des Systems, der „Demokratie“, die wiederum ein Kleid in den Farben der Republik trägt, tyrannisiert wird: Mit einem ihrer massigen Arme zieht sie die männliche Verkörperung des in Ketten geschlagenen „deutschen Volks“ zu sich heran, um mit einem Knüppel auf es bzw. ihn einzuschlagen. Auf einer wenig später erschienenen Karikatur aus dem gleichen Jahr hat sich das Verhältnis deutlich umgekehrt **(Abb. 12)**: Das deutsche Volk, jetzt als NS-Riese ins Bild gesetzt, steht im Begriff, seine Ketten – bestehend aus dem Verbot des *Völkischen Beobachters* - zu zerreißen, während „die Demokratie“ nunmehr offensichtlich verängstigt und in sich zusammengefallen hinter ihm steht.

Eine Analyse der NS-Bildpolitik zeigt, dass die Nationalsozialisten bewusst auf ikonographische Traditionen zurückgriffen, die sie teilweise weiterführten oder aber für die eigenen Zwecke modifizierten, oftmals aber auch zu neuen Bildstereotypen zusammenführten. Neben dem Rückgriff auf tradierte Vorstellungen über die Geschlechterordnung kamen vor allem antisemitische und rassistische Bild-Stereotypen zum Einsatz, um den innen- und außenpolitischen „Feind“ zu denunzieren. Hierbei ist auffallend, dass die Kennzeichnung des rassisch Anderen wiederum häufig mithilfe geschlechtsspezifischer Bildtopoi erfolgte oder rassistische und sexistische Stereotypen miteinander verschmolzen wurden; eine Verfahrensweise, die sich u.a. aus der historischen Koinzidenz zwischen der Konstruktion antisemitischer bzw. rassistischer und antifeministischer Stereotype erklärt und die die Möglichkeit bot, den Gegner „doppelt“ zu stigmatisieren. Auch ins Bild gesetzte sozialstrukturelle Unterschiede von arm versus reich wurden gerne dazu genutzt, den angeblich vom innenpolitischen (reichen) Gegner begangenen sozialen Verrat am (armen) „Volk“ zu denunzieren, womit die Nationalsozialisten sich als dessen Retter aufspielen konnten. Binär strukturierte Differenzen scheinen insgesamt besonders zweckmäßig, wenn es darum geht, Macht- bzw. Herrschaftsgefüge zu legitimieren. Gleichzeitig dienen sie der visuellen Kennzeichnung von Freund und Feind. Die häufige Verwendung von Bildthemen, die auf eine hierarchisch und strikt binär kodifizierte Geschlechterordnung rekurrieren, lässt sich dementsprechend u.a. dadurch erklären, dass gerade das Geschlechterverhältnis sich durch seine angebliche Natürlichkeit und Ursprünglichkeit - gekoppelt an seine dualistische Struktur - besonders gut dafür eignete, mit unterschiedlichen Kontexten und Inhalten verknüpft und als Legitimationsinstanz herangezogen zu werden. Hinzu kommt, dass der Rekurs auf die Geschlechterordnung es ermöglicht, politische Szenerien in eine allgemein verständliche, visualisierbare und affektiv aufgeladene Alltagsszenerie zu transformieren: So z.B. wenn politische Bündnisse als Hochzeit, Ehe oder (liederliches) Verhältnis dargestellt werden oder Frauen im allegorischen Gewand (sei es als Personifikation von Frankreich oder einer gegnerischen Partei) zu gefährlichen Verführerinnen werden.[95] Erstens garantiert die Bezugnahme auf den Alltag einen hohen Grad an unmittelbarer Verständlichkeit. Zweitens können Bilder im besonderen Maße Gefühle auslösen und verstärken, so dass die Anwendung visueller Medien zu einer Emotionalisierung des Politischen führt.[96] Einerseits wird dabei eine traditionell hierarchisch strukturierte Geschlechterordnung als Folie genutzt, um Politik darzustellen bzw. zu kommentieren, und andererseits schreibt die politische Ikonographie kulturell konstruierte Geschlechterrollen fort. Zudem wird, indem politische, öffentliche Ereignisse auf den privaten (Geschlechter- bzw. Ehe-)Alltag übertragen werden, die öffentliche Politik intimisiert.[97]

---

95 Vgl. z.B. Die Brennessel 1932, 29, S. 347; Die Zeitlupe 1931, 13, Titelbild; Die Zeitlupe 1931, 4, S. 48.

96 Vgl. Sachs-Hombach, Klaus / Schirra, Jörg R., Zur politischen Instrumentalisierbarkeit bildhafter Repräsentationen. Philosophische und psychologische Aspekte der Bildkommunikation, in: Hofmann, Wilhelm (Hg.), Visuelle Politik: Filmpolitik und die visuelle Konstruktion des Politischen, Baden-Baden 1998, S. 28-39, hier S. 38.

97 Hoffmann-Curtius, Kathrin, Ein Paar - ein Volk. Bilder zur deutschen Vereinigung 1989/90, in: Kritische Berichte 2/1993, S. 77-96 hat diese Effekte am Beispiel der symbolischen Repräsentationen der deutschen „Wiedervereinigung" um 1990 aufzeigen können: In allen Medien wurde die Wiedervereinigung vorzugsweise als Geschlechtsakt oder als Hochzeit dargestellt. Dabei ist die Struktur der bildlichen Inszenierungen, und zwar unabhängig von ihrer politischen Intention, einem traditionellen Bild der Geschlechterökonomie verpflichtet: Die BRD als der Partner mit der entscheidenden Macht wird als männlich, die DDR als inferior und weiblich dargestellt. Vgl. auch Ausst.-Kat., Ein Paar-Ein Volk? Bildpolitik zur deutschen Vereinigung 1989-1993. Eine Ausstellung des Faches Kunstgeschichte der Universität Trier vom 20. Juni bis 22. Juli 1994, Trier 1994.

Abb. 1: Brennessel 1, 1931, 22, Titelbild. BU: Was rechts, was links, veraltete Begriffe: Ein neuer Mensch formt eine neue Zeit!

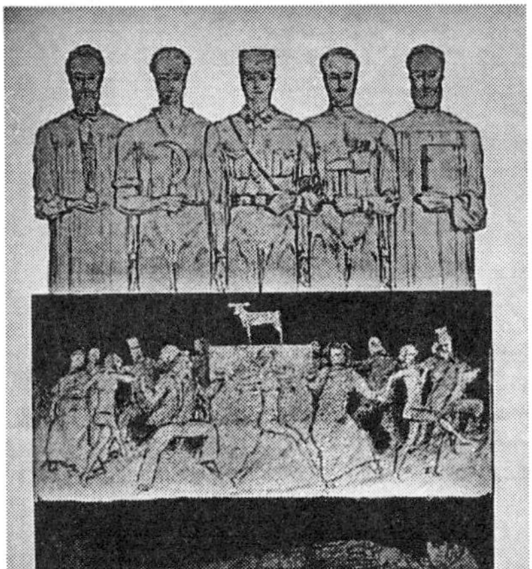

Abb. 2: Die Brennessel, 1, 1931, 24, S. 285. BU: Die Geopferten, die Heutigen, die Kommenden.

Abb. 3: Die Brennessel 3, 1933, 2, S. 24. (Johann Schult) BU: „Beklag dich nicht, mein Lieber - wenn wir Frauen uns mit Politik beschäftigen müssen, dann müßt ihr Männer eben die Kinder wickeln!" „Und was hat dein Ball mit Politik zu tun?" „Du bist gut - wo soll man denn sonst deinen Minister erwischen?"

Abb. 4: Die Brennessel 2, 1932, 20, S. 238. BÜ: Aus dem Familienleben der Kommune (Bei den roten Maifeiern in Berlin erschienen die Ehrenjungfrauen zum Teil wieder in Badeanzug); BU: „Mutta, verwahr mich mal den Kleenen - ick jeh als Ehrenjungfrau bei die Fahnenweihe!"

Abb. 5: Die Brennessel 3, 1933, 30, S. 357. (Johann Schult) BU: „Da hast du's mit deinem Dritten Reich: die politische Laufbahn ist uns nun abgeschnitten!" „Nicht doch, Ilse - du selber sitzt ja da droben wie ein Monument weiblicher Politik!"

Abb. 6: Die Zeitlupe 1, 1931, 17, S. 197. (Moritz) BU: „Wir Sozialdemokraten können uns jede Diätenkürzung leisten, liebe Kollegin. Was wir an Geld verlieren, gewinnen wir an Würde." (Kraft und Schönheit).

Abb. 7: IB 3, 1928, 9, S. 117. BU: „Der Keudell - das ist schon fast mystisch:/ Hat der noch immer nicht gemerkt,/ daß Terror, wenn er kommunistisch,/ des Staates Ansehen hebt und stärkt?/ Die Republik ist nur bedroht/ von Hakenkreuz und Schwarzweißrot!“

Abb. 8: Kikeriki, 35, 1895, 24, Titelbild. BU: Ein Beamter: Was? Dem ekelhaften Weibsbild soll'n wir d' Hand küssen?! - Höchstens d'raufspucken! (Inschrift auf Kleidung der „Jüdischen Matrone“ rechts im Bild: Liberalismus).

Abb. 9: Abb. 14: IB 6, 1931, 32, S. 695. BU: Die rote Canaille./ Die S.P.D. katzbuckelt peitschenzahm/ Vor Frankreich, flötend: „Küss' die Hand, Madame'!"/ Doch die umgirrte Peitschen-Marianne,/ Die lacht sich eins vorm roten Kuschdich-Manne/ Und preßt durch diesen ohne jeden Flaus/ Des armen Deutschlands Letztbestand heraus.

Abb. 10: IB 1929, 50, S. 667. BU: Als feile Feindesauslands-Metze/ Lehnt freiheitschaffende Gesetze, /Wie jüngst man eins in Antrag gab,/ Die Reichstagsmehrheit nur brüsk ab./ Auf ihres Youngflirts Strich und Spuren/ Wird sie sich noch zu Tode huren.

Abb. 11: IB 6, 1931, 32, S. 695. BU: Was? - Du erkühnst dich aufzumucken/ In deiner Hungerdärme Zucken,/ Du deutscher Freistaatssklave ... - was?!/ Ei, Younghelot, so merk' dir das:/ Wer aufmuckt, kriegt mit Eiladresse/ Von dem System eins in die Fresse!

Abb. 12: IB 6, 1931, 8, S. 175. BU: Je wutentloderter dies´diesen/ Kraftstrotzenden und trutz'gen Riesen/ In Fesseln engt und knebelt, die/ Preisliche Young-Demokratie, --/Um desto stärker nur hinwieder/ Regt er die Muskeln und die Glieder.

Flintenweiber? Patriotische Mütter!

Geschlechtergrenzgänge in den Repräsentationen des Widerstandes am Beispiel der deutschen Besatzung Norwegens 1940-45

Claudia Lenz

In allen Ländern, die im Zweiten Weltkrieg unter deutscher Besatzung standen, wurde Widerstand gegen die deutsche Kriegs- und Besatzungspolitik verübt. Dieser wurde nicht nur von organisierten Gruppen, sondern auch von Teilen der Zivilbevölkerung getragen. Auch wenn dieser Widerstand sehr unterschiedliche Formen und Ausprägungen hatte, nach 1945 wurde er in all diesen Ländern zu einem elementaren Bestandteil nationaler Selbstbilder. Die Erinnerung an den Widerstand wurde in der Nachkriegszeit unter anderem durch das öffentliche Zirkulieren der Geschichten von „Widerstandshelden" und ihren Taten, z.B. in der umfangreichen Erlebnisliteratur geprägt. Einzelne Akteure des Widerstandes spielten jedoch auch in den Ritualen und Symbolen des „offiziellen" Gedenkens immer wieder eine zentrale Rolle. Zumeist haben Gedenktage oder Gedenkorte[1] einen Bezug zu konkreten Ereignissen des Widerstands und der Verfolgung. Häufig erinnern sie an ermordete oder gefallene Personen, von deren Handeln die Überlebenden und Zeitgenossen stellvertretend „Zeugnis" ablegen konnten. Diese durch Personen, Symbole und Praktiken gebundene und vergegenwärtigte Erinnerung an „den Widerstand" wurde allmählich zum Allgemeingut, und es bildeten sich kollektive Narrationsmuster von der Art „alle waren dabei" (oder wenigstens in irgendeiner Weise daran beteiligt) heraus. Die kulturellen Repräsentationen „des Widerstands" wurden in den ersten Nachkriegsjahrzehnten zu einem zentralen Referenzpunkt nationaler „Basisnarrationen"[2] in den ehemals besetzten Ländern.

---

1 Vgl. Reichel, Peter, Politik mit der Erinnerung. Gedächtnisorte im Streit um die nationalsozialistische Vergangenheit, Frankfurt a.M. 1999. Ich beziehe mich hier u.a. auf die von Reichel verwendete Begrifflichkeit von „Gedächtnisorten" und „Gedenktagen" sowie auf Assmann, Aleida, Erinnerungsräume. Formen und Wandlungen des kulturellen Gedächtnisses, München 1999, wo sie Prozesse der Verräumlichung und Verzeitlichung kollektiver Erinnerung herausarbeitet.

2 Vgl. Bryld, Claus/Warring, Anette, Besættelsestiden som kollektiv erindring. Historie- og traditionsforvaltning af krig og besættelse 1945-1997, Roskilde 1998. Die AutorInnen beschreiben am dänischen Beispiel, dass bereits im letzten Jahr der Besatzung, spätestens jedoch im Verlauf des „Befreiungssommers" 1945 eine „Grund-

Dabei befanden sich Erinnerungen als individuelle Form der Erfahrungsverarbeitung und die Herausbildung kanonisierter Darstellungs- und Umgangsweisen in Bezug auf Kriegs- und Besatzungszeit in einem wechselseitig beeinflussenden Verhältnis.[3]

Wer „dabei gewesen war", beanspruchte einen Vorschuss an politischer Autorität – die „Veteranen", deren Widerstandserinnerungen veröffentlicht wurden, waren nicht selten Politiker und Repräsentanten politischer Organisationen der Nachkriegszeit. Für die politischen Eliten bestand ein klarer Zusammenhang zwischen der Deutungsmacht über die Besatzungszeit und dem aktuellen Gewicht ihrer politischen Stimme. Den männlichen Helden und Veteranen standen jedoch niemals im gleichen Maße Heldinnen gegenüber. Auch wenn die nationalen „Grunderzählungen" des Widerstandes so angelegt waren, dass sich die breite Mehrheit der Bürgerinnen und Bürger darin wiederfinden und damit identifizieren konnte, so traten doch die Beiträge, die Frauen zum Widerstand geleistet hatten, lange Zeit nicht in Erscheinung oder sie wurden dem männlichen Widerstand in nachrangiger, abgeleiteter Weise untergeordnet. Alle waren dabei, aber gerade deshalb galt das, was Frauen an Beteiligung zugestanden wurde, eher als Selbstverständlichkeit denn als besonderer Erwähnung und öffentlicher Darstellung würdig...

Bei näherem Hinsehen zeigen sich jedoch Dimensionen des Besatzungsalltags und der Widerstandsaktivitäten, die dieser männlich dominierten Sicht deutlich widersprechen. Die Beiträge von Frauen scheinen für das Funktio-

erzählung" von der Besatzungszeit geschaffen wurde, „die seitdem hegemonialen Status besitzt" (S. 55, Übers. C.L.). Als entscheidendes Charakteristikum einer solchen Grunderzählung beschreiben sie ihre vereinheitlichende und harmonisierende Wirkung innerhalb der „kulturellen und politischen Sinnproduktion": Die Grunderzählung „hat in dem Sinne Modellcharakter gehabt, dass konfligierende Erzählungen sich notwendigerweise zu ihr ins Verhältnis setzen mussten, um überhaupt sichtbar zu werden" (ebd., Übers. C.L.).

3 Meine Thesen in Bezug auf Norwegen korrespondieren mit den Arbeiten der norwegischen Ethnologin Anne Eriksen, die im Anschluss an die Theorie Maurice Halbwachs' davon ausgeht, dass Erinnerung immer ein sozial formiertes Phänomen ist. Individuelle Erinnerung muss demnach so formiert sein, dass sie im soziokulturellen Kontext „sinnvoll" und intersubjektiv kommunizierbar ist, zugleich müssen aber auch die kulturellen Formen der Erinnerung so „codiert" sein, dass sie je individuell lesbar sind und eine Identifikation erlauben. Vgl. Eriksen, Anne, Historie, Minne og Myte, Oslo 1999; insbes. S. 14 f. und S. 94 f., sowie Halbwachs, Maurice: Das kollektive Gedächtnis, Frankfurt a. M. 1985; ders., Das Gedächtnis und seine sozialen Bedingungen, Frankfurt a. M. 1985. Für beide Ebenen stellt die „Basiserzählung" (vgl. Fn. 2) eine vermittelnde Matrix dar.

nieren jeglicher Widerstandsaktivität von elementarer Bedeutung gewesen zu sein, die Erzählstruktur der patriotischen Helden und ihrer Unterstützerinnen – auf die ich später näher eingehen werde – zerfällt, je differenzierter das Bild des Widerstands wird, in zwei Richtungen. Weder gab es nur das „entweder/oder" wahrhaftiger Patrioten und Verräter, noch waren es ausschließlich Männer, die den aktiven Kampf für die Wiedererlangung nationaler Freiheit kämpften. Bei einem Blick hinter die mythisch vereinfachte Grunderzählung treten Darstellungen von Frauen in den Blick, die auf unterschiedlichste Weise am Widerstand beteiligt waren, dabei häufig die traditionellen Geschlechtergrenzen überschritten und deren Geschichten im Kanon der kollektiven Erinnerung nicht zur Sprache kamen. Diese Leerstelle in den Erinnerungskulturen der ehemals besetzten Länder ist der Ausgangspunkt meiner Fragestellungen: Welches sind die Gründe für die exklusiv männliche Repräsentation des Widerstandes und welches sind die Folgen für die später daraus abgeleiteten Ansprüche auf politische Handlungs- und Gestaltungsmacht?

Dieser Beitrag ist von der Grundannahme getragen, dass innerhalb der Erinnerungsnarrationen über den Widerstand sowohl nationale als auch Geschlechtsidentitäten repräsentiert und reproduziert werden. Die „Heldensagas" enthalten nicht nur Bilder der „richtigen" patriotischen Gesinnung und der „wahrhaftigen" Zugehörigkeit zu einer Nation, sie rufen also nicht nur nationalisierte Normen und Werte auf. Sie legen darüber hinaus auch die Positionierung von Männern und Frauen innerhalb der nationalen Ordnung fest. Gerade weil die Repräsentationsweisen des Widerstandes – von den alltäglichen „Geschichten, die man kennt" bis hin zu den offiziellen Formen des Gedenkens – starke Tendenzen der Mythisierung[4] aufweisen und den affektiven „Kitt" kultureller Identitätsstiftung liefern, lohnt sich eine Analyse ihrer vergeschlechtlichten Strukturen und Formierungsprozesse. Gibt es so etwas wie eine „Geschlechterordnung des Widerstandes"? Werden mit der Tradierung von Widerstandsnarrativen Geschlechtsidentitäten bestätigt, herausgefordert, überschritten? Welche Rolle spielen vergeschlechtlichte Identifikationen in nationalen Widerstandsdiskursen? Nation – Geschlecht – Widerstand, dies sind die ineinander verschränkten Konzepte, deren dynamische „Ordnung" in diesem Beitrag am Beispiel der deutschen Besatzung Norwegens 1940-45 untersucht wird.

---

4 Vgl. Barthes, Roland, Mythen des Alltags, Frankfurt a.M. 1964.

Der Aufbau dieses Beitrags gestaltet sich folgendermaßen: Zunächst wird anhand zweier Zitate die Verknüpfung von Weiblichkeit und bewaffnetem Kampf beleuchtet und damit diejenige Grundstruktur, die Frauen tendenziell aus Widerstandsdiskursen ausschließt. Aus den Worten eines Besatzers als auch einer Partisanin wird deutlich, dass diese Verbindung eine Aporie darstellt – eine Frau, die mit der Waffe kämpft, kann keine „richtige" Frau sein. Frauen, so meine These, war es somit nur sehr schwer möglich, sich als aktiv handelnde Subjekte in die Narrationen des (bewaffneten) Widerstandes einzuschreiben. Entscheidend dabei ist, dass dieser Ausschluss nicht nur ein äußerlich erzwungener, sondern durch die Identifikationen und Selbstverortungen der Frauen selbst bestätigter und hervorgebrachter ist. Diese Perspektive wird durch einige grundlegende Überlegungen zur performativen Konstitution und Konstruktion von Subjektpositionen und Identitäten verdeutlicht. Es folgt eine kurze Skizze des Verlaufs der deutschen Besatzung Norwegens im Zweiten Weltkrieg, wobei der Spezifik des zivilen Widerstandes besondere Aufmerksamkeit zukommt. Eine Besonderheit stellt in diesem Zusammenhang das Phänomen des „Holdningskamps" dar, also die kollektiven Verweigerungsstrategien verschiedenster gesellschaftlicher Gruppen gegen die Versuche nationalsozialistischer Gleichschaltung. Dabei werden die Bedeutungsverschiebungen von Öffentlichkeit und Privatheit im Zusammenhang mit diesen Widerstandsformen beleuchtet, mit denen sich gleichzeitig auch die Koordinatensysteme der traditionellen Geschlechterverhältnisse veränderten. Vor diesem Hintergrund werde ich die herrschenden Widerstandskonzeptionen der politischen Theorie, die auch den gängigen populären Vorstellungen von Widerstand zugrunde liegen, problematisieren. Bei einem Blick auf verschiedene Widerstandskonzeptionen wird deren „Geschlechterblindheit" deutlich. Die „Verteidigung der Nation" war das zentrale Grundmotiv des norwegischen Widerstandes gegen die deutsche Besatzung – zwei Abschnitte widmen sich den zeitgenössischen und nachträglichen Vorstellungen von dem „Platz", den Frauen und Männer bei dieser Verteidigung einzunehmen hatten. Es geht also auch um den Ort, die Verortung von Frauen in der individuellen und kollektiven Erinnerung an den Widerstand. Das komplexe und widersprüchliche Neben- und Ineinander von erweiterten Handlungsspielräumen von Frauen und einer Verfestigung traditioneller Geschlechtsentwürfe durchzieht einzelne Geschichten und Erinnerungen. Dies zeigt sich schließlich anhand des Beispiels einer Norwegerin, die 1945 zu den Partisanen ging.[5] In einem Ausblick werde

5 Während es sich hierbei um ein 1999 von mir geführtes Interview handelt, handelt

ich schließlich einigen der Implikationen dieser Befunde für die politischen Handlungs- und Gestaltungsmöglichkeiten von Frauen und Männern nachgehen, die sich aus den unterschiedlichen Möglichkeiten ergaben, sich als aktive Subjekte des Widerstands zu erzählen und daraus politische Autorisierung abzuleiten.

Flintenweib und vermännlichte Frau. Zwei Blicke

Die Verknüpfung von militärischen, kriegerischen Attributen mit Männlichkeit ist fester Bestandteil bestehender Geschlechterdiskurse, der bewaffnete Kampf ist ein (symbolischer) Ort, an dem männliche Identität „geschmiedet" wird. Wie aber sieht es mit der Verknüpfung von „Weiblichkeit" und „bewaffnetem Kampf (bzw. Widerstand)" aus? Zwei Zitate sollen, wie angekündigt, dazu dienen, etwas über diese prekäre Konstellation herauszufinden. Die erste Aussage stammt aus den Kriegstagebuch-Aufzeichnungen eines deutschen Generals der 6. Armee während des Russlandfeldzuges 1942:

> „Ich verbiete die Erschießung von Frauen und Kindern, Flintenweiber ausgenommen."[6]

Die zweite Aussage ist einem Interview mit einer französischen Partisanin entnommen, das erst einige Jahrzehnte nach Kriegsende durchgeführt wurde:

> „Ich bin wie ein Mann. [...] Wenn ich heute rauche und trinke, dann kommt das nur daher, weil ich in der Résistance damit angefangen habe. Ich habe Seite an Seite mit Männern gelebt, also mußte ich auch werden wie sie."[7]

Zwei Aussagen, die aus entgegengesetzter Perspektive etwas über Bilder von Frauen aufzeigen, die im Zweiten Weltkrieg in den Armeen oder bei den Partisanen kämpften. Aus dem einen Zitat spricht die Sicht des männlichen Besatzers auf bewaffnet kämpfende Frauen, das andere beschreibt die Selbst-

es sich bei anderen in diesem Artikel zitierten Selbstzeugnissen um Erfahrungsberichte und Interviews, die aus den 80er und 90er Jahren stammen und von Elisabeth Sveri archiviert wurden (inzwischen im Besitz des „Forsvarsmuseet" in Oslo).

6 Kriegstagebucheintragung eines deutschen Generals während des Eroberungsfeldzuges in Russland 1942, zit. aus: Hamburger Institut für Sozialforschung (Hg.), Vernichtungskrieg. Verbrechen der Wehrmacht 1941-44, Ausstellungskatalog Hamburg 1999, S. 169.

7 Zit nach: Schwartz, Paula, Geschlechterrollen und weibliches Bewußtsein. Erinnerungen aus den 1980er Jahren an die französische Résistance, in: BIOS. Sonderheft 1993, S. 40.

wahrnehmung einer Widerstandskämpferin. Beide Äußerungen enthalten eine Logik, wonach die Bewaffnung und Teilnahme einer Frau am Widerstandskampf mit dem symbolischen[8] Verlust der Weiblichkeit einhergeht. Der deutsche General unterscheidet zwischen Frauen und „Flintenweibern" und gibt letztere damit zur Ermordung frei. Den Flintenweibern kommt nicht die Schonung zu, die „echten" Frauen von „echten", ritterlichen (deutschen) Soldaten gewährt wird. Da „echte Frauen" in dieser Logik per definitionem unbewaffnet sind, werden sie zugleich als wehrlose und unschuldige Opfer konstruiert.

Die ehemalige französische Résistance-Angehörige wiederum beschreibt rückblickend, dass sie in der (ausschließlichen) Gesellschaft von männlichen Widerstandskämpfern, somit sozial und symbolisch gesehen auf „männlichem" Terrain lebend, so werden mußte „wie sie". Sie hat sich in einem Bereich bewegt, der für „wirkliche Frauen" nicht vorgesehen war, was ihrer Ansicht nach dazu führen musste, dass sie sich dem männlichen Umfeld anglich – was durchaus nicht besagt, dass es sich um einen Verlust der Weiblichkeit handelte, wohl aber eine Irritation, eine Veruneindeutigung. Das Zitat entwirft das Bild einer Verschiebung innerhalb der Geschlechtsidentität hin zur „vermännlichten Frau". Als Zeichen dieser „Vermännlichung" benennt sie Attribute des „männlichen" Habitus – Rauchen und Trinken. Offenbar war diese Veränderung mehr als eine vorübergehende Anpassung, denn sie blieb über die Zeit in der Résistance hinaus wirksam.

Die militärischen Überfälle durch deutsches Militär – von denen die Bevölkerungen größtenteils völlig überrascht wurden – waren für Frauen und

8 Es handelt sich hierbei nicht um den Verlust irgendeiner, beispielsweise an biologischen oder ähnlichen Kriterien zu objektivierenden, „essentiellen" Weiblichkeit, eine solche steht hier nicht zur Debatte. Hier handelt es sich um die Positionierung von Subjekten innerhalb von Bezeichnungspraktiken und den damit verbundenen Status innerhalb der symbolischen Ordnung. In dem Moment, in dem ein Subjekt nicht mehr als (eindeutige) Frau bezeichnet wird, verliert es nicht nur die Sicherheit der an den Status der „Frau" gebundenen kulturellen Übereinkünfte und Konventionen; innerhalb der kulturellen Ordnung rigider Zweigeschlechtlichkeit stellt die eindeutige geschlechtliche Identifizierbarkeit die „Bedingung der Möglichkeit" von Artikulations- und Handlungsfähigkeit innerhalb dieser Ordnung überhaupt dar (Judith Butler bezeichnet dies als „symbolische Forderung, eine sexuierte Position einzunehmen", vgl.: Butler, Judith, Phantasmatische Identifizierung und die Annahme des Geschlechts, in: Institut für Sozialforschung Frankfurt (Hg.), Geschlechterverhältnisse und Politik, Frankfurt a. M. 1994, S. 105), die Infragestellung dieser Eindeutigkeit kommt somit der Infragestellung des Subjektstatus schlechthin gleich.

Männer in den besetzten Ländern auch mit der Verunsicherung nationaler Identität verbunden. Auch hier gilt, dass es keineswegs in Frage stand, ob die Okkupierten etwa noch „Norweger", „Belgier" oder „Franzosen" waren – sie waren durch die feindliche Besatzung ja gerade in ihrer Position *als* „Norweger", „Franzosen" etc. bestätigt. Zutiefst verunsichert war hingegen die *Bedeutung* dieser nationalen Identität.[9] Eine Nation wie Norwegen, die ihre Unabhängigkeit 1940 gerade mal 37 Jahre besaß, definierte sich noch stark über die „Befreiung aus der Fremdherrschaft"[10] und ein Selbstverständnis als „kleines aber souveränes Land", womit auch entsprechende Identifikationen der Einzelnen als loyale Bürgerinnen oder Bürger einher gingen. Diese Verknüpfungen verloren mit dem Moment der Besatzung ihre Selbstverständlichkeit und mussten neu, der Situation entsprechend etabliert werden. In der Tat resultierte aus der „Irritation" bei den Besetzten eine um so entschlossenere Behauptung dessen, was „dänisch", „holländisch" oder eben „norwegisch" sei (das Beispiel, auf das ich in diesem Artikel näher eingehen werde). Widerstand, in all seinen Formen und Facetten, ist somit Teil der kulturellen Prozesse der Selbstvergewisserung und -behauptung angesichts einer Krise, die Deutungsgewissheiten in Frage stellt. Der affirmative Rückgriff auf die Rhetorik des „echt Norwegischen", welche die Sprache und Bilder des Widerstandes (und seiner nachträglichen Tradierung) beherrscht, darf nachträglich über eines nicht hinweg täuschen: Der Kampf um die Definition dessen, was dieses „Norwegische" sei und ob es folgerichtig zum Widerstand oder zur Zusammenarbeit mit den Besatzern führen würde, war in der ersten Phase der Besatzung keinesfalls entschieden.[11] Erst nach und nach setzte sich ein mehr-

9 Als machtlose AdressatInnen der Besatzungspolitik wurden die EinwohnerInnen der besetzten Länder buchstäblich täglich aufs Neue auf ihre Nationalität verwiesen und festgeschrieben, was, so Bryld/Warring, gleichzeitig zu einer Art von Traumatisierung führte: „Niederlage und Besatzung, ja selbst noch die Befreiung durch fremde Armeen, bewirkten ein bis dahin unbekanntes Trauma für die nationale Identität" (Bryld/Warring, Besættelsestiden, S. 33, Übers. C.L.).

10 Norwegen war seit dem 14. Jahrhundert der quasi-kolonisierte Teil einer Union mit Dänemark und wurde nach dem Wiener Kongress 1814, zu einem Zeitpunkt, als nationale Unabhängigkeitsbestrebungen schon weit fortgeschritten waren, in eine Union unter schwedischer Vorherrschaft gezwungen, wodurch sich die Dynamik der Unabhängigkeitsbewegung noch beschleunigte (eine Phaseneinteilung dieses Prozesses findet sich bei Elviken, Andreas, The Genesis of Norwegian Nationalism, in: The Journal of Modern History 3 (1931), S. 365-391).

11 Auch die norwegischen Nationalsozialisten (Nasjonal Samling/NS) unter Vidkun Quisling verbanden ihre Propaganda für eine nationalsozialistische „Revolution von oben" z.T. mit exakt der gleichen nationalen Rhetorik wie die Kräfte des Wider-

heitlicher Konsens durch, wonach Kollaboration einen Verrat am Norwegischen schlechthin bedeutete. „Eindeutig“ wurden diese Grenzziehungen allerdings erst in der Nachkriegszeit, als das „Basisnarrativ“ von der kleinen Nation entstand, die sich geschlossen und vom ersten Augenblick an gegen die Besatzer zur Wehr setzte.[12]

Die Unsicherheit darüber, was der „beispiellose Ausnahmezustand“ von echten Patrioten fordert, was also ein/e gute StaatsbürgerIn angesichts der Besatzung auszeichnet, spitzt sich durch die Tatsache zu, dass mit der Beteiligung an Widerstandsaktivitäten eine Grenzüberschreitung in die Illegalität einher ging. Gesetzestreue war als Kriterium nationaler Loyalität unbrauchbar geworden. Wo war das Feld patriotischer Betätigung und Identitätsstiftung, wenn die politische Öffentlichkeit aus- oder gleichgeschaltet war, die in Friedenszeiten gleichzeitig eine Domäne, ein Feld performativer Hervorbringung von Männlichkeit war? Innerhalb des widerständigen und illegalen Handelns organisierten sich somit auch bis dahin selbstverständlich erscheinende lebensweltliche und symbolische Grenzverläufe innerhalb der Geschlechterordnung neu. Neben der nationalen und politischen (im Sinne von staatsbürgerlichen) Identität war also zugleich auch die Selbstverständlichkeit der „Existenzweise Geschlecht“[13] verunsichert. Der sich herausbildende Widerstand, seine Praktiken und Diskurse waren also auch Felder, auf denen diese Identitäten und mögliche Subjektpositionen neu verhandelt, positioniert und etabliert wurden. Meine These ist, dass nicht nur patriotische (in diesem Fall: norwegische) Identität gegen den Feind, sondern auch männliche Identität gegen ihre Schwächung sowohl durch die feindliche Entmachtung als auch die in Frage gestellte Hegemonie gegenüber dem symbolisch Weiblichen und den konkreten Frauen der „eigenen“ Nation umkämpft und verteidigt wurde. Gerade an der exklusiv männlichen Organisation und nachträglichen Darstellung des bewaffneten Widerstandes, die in langer Tradition männerbündischer Formierung des Politischen steht, lassen sich diese Prozesse erkennen. Die beiden oben genannten Zitate markieren die heikle „Demarkationslinie“ zwischen widerstreitenden Vorstellungen von (bewaffnetem) Widerstand und Weiblichkeit. Im Folgenden werden nun die Felder, die von dieser Linie durchlaufen und die Ambivalenzen, von denen sie durchzogen werden, weiter ausgelotet.

standes; das diskursive Feld des Nationalen wurde mithin von mehreren Seiten zu „besetzen“ versucht.

12 Eriksen, Historie Minne og Myte, S. 103.

13 Vgl.: Maihofer, Andrea, Geschlecht als Existenzweise, Frankfurt 1995.

Zunächst werde ich jedoch die Subjekt- und Identitätskonzeption umreißen, welche die Voraussetzungen für den weiteren Gedankengang bildet: „Identitäten“ verstehe ich als *Effekt* von Diskursen und (Bezeichnungs-) Praktiken. Was eine Person als ihre Identität wahrnimmt, entsteht im Laufe von kulturell vermittelten Identifikations- und Differenzierungsprozessen, die in sich uneinheitlich, widersprüchlich und *prinzipiell unabschließbar*[14] sind. Das heißt, Identitäten durchlaufen permanente Umdeutungen und Umschreibungen und basieren auf unterbewussten Verdrängungs- und Verschiebungs-Prozessen, die es schlechterdings ausschließen, dass ein Subjekt vollständig „mit-sich-identisch“ ist. Die Vorstellung eines ursprünglichen mit-sich-identisch-Seins, die Phantasie vorgängiger geschlossener Einheit ist als phantasmatisch anzusehen. Zugleich gewährt sie jedoch Orientierung und Handlungsfähigkeit, da erst sie die arbiträren Elemente der Realität in einen sinnvollen Bedeutungszusammenhang bringt. Die Fiktion des mit sich identischen Subjekts, das gestaltend im Zentrum einer Realität steht und diese vernunftgeleitet interpretiert und ordnet, verschleiert, dass Subjektpositionen selbst ein Bestandteil und Produkt dieses Bezeichnungs- und Verweisungssystems sind. Das Subjekt, das sich als steuerndes, kontrollierendes Zentrum der Realität imaginiert und verleugnet, dass es von eben dem konstituiert ist, was es zu kontrollieren glaubt, unterliegt gewissermaßen einem „notwendigen Phantasma“: Denn nur wenn Wirklichkeit kalkulierbar und steuerbar erscheint, nur wenn das Subjekt von einem gegebenen und verlässlichen intersubjektiven Bedeutungshorizont ausgehen kann, vermag es sich in diesem intersubjektiven Raum als Subjekt zu „realisieren“.

Wesentlich für die Identitätsbildung, die eine soziale Existenz, einen Subjektstatus innerhalb der symbolischen Ordnung einer Kultur ermöglicht, sind Bedeutungsverknüpfungen von Zugehörigkeit und Abgrenzung. Die Symbolisierungen von „Zugehörigkeiten“ können rigide oder flexibel sein,

14 Die Bedeutung dieser Unabschließbarkeit kann nicht stark genug betont werden, um zu verdeutlichen, dass es nicht um eine deterministische Position geht, wonach das Subjekt in einer totalisierenden sprachlich-symbolischen Ordnung aufgehe, deren Effekt es ja schließlich sei. Ich stimme Slavoj Žižeks Lesart Lacans zu, wonach ein „Rest“ an Realem in jedem Symbolischen wirkt, etwas, das die Symbolisierung (den Eintritt in die kulturelle symbolische Ordnung und damit die Subjektivierung) gleichzeitig antreibt und sich ihr entzieht: „[D]as Subjekt befindet sich per definitionem in einem Überschuß zu seiner Ursache“ – aber es kann dennoch aus dieser ursächlichen Symbolisierung nicht austreten, ohne seinen Subjektstatus zu verlieren (vgl. Žižek, Slavoj, Judith Butler als Leserin Freuds, in: ders., Sehr innig und nicht zu rasch. Zwei Essays über sexuelle Differenz als philosophische Kategorie, Wien 1999, S. 23).

was von den Identifikationsangeboten und Grenzziehungen einer Kultur abhängt. Die Erlangung und Aufrechterhaltung eines Subjektstatus vollzieht sich durch Identifikation mit bestimmten Positionen innerhalb der sozialen und symbolischen Ordnung einer Kultur. Subjektivität formiert sich mit der Aneignung kulturell gültiger Bedeutungssysteme, die regulieren, was „sinnvollerweise" denkbar und lebbar ist. Identitätsstiftende Konzepte von „Männlichkeit" / „Weiblichkeit" oder „nationaler Identität" sind insofern produktiv, als sie bei der Verknüpfung von Wirklichkeitsaspekten Bedeutung und Ordnung stiftend wirken. *Als* Frau oder Mann oder Angehörige einer Nation wird symbolisch eine Position in einer „Ordnung der Dinge" eingenommen, die mit dem Gewicht des Natürlichen und Selbstverständlichen ausgestattet ist. Subjektpositionen sind somit Einschreibungen in kulturell bestehende Zeichen- und Verweisungssysteme und sind diesen kulturellen Ordnungen nicht vorgängig, sondern von ihnen durchzogen. Die traditionelle Vorstellung, wonach Subjekte mittels Äußerungen und Handlungen ihre Identität zum Ausdruck bringen, muss also umgekehrt werden. *Durch* ihre Äußerungen und Handlungen wird Identität performativ *hervorgebracht.*

Als Beispiel für diese Ausführungen komme ich nochmals auf das Zitat der französischen Résistance-Angehörigen zurück: In der traditionellen Geschlechtersymbolik stellen Rauchen und Trinken einen Teil männlicher Verhaltenscodes, also kulturelle Zeichen von Männlichkeit dar. Gerade im Zusammenhang mit Militär und Krieg sind Rauchen und Trinken seit jeher Attribute des „rauhen" soldatisch-männlichen Habitus.[15] Diese Zuordnungen galten auch in der „Männerwelt" der Partisanen. Um als vollwertiges Mitglied der Partisanen (an)erkannt zu werden, mußten die entsprechenden Verhaltenscodes erfüllt werden, dies dürfte um so mehr für eine Frau gegolten haben.[16] Die Aneignung dieser Zeichen transportiert zwangsläufig beide Be-

15 Zur frühen Neuzeit vgl. Rogg, Matthias, „Wohl auff mit mir, du schoenes weyb". Anmerkungen zur Konstruktion von Männlichkeit im Soldatenbild des 16. Jahrhunderts, in: Hagemann, Karen/Pröve, Ralf (Hg.), Landsknechte, Soldatenfrauen und Nationalkrieger. Militär, Krieg und Geschlechterordnung im historischen Wandel, Frankfurt a.M./New York, Campus 1998, S. 51-73; zur „Verbürgerlichung" des Soldatenbildes im 19. Jhd. vgl. Hagemann, Karen, Der „Bürger" als „Nationalkrieger". Entwürfe von Militär, Nation und Männlichkeit in der Zeit der Freiheitskriege, in: dies./Pröve, Ralf (Hg.), Landsknechte, S. 74-102.

16 Zum Ansatz des „doing gender" vgl. Gildemeister, Regine/Wetterer, Angelika, Wie Geschlechter gemacht werden. Die soziale Konstruktion der Zweigeschlechtlichkeit und ihre Reifizierung in der Frauenforschung, in: Wetterer, Angelika/Knapp, Gudrun-Axeli (Hg.), Traditionen-Brüche. Entwicklungen feministischer Theorie, Freiburg 1992, S. 201-255.

deutungsebenen: Die Zugehörigkeit zur Résistance und die Männlichkeit. Wenn eine Partisanin raucht und trinkt, *verweist* das nicht auf die bereits bestehende Zugehörigkeit zu den Männern des Widerstandes (weil sie bereits ist „wie sie"), sondern es *produziert* diese Zugehörigkeit durch die Aneignung und die Bestätigung des Codes. Es vollzieht sich ein Prozess der Aneignung und Identifikation. Die „Verschiebung" innerhalb der Geschlechtsidentität hat offenbar *durch* den Vollzug dieser Praktiken und Integration in das Selbstbild stattgefunden – jedenfalls besteht diese Verknüpfung noch Jahrzehnte später in der Erinnerung der Zeitzeugin.

Gerade in Krisensituationen ist die Fähigkeit zur Aktualisierung von Selbstbildern und Deutungsmustern unerlässlich. Zugleich muss der Rückbezug auf eine stabile Identitätsbasis gewahrt bleiben, um Orientierung und Handlungsfähigkeit zu erhalten. Nationalität und Geschlecht sind wesentliche und miteinander verschränkte Aspekte einer solchen Identität. Der Diskurs des Politischen wiederum ist sowohl von nationalisierten als auch vergeschlechtlichten Bedeutungen durchzogen und verweist auf die Dimension staatsbürgerlicher Identität. Die Art und Weise, wie diese Felder konstruiert und verknüpft werden, unterliegt permanentem historischen Wandel. Mit der Verschiebung dessen was „denkbar" und „lebbar" ist, hängt die soziale Ordnung und mit ihr symbolische Privilegien, Systeme des Ein- und Ausschlusses zusammen. Kurz: es verschieben sich Machtverhältnisse.

Sind also solche „Bilder"[17] des Widerstands wie das des „Flintenweibes" oder der „vermännlichten Frau" Ausdruck männlicher Deutungsmacht, bzw. können sie als Teil der Kämpfe um Deutungs- und Gestaltungsmacht gelesen werden? Um hierüber Aufschluss zu gewinnen, werde ich den Idealisierungen und Mythisierungen von Geschlechterrollen in den *Bildern* des Widerstandes nachgehen, aber auch den historischen Darstellungen, die diesen Bildern widersprechen und zur Differenzierung auffordern. Denn die Kriegs- und Besatzungssituation schuf gesellschaftliche Ausnahmezustände, die „Normalität" unterbrachen, wenn auch nicht vollständig aufhoben. „Normalerweise" gültige soziale Ordnungen, die gesellschaftliche Aufgaben- und Arbeitsteilung, alltägliche Verhaltensweisen mitsamt den bis dahin „selbstverständlichen" Werten und Normen verloren mit der deutschen Invasion ihre stabile, Sicherheit gewährende Gültigkeit. Somit verschoben sich auch Handlungsspielräume und infolgedessen Wahrnehmungs- und Identifikationsmöglichkeiten –

17 Hier wie im Folgenden liegt ein weiter Bildbegriff zugrunde, der visuelle wie sprachliche Repräsentationsweisen umfasst.

auch in Bezug auf die Geschlechter. Ich werde der Frage nachgehen, wo und wie weit sich Geschlechtergrenzen in der norwegischen Besatzungssituation verschoben haben, welche Positionen und Aufgaben Frauen in der Widerstandsbewegung einnehmen konnten und welche systematischen Umdeutungen die darin enthaltenen Überschreitungen traditioneller Geschlechterordnung in der nachträglichen Erinnerung erfuhren.

Die deutsche Besatzung Norwegens 1940-45 – eine Skizze[18]

Am 9. April 1940 überfielen deutsche Truppen Dänemark und Norwegen, die durch die deutsche Invasion so gut wie unvorbereitet getroffen wurden.

Der Führer der „Nasjonal Samling“ (der norwegischen NS-Partei), Vidkun Quisling, hatte bei der deutschen Führung auf die Besetzung hingearbeitet. Quisling rechnete damit, unter dem Schutz einer deutschen Besatzungsmacht in Norwegen eine nationalsozialistische „Revolution von oben“ durchführen zu können. Er unternahm noch am Abend der Invasion einen Putschversuch und ernannte sich selbst zum neuen Staatschef, was von der Mehrheit der NorwegerInnen als Verrat betrachtet wurde. Das Wort „Quislinger“ wurde zum Synonym für Verräter. Für den Verlauf der Besatzung Norwegens, und vor allem für den Widerstand, war der Versuch, eine nationalsozialistische „Neuordnung“ durchzusetzen, von erheblicher, wenn nicht entscheidender Bedeutung.

Die systematische militärische Verteidigung durch die norwegischen Streitkräfte setzte verspätet ein und blieb chancenlos, große Teile des Landes wurden innerhalb weniger Tage von deutschen Truppen besetzt. König Haakon VII. und die Regierung konnten jedoch aus der Hauptstadt Oslo fliehen und gelangten im Juni ins englische Exil. Anders als in Dänemark, wo die politischen Repräsentanten gewissermaßen „Geiseln“ der Besatzungsmacht waren, konnte der norwegische König daher eine kompromisslos ablehnende Haltung gegenüber den Besatzern einnehmen und wurde somit zum Symbol und zur Integrationsfigur des Widerstandes.

Die Kapitulation der norwegischen Streitkräfte erfolgte am 10. Juni 1940. Von diesem Zeitpunkt an waren in Norwegen durchgängig zwischen 350.000

18 Da hier nur eine erheblich vereinfachte Kurzdarstellung gegeben werden kann, sei als Überblicksdarstellung empfohlen: Petrick, Fritz, „Ruhestörung“. Studien zur Nordeuropapolitik Hitlerdeutschlands, Berlin 1998.

und 400.000 Wehrmachtssoldaten stationiert. Besonders in Nordnorwegen überstieg die Anzahl deutscher Soldaten stellenweise die der Bevölkerung um ein Vielfaches.

Im September 1940 wurden König und Exilregierung für abgesetzt erklärt und sämtliche Parteien außer der NS verboten. Eine neue, überwiegend aus NS-Mitgliedern bestehende Regierung wurde eingesetzt und es setzte eine erzwungene Gleichschaltung des gesellschaftlichen Lebens, also sämtlicher politischen, kulturellen und sozialen Institutionen ein. Es folgte eine Welle von Selbstauflösungen durch die Vorstände und Leitungen dieser Institutionen, um erzwungener Zusammenarbeit mit NS-Funktionären zu entgehen. Je stärker und gewaltsamer von seiten des NS und der deutschen Besatzungsorgane versucht wurde, das gesellschaftliche Leben zu nazifizieren, desto vielfältiger und breiter wurden die dagegen gerichteten Aktivitäten in der Bevölkerung. Der norwegische Historiker Ole Christian Grimnes sieht in dieser Dynamik das herausragendste Spezifikum der Okkupation Norwegens.[19] Die Widerstandsaktivitäten blieben zunächst „[...] zivil und unbewaffnet. Ihre wichtigsten Formen waren Protestkampagnen und ziviler Ungehorsam.“[20] Aber auch hiergegen richteten sich Verfolgungs- und Repressionsmaßnahmen seitens des Besatzungsregimes, die sukzessive verschärft wurden. Auslöser für eine intensivierte Koordinierung und Systematisierung der Widerstandsaktivitäten war der 1943/44 beginnende Versuch, die norwegische Bevölkerung in Arbeitsdiensten zu organisieren. Diese Maßnahme zielte auf die Einberufung von Norwegern in den deutschen Kriegsdienst. Erst in der letzten, etwa ab Mitte 1944 zu datierenden Besatzungsphase gewann der militärische Widerstand massiv an Bedeutung. Z.B. nahmen Sabotageakte gegenüber Rekrutierungsbüros des Arbeitsdienstes und militärischen Einrichtungen zu. Gleichzeitig wurde von England aus der Aufbau und die Ausbildung militärischer Einheiten der „Milorg“ („militärische Organisation“) forciert, um eine eventuelle alliierte Befreiung unterstützen zu können.

Die fünf Jahre währende Besatzung war also nur in der Anfangsphase von militärischen Auseinandersetzungen geprägt, bald darauf erfolgte eine gewisse „Normalisierung“ des Lebens. Die Verhältnisse konnten jedoch, gerade aus der Sicht der BesatzungsgegnerInnen, nichts anderes als die „Normalität des Ausnahmezustandes“ sein, wenn der Widerstandswille erhalten bleiben

19 Grimnes, O.C., Occupation and Collective Memory in Norway, in: Ekman, Stig/ Edling, Nils (Hg.), War Experience, Self Image and National Identity: The Second World War as Myth and History. Stockholm 1997, S. 130-144.

20 Ebd. S. 134/135.

sollte. Die Tatsache der oktroyierten Nazifizierungsversuche bildete letztendlich eine wesentliche Grundlage für die Vorstellung eines kollektiv getragenen, permanenten Abwehrkampfes, auf den ich im nächsten Abschnitt näher eingehen werde.

„Holdningskamp" – die Politisierung des Alltags im gesellschaftlichen Ausnahmezustand

Die deutsche Besatzung ging, wie bereits betont, mit einer massiven Präsenz deutscher Soldaten einher. Zwar entstand zum Teil eine Art von alltäglichem Zusammenleben zwischen der Bevölkerung und den Soldaten, vor allem dort, wo diese lange Zeit am selben Ort stationiert, zum Teil sogar bei Einheimischen einquartiert waren.[21] Für den, wie es scheint, überwiegenden Teil der Bevölkerung stellte diese Präsenz jedoch eine fortwährende Provokation, einen unaufhörlich spürbaren „Stachel" im alltäglichen Leben dar, und auch der organisierte Widerstand polemisierte scharf gegen jede Form der alltäglichen „Fraternisierung". Die Schilderung Nelly Bonsaksens aus Ålesund, die 1941 ins englische Exil floh, verdeutlicht diese Politisierung des Alltagslebens:[22]

> „Ålesund war, wie alle Orte in Norwegen, von den Grüngekleideten besetzt, die ihren Stempel auf das gesamte Leben in der Stadt setzten. An den Abenden lag die Stadt dunkel und bedrückt da, überall standen die Grüngekleideten Wache. Sie überfüllten die Cafés und Kinos und drängten die Norweger heraus. Jedenfalls die richtigen Norweger, die nichts mit Deutschen zu tun haben wollten" (Sveri 1998: 26).

---

21 Drolshagen betont dies in Hinblick auf die Thematik der Liebesverhältnisse zwischen Norwegerinnen und deutschen Soldaten, die bis heute ein emotional hochbeladenes Thema der norwegischen Aufarbeitung der Besatzungszeit sind. Drolshagen, Ebba, Nicht ungeschoren davongekommen. Das Schicksal der Frauen in den besetzten Ländern, die Wehrmachtssoldaten liebten. Mit einem Vorwort von Klaus Theweleit, Hamburg 1998, sowie Ellingsen, Dag, De norske `Tyskertøsene´: Der myter rår, in: Ellingesen, D./Warring, A./Björnsdóttir, I.D., Kvinner, krig og kjærlighet, Oslo 1995, S. 13-80.

22 Dieses wie alle weiteren Beispiele bis auf das Sigrid Baalsruds, sind dem Archiv von Elisabet Sveri, bzw. ihrer Dokumentation (Sveri, Elisabet, Vindu til fortiden, Manuskript, Oslo 1998) entnommen. Sveri hat in den 80er Jahren damit begonnen, systematisch autobiografische Berichte und Interviews von Frauen zu sammeln, die in irgendwelcher Form am Widerstand beteiligt waren. Das heißt, diese Quellen spiegeln einen Stand der Erinnerungsformierung etwa 40-50 Jahre nach Kriegsende wider.

„Richtige" Norweger verließen ein Café, sobald sich Deutsche dort niederließen. Die Führung des organisierten Widerstandes forderte die Bevölkerung genau zu diesem Verhalten auf, es hieß, jede Art der Fraternisierung abzulehnen, die Grenzen zwischen „uns" und „denen" nicht verschwimmen zu lassen. Vieles spricht dafür, dass der Besatzungsalltag vielerorts zu „alltäglichen" Beziehungen zwischen der Bevölkerung und den teilweise über lange Zeiträume am selben Ort stationierten Wehrmachtssoldaten führte – und dass eine Darstellung, wie die von Nelly Bonsaksen auch als Teil der säuberlich in schwarz und weiß unterteilenden Mythenbildung gelesen werden muss. Dennoch: Vielfältige Formen des symbolischen Protestes, Boykott und Verweigerung, vor allem gegenüber den Versuchen seitens der Besatzungsmacht und der Nasjonal Samling, das kulturelle und politische Leben Norwegens zu nazifizieren, durchzogen seit Ende 1940 sämtliche Bereiche der Gesellschaft. Die Formen des Protests und der Verweigerung reichten von bestimmten Arten, sich „patriotisch" zu kleiden, über den Boykott nationalsozialistischer Sport- und Kulturinszenierungen bis hin zum Ausweichen in „private" Zusammenhänge überall dort, wo Institutionen gleichgeschaltet wurden (Bsp. Illegale Sportgruppen, aus denen sich später ein Großteil der Milorg-Einheiten herausbildete, entstanden nach Massenaustritten oder Selbstauflösung mancher Vereine, die nazifiziert werden sollten). Zum Teil manifestierte sich die Ablehnung sogar in massenhaften Protestaktionen. Hierzu gehört die von einer Osloer Frauengruppe initiierte spektakuläre Briefaktion gegen eine Nazifizierung des Schulunterrichts.[23] Diese Formen des Widerstandes zählen zum „Holdningskamp", was übersetzt „(Er)haltungskampf" bedeutet.[24] Gemeint ist der Kampf um die Aufrechterhaltung der vor der Besatzung bestehenden gesellschaftlichen Strukturen gegen den Versuch der nationalsozialistischen „Nyordning" (Neuordnung).

An all diesen „niedrigschwelligen", aber im Kampf um die Aufrechterhaltung einer majorisierten patriotischen Gesinnung sehr wirksamen Widerstandsformen waren Frauen maßgeblich beteiligt. Gerade weil sie den wesentlichen Anteil der aufwendigen Organisation des täglichen Lebens unter Bedingungen von Rationierung und reglementierenden Sonderverordnungen leisteten, erfanden und transportierten sie auch manche der alltäglichen Widerstandszeichen. Jedes Element der „traditionellen" norwegischen Kultur, von der Kleidung bis hin zu besonderen Gerichten am Nationalfeiertag,

23 Vgl. Hagemann, Gro, Skolefolk, Oslo 1994.
24 Vgl. Kraglund, I., Holdningskampen 1940-42, Oslo 1993.

konnte als Symbol der nationalen Selbstbehauptung gelesen und verstanden werden. Der „Holdningskamp" bestand unter anderem im Aufrechterhalten der „intakten" häuslichen Sphäre durch die Frauen unter absoluten Ausnahmebedingungen. Symbolisch gesprochen oblag den Frauen mit der Verantwortung für die Integrität „des Hauses"/ der Privatsphäre auch die Wahrung der nationalen Integrität gegenüber dem totalitären faschistischen Zugriff.

Bereits innerhalb der nationalen Symbolik des 19. und frühen 20. Jahrhunderts, die auch auf die norwegischen Prozesse der Nationenbildung wesentlichen Einfluss hatte, findet sich die symbolische Gleichsetzung der Nation mit „dem Haus", dessen moralische Hüterin und Wahrerin die Frau ist.[25] Diese Symbolik der Häuslichkeit und Mütterlichkeit durchzieht auch die Vorstellungen des „Holdningkamp". Es galt, um die sexualisierte Dimension dieses Diskurses anzudeuten, sich „nicht einzulassen". Frauen trugen also praktisch wie symbolisch wesentliche Verantwortung für diese alltäglichen Dimensionen des kollektiven Widerstandes.

Ein Großteil der niedrigschwelligen Widerstandshandlungen wurde später nicht als Bestandteil des „eigentlichen" Widerstandes wahrgenommen, sondern als schlichte patriotische Pflichterfüllung. Sie galten als zu spontan, zufällig und unorganisiert, sprich: zu unpolitisch, gewissermaßen als undifferenzierter Hintergrund, vor dem die Heldentaten von Einzelnen um so schärfer hervortreten konnten. Dies darf nicht darüber hinwegtäuschen, dass die Situation der Besatzung die bis dahin gültigen Regeln und Funktionsweisen des politischen und gesellschaftlichen Lebens außer Kraft setzte. Die Tatsache, dass sämtliche Widerstandsaktivitäten sich in der Illegalität, d.h. im Verborgenen abspielen mussten, wirkte sich auch auf die Trennung des „Öffentlichen" und „Privaten" aus. Küchen, Keller und Dachböden traten an die Stelle öffentlicher Versammlungsräume. Denn: je informeller und „privater" eine Zusammenkunft war, desto unverdächtiger war sie. Dabei entstanden „Kuriositäten", wie Eva Faye Lohne es bezeichnet, die bei diversen illegalen Zeitungen mitgearbeitet hat: „Eine Zeit lang hatten wir als ‚Redaktion' ein Bügelzimmer in einer Villa in Ullernåsen. Der Eigentümer, Henry Johansen jr., hatte in der unteren Etage deutsche Offiziere einquartiert, was dazu führte, dass wir uns ungeheuer sicher fühlten".[26] Die „Öffentlichkeit" für die Verbreitung und den Austausch von oppositionellen Positionen bestand im We-

25 Vgl. Melby, Kari, Husmorens epoke 1900-1950, in: Blom, Ida/Sogner, Sølvi (red.), Med kjønnsperspektiv på norsk historie. Fra vikingtid til 2000-årsskiftet, Oslo 1999, S. 244/245.

26 Sveri, Vindu til fortiden, S. 89.

sentlichen aus persönlichen Kontakten, Netzwerken und Begegnungen – manchmal in direkter Nachbarschaft zu den Besatzern.

Die Grenzen zwischen informellen privaten Kontakten und direkter Einbindung in die Aktivitäten des organisierten Widerstandes konnten fließend sein, oder auch nur punktuell überschritten werden, z.B. für vereinzelte Kurierdienste oder die Einquartierung von Illegalen. Grete Røer, die als Kurierin aktiv war, bezeichnet ihren Einsatz im Widerstand als „begrenzt" und sagt anschließend: „[...] aber es war sehr befriedigend, mitzumachen und irgend etwas Nützliches zu tun".[27] Diese Aktivitäten, so wenig „berichtenswert" viele der Frauen sie auch empfinden, scheinen mir doch einen Schlüssel zu einer tatsächlich stattgefundenen Politisierung darzustellen, die nicht darüber hinwegtäuschen kann, dass es einen Alltag gab, in dem es nicht immer nur die „richtige" und die „falsche" Seite gegeben haben dürfte.

„Holdningskamp" bedeutete eine Politisierung des gesamten gesellschaftlichen und privaten Lebens. Parallel zu dieser widerständigen Politisierung erfolgte der totalitäre Zugriff des NS-Systems auf alle Bereiche des alltäglichen Lebens, erstere stellte ja eine Reaktion auf letztere dar. Also waren auch Frauen in ihren traditionell entpolitisierten Aufgabenbereichen permanent vor eine politische Wahl gestellt. Diejenigen, die sich alltäglich den Nazifizierungsbestrebungen entzogen und ihnen patriotische Codes und Praktiken entgegensetzten, indem sie in informellen Netzwerken den Austausch mit Gleichgesinnten aufrecht erhielten, waren Akteurinnen einer wirksamen kollektiven *politischen* Strategie.[28] Dass den konkreten Handlungen und Erfahrungen dieser Widerständigkeit lange Zeit weder in der kollektiven Erinnerung noch in der Widerstandsforschung besondere Aufmerksamkeit geschenkt wurde, liegt an einem Widerstandsverständnis, das auf männliche Verschwörergruppen und ihre Helden ausgerichtet ist.

27 Ebd. S. 107.

28 Ich verbinde „Wirksamkeit" hier nicht mit Erfolg im Sinne der Vertreibung der Besatzer, sondern mit der Tatsache, dass diese zivilen und nicht organisierten Widerstandspraktiken immer wieder ins Visier der Besatzungsbehörden gerieten, verboten und unter Strafe gestellt wurden, d.h. sie provozierten das Besatzungsregime, machten seine Agenten „nervös", zeigten ihnen, dass der Krieg um die Köpfe nicht gewonnen war.

Was ist „Widerstand"?

Der Widerstandsbegriff ist eng mit der Konzeption des Politischen verbunden, ja er bezieht als Idee des politischen Widerstandes überhaupt erst aus den Grundannahmen über das Politische, politische Ordnung und ihre Legitimität seinen Sinn.[29] Widerstand ist zunächst als Ausnahmephänomen und Spezialfall des Politischen definiert. Widerstandshandeln zielt auf den Sturz einer als illegitim angesehenen Herrschaft. Aber was unterscheidet Widerstand von willkürlicher Gewalt und Terrorismus? In der strukturalen, an verwandtschaftlichen Systemen orientierten Sprache der patriarchalen Ordnung des Politischen gesprochen, ist Widerstand der legitime, Terrorismus der illegitime Sohn einer politischen Ordnung. Beide sind ihre „Erben". Der eine strebt nach Wiedereinsetzung des väterlichen Gesetzes und gehört selbst noch zu seiner Ordnung, der andere zielt auf seine Aufhebung. Jeder Widerstand muss deshalb bemüht sein, seine Legitimitätsansprüche aus derjenigen Ordnung zu beziehen, die entweder „rechtens" gewesen ist oder zukünftig sein soll. Im Fall Norwegens war es de facto die erzwungene Ordnung der Besatzer, die definierte, was rechtmäßig und was unrechtmäßig war, während der Widerstand eben dieses Besatzungsregime als unrechtmäßig ansah und seine Ansprüche aus der Autorisierung durch die Exilregierung bezog. Letzten Endes haben immer die Sieger die Definitionsmacht über die Unterscheidung von politisch legitimen und illegitimen Handlungen und damit von Widerstand und Terrorismus. Die deutsche Propaganda bezeichnete Sabotageaktionen des Widerstandes als „kommunistische Terrorakte", aber ins kollektive Gedächtnis der befreiten norwegischen Nation gingen sie als patriotische Heldentaten ein.

Wesentlich ist neben der Legitimitätsfrage jedoch auch der Politikbegriff, das heißt das Spektrum derjenigen Handlungen, die als „politisch" wahrgenommen werden. Es ist deutlich, dass der Gegenstandsbereich dieses Widerstandsbegriffs erheblich variiert, je nachdem, wie eng oder weit der zugrundeliegende Politikbegriff ist. Und eben hier liegt auch der Grund für die Geschlechterblindheit des lange Zeit vorherrschenden Widerstandsverständnisses. Denn in der dichotomischen bürgerlichen Geschlechterordnung sind Öffentlichkeit und Politik mit Männlichkeit verknüpft und „der Bereich des Po-

29 Vgl. Bauer, F., Widerstand gegen die Staatsgewalt. Dokumente der Jahrtausende, Frankfurt a.M. 1960.

litischen" wird, so Erna Appelt „durch die ‚Produktion' und ‚Naturalisierung' des ‚Vor'- oder ‚Unpolitischen' konstituiert."[30] Zum exklusiv männlichen Entwurf des Politischen gehört kalkuliertes Streben nach Machtvermehrung und einer Führungsrolle innerhalb hierarchischer Organisationsformen. Frauenausschluss ist ein konstitutiver Bestandteil dieses Politikverständnisses. Denn der Einfluss von Frauen kann per definitionem nicht im „eigentlich" politischen Raum, sondern nur auf der „privaten" Ebene und mit den Mitteln „persönlicher", emotionsgesteuerter und folglich unpolitischer Einmischung stattfinden. Dieser Auffassung des Politischen ist, so Eva Kreisky, eine „männerbündische" Struktur eingeschrieben, weil sich im Bereich des politischen Handelns nur männliche Subjekte aufeinander beziehen können.[31] Die damit einhergehende „männerbündische" Metaphorik, durch die das Politische in Begriffen „brüderlicher Kameradschaft", in Vorstellungen des Kampfes, des Krieges und der Jagd gedacht und symbolisiert ist, belegt auf verschiedensten Ebene die Verschränktheit und wechselseitige diskursive Konstruktion von Männlichkeit, Politik und ihrer „Fortführung mit anderen Mitteln", den Krieg.[32] Insofern steht die Situation der militärischen Besatzung geradezu exemplarisch für einen Ausnahmezustand, in der eine „rechtmäßige" politische Ordnung gewaltsam außer Kraft gesetzt ist und die Verteidigung und Wiederherstellung dieser Ordnung gleichsam „fordert". Der Widerstand ist also den Regeln dessen verpflichtet, was verteidigt werden soll. Er konstituiert sich im Rekurs auf die wiederherzustellende Normalität und legitimiert sich durch den Verweis auf sie. Folglich wird die geschlechtsspezifische Ausschlussstruktur, die den „Normalzustand" des Politischen kennzeichnet, im Widerstand wiederholt, wenn nicht zugespitzt. Dies schreibt sich in die Organisierungs-, Verhaltensweisen und Symbole des Widerstandes ein, bestimmt die Annahmen darüber, wer die Akteure des Widerstandes sind, und gilt schließ-

30 Vgl.: Appelt, Erna, Geschlecht – Staatsbürgerschaft – Nation. Politische Konstruktionen des Geschlechterverhältnisses in Europa, Frankfurt a.M./New York 1999, S. 25.

31 Kreisky, Eva, Der Stoff, aus dem die Staaten sind. Zur männerbündischen Fundierung politischer Ordnung, in: Becker-Schmidt, Regina/Knapp, Gudrun-Axeli (Hg.), Das Geschlechterverhältnis als Gegenstand der Sozialwissenschaften, Frankfurt a. M. 1995.

32 Vgl.: Rumpf, Mechthild, Staatsgewalt, Nationalismus und Krieg. Ihre Bedeutung für das Geschlechterverhältnis, in: Kreisky, Eva/Sauer, Birgit (Hg.), Feministische Standpunkte in der Politikwissenschaft. Eine Einführung, Frankfurt a.M./New York 1995, S. 223-254.

lich für die diskursive Formierung dessen, was nachträglich als Widerstand wahrgenommen und erinnert wird.

Die geschlechtsspezifische Ausschlussstruktur des Politischen wird folglich im Widerstandsverständnis reproduziert. Dies spiegelt sich z.B. in der Widerstandsrezeption der Nachkriegszeit. Hier wurde festgelegt, was als Widerstand galt, erinnerungswürdig war und in der „Politik mit der Erinnerung" repräsentiert wurde.[33] Diese öffentlich dominierenden Bilder wirkten auch auf die persönliche Erinnerungskonstruktion von Zeitzeuginnen zurück. Zunächst herrschte ein „enger" Widerstandsbegriff vor, der auf das organisierte Handeln politischer Eliten und militärischer Organisationen fixiert war.[34] Erst in den 70er Jahren erfolgte eine Entwicklung hin zu einem „erweiterten" Widerstandsverständnis, das niedrigschwelligere, „passive" und „zivile" Formen der Widerständigkeit integrierte, die z.T. jedoch als „Vorformen des Widerstandes" eingestuft wurden.[35]

Diese Begriffsbildungen, z.B. die Unterscheidung zwischen „passivem" und „aktivem" Widerstand, bedeuten immerhin die Zurkenntnisnahme einer „mehr defensiven als aktiven Resistenz"[36]. Aber selbst angesichts der Beach-

33 Eine Auseinandersetzung mit dem exklusiv männlichen Widerstandskonzept in der norwegischen Erinnerungskultur findet sich bei Værnø, G./Sverri, E., Kvinnenes innsats under annen verdenskrig, Oslo 1995. Die These, dass bezüglich einer systematischen Erweiterung der exklusiv männlichen Widerstandsforschung noch „Pionierarbeit" ausstehe, formulieren auch Kraglund, I./Moland, A., Hjemmefronten Bd. 6 von: Skodvin, Magne, Norge i Krig, Oslo 1986, darin bes. S. 245-249: „Hjemmefronten – ingen mur av menn".

34 Ein Vergleich mit der deutschen Widerstandsrezeption führt zu einer Vielzahl von Veröffentlichungen der ersten Nachkriegsjahrzehnte, die um die Pole „20. Juli" und „Weiße Rose" als Synonyme für „den Aufstand des Gewissens" publiziert wurden. Neben Titeln, die sich mit dem Phänomen „Widerstandsgruppe" befassen (in Bezug auf den 20. Juli z.B.: Tobias, Fritz, Vollmacht des Gewissens. 2 Bände, Frankfurt a.M./Berlin 1960; Zeller, Eberhard, Geist der Freiheit. Der zwanzigste Juli, München 1965; Hoffmann, Peter, Widerstand – Staatsstreich – Attentat. Der Kampf der Opposition gegen Hitler, München 1970), erschien eine Vielzahl biografisch angelegter Darstellungen vor allem der Männer des Widerstandes (z.B. Kramarz, Joachim, Claus Graf von Stauffenberg 15. November 1907 - 20. Juli 1944. Das Leben eines Offiziers, Frankfurt/M. 1965; Krebs, Albert, Fritz-Dietlof Graf von der Schulenburg. Zwischen Staatsraison und Hochverrat, Hamburg 1964).

35 Für einen Überblick über verschiedene Ansätze, die im deutschen Kontext Abstufungen von Widerstandsformen entwerfen, siehe z.B.: Imberger, Elke, Widerstand „von unten". Widerstand und Dissens aus den Reihen der Arbeiterbewegung und der Zeugen Jehovas in Lübeck und Schleswig-Holstein 1933-1945, Neumünster 1991, insbes. S. 12-27.

36 Maier, Hans, Verfolgung und Widerstand, in: Steinbach, Peter (Hg.): Widerstand. Ein Problem zwischen Theorie und Geschichte, Köln 1987, S. 31.

tung von Formen „passiven“ oder „zivilen“ Widerstandes lässt sich in der Bewertung seitens der Forschung häufig doch wieder eine hierarchisierende Perspektive feststellen. Dies geschieht dann, wenn eine Stufenfolge von „Vorformen“ hin zum „eigentlichen“ Widerstand konstruiert wird, wie sie in der folgenden Formulierung nahegelegt wird:

„Die letzte und radikalste Phase in der Entwicklung des Widerstandes ist die des aktiven Widerstands. Dabei wird das Regime als solches abgelehnt, und man kämpft für eine Alternative. Ein gewaltsamer Umsturz ist das kurzfristige Ziel, eine neue Regierung mit einem neuen Programm das längerfristige.“[37]

Hierin ist ein Politikbegriff enthalten, wonach unbewaffneter und ziviler Widerstand nicht von grundsätzlicher Ablehnung getragen und keine Alternative zur bestehenden Herrschaftsform angestrebt wird. Aber eben diese Verknüpfung ist fragwürdig.

Die Aspekte der Delegitimierung und Schwächung des Herrschaftssystems von innen heraus mögen, was die Perspektive einer *politisch wirksamen* Veränderung betrifft, weitreichender sein als ein von einer militanten „Avantgarde“ durchgeführter Umsturz. Wobei das Argument, dass letztere größere Chancen auf die *Erzwingung* von Veränderung besitzt, nicht von der Hand zu weisen ist. Es ist notwendig, solche Unterscheidungen nicht allein von der Form der Handlungen abzuleiten, sondern mit einer genauen Differenzierung der Handlungshintergründe, -bedingungen und -motive zu verbinden. Andernfalls droht die Gefahr, gerade jene Handlungsformen, die vorwiegend von Frauen durchgeführt wurden, per se als „präpolitische“ bzw. als Vorformen des Widerstandes zu klassifizieren. Nur durch eine genaue Analyse des Handlungskontextes, bei dem die äußeren Bedingungen *und* die subjektiven Bedeutungszuweisungen eine Rolle spielen, lässt sich eine Abwägung des „politischen Gehalts“ konkreter Widerstandsformen vornehmen.

Ein solches Vorgehen wählt Ingrid Strobl, wenn sie die organisierte Rettung jüdischer Menschen in den besetzten Ländern des Zweiten Weltkrieges als „humanitären Widerstand“ bezeichnet.[38] Indem sich gerade Frauen im Kampf gegen die systematische Verfolgung und Ermordung jüdischer Menschen engagierten, erfolgte bei vielen ein Prozess der Politisierung, weil dieses Handeln auch eine Auseinandersetzung mit den ideologischen bzw. *politischen* Zielen der Gegner beinhaltete.

---

37 Roon, Ger v., Widerstand im Dritten Reich, München 1987, S. 26.

38 Strobl, Ingrid, Die Angst kam erst danach. Jüdische Frauen im Widerstand 1939-1945, Frankfurt a.M. 1998, S. 37.

Diese Begriffsbildungen erscheinen vor dem Hintergrund der norwegischen Besatzung nochmals in einem anderen Licht: Denn die im gesellschaftlichen Normalzustand männlich besetzten Artikulations- und Aktionsformen des Politischen waren ebenso wie die demokratischen Institutionen und das öffentliche Leben in der Besatzungssituation außer Kraft gesetzt. Zugleich wurden Bereiche des „zivilen" gesellschaftlichen Lebens zu hochpolitisierten Feldern der Austragung von Zustimmung, Ablehnung oder Bekämpfung des deutschen und norwegischen Nationalsozialismus. Das Private, das nahe soziale Umfeld und die Alltagsorganisation, Bereiche also, die traditionell Frauen zugewiesen wurden, transformierten sich zu einer Sphäre, in der kollektive Selbstbehauptungsstrategien entstanden. Somit wurde das Feld des Politischen, auf dem sich bis dahin männliche Hegemonie repräsentiert und reproduziert hatte, de facto neu „codiert" und behauptet. Meine These ist, dass das Aufrufen nationaler Stereotypen und nationalisierter Geschlechterdiskurse einen Bestandteil der Behauptung männlicher Hegemonie darstellen, sobald sie Handlungs- und Verhaltensweisen von Frauen entpolitisieren. Auf diese Weise werden Grenzüberschreitungen diskursiv wieder aufgehoben.

Die Bedeutung der Geschlechterordnung bei der Verteidigung von Nation und nationaler Identität

Während der fünfjährigen deutschen Besatzung fand in der norwegischen Gesellschaft ein Ringen um die Behauptung „norwegischer Identität" statt. Das bedeutet auch, dass die Definitionsmacht über den Gehalt dieser nationalen Identität zur Disposition stand. Der Verlust staatlicher Souveränität und politischer Selbstbestimmung rief auf Seiten der BesatzungsgegnerInnen die kollektive Identifikation mit dem Bild der unabhängigen und freiheitsliebenden norwegischen Nation hervor, die sich in ihrer Geschichte schon einmal erfolgreich von einer fremden Macht befreit hatte. Aus dieser Perspektive musste jeder Norweger und jede Norwegerin sich gegen die Besatzung und die versuchte nationalsozialistische „Neuordnung" zur Wehr setzen und eine „echt norwegische" Haltung bewahren. Auf der anderen Seite stand das germanische / „arische" Identifikationsangebot der deutschen Besatzer und der norwegischen Nationalsozialisten. Zwischen diesen beiden Polen spaltete sich die norwegische Gesellschaft, so behauptet jedenfalls die „Basiserzählung“,[39] in „Jøssinger“, „echte“, ehrenvolle und patriotische Norweger auf der einen und „Quisslinger“, ehrlose Kollaborateure und Verräter auf der anderen Seite.

Die Kultur von Praktiken und Zeichen der Selbstvergewisserung „antwortete“ jedoch, wie bereits angedeutet, nicht nur auf die Infragestellung „nationaler“ Identität. Die Auswirkungen des nationalen Ausnahmezustandes erstreckten sich auch auf die Geschlechterverhältnisse. Jede nationale Ordnung und Identität ist immer mit einer Geschlechterordnung verschränkt, wie bereits am Beispiel des „nationalen Hauses“, das sozial wie symbolisch als „weiblicher“ Zuständigkeitsbereich konstruiert wurde, deutlich wurde.

Norwegen erlangte seine nationalstaatliche Unabhängigkeit 1903. Vorausgegangen waren Prozesse der Nationenbildung welche von der Herausbildung einer Vorstellung von kollektiver nationaler Identität bis hin zur Erlangung staatlicher Unabhängigkeit reichten. Diese Entwicklung verlief parallel mit der Entstehung der bürgerlichen Gesellschaft und ihrer geschlechtlichen Arbeitsteilung.[40] Die Trennung von Erwerbs- und Privatsphäre brachte auch eine Unterscheidung zwischen „männlichen“ und „weiblichen“ Handlungsräumen mit sich. Die „öffentliche“ Welt der Erwerbsarbeit wurde symbolisch männlich besetzt und real zur Männerdomäne, während den Frauen die weiblich und mit Innerlichkeit konnotierte Sphäre des Häuslichen und der Familie zugewiesen wurde. Die bürgerliche Geschlechtsideologie lieferte gleichzeitig Begründung und Legitimation für diese Aufgabenteilung und den damit erfolgenden Ausschluss der Frauen aus der öffentlichen Sphäre. Die solchermaßen formierte Geschlechterordnung, in der „männliche“ und „weibliche“ Zuständigkeitsbereiche sozial und symbolisch getrennt organisiert sind, ist konstitutiver Bestandteil auch der norwegischen nationalen Identitätsdiskurse, Mythen und Symbole, die im 19. Jahrhundert in den Fundus nationaler Selbstdeutungen gelangten. Die Dichotomie „autonome Männer vs. dependente Frauen“[41] figuriert die gesellschaftlichen Strukturbeziehungen zwischen Frauen und Männern sowie auch die Gestalt der „imaginierten Gemeinschaft“

---

39 Die Alltagsrealität der Besatzungszeit dürfte differenzierter und widersprüchlicher ausgesehen haben, die Historiografie der letzten Jahrzehnte liefert Belege dafür, dass für die Mehrheit der Bevölkerung die Überlebensstrategien zwischen den eindeutigen Polen angesiedelt waren und Aspekte von sich-Arrangieren bis Profitieren enthielten. Ich komme später darauf zurück.

40 Für eine eingehende Darstellung der geschlechtsspezifischen Auswirkungen der Modernisierungsprozesse der ersten Jahrzehnte des 20. Jahrhunderts in Norwegen vgl.: Blom/Sogner, Med kjønnsperspektiv...

41 Appelt, Geschlecht – Staatsbürgerschaft - Nation, S. 145.

und die entsprechenden Identifkationsweisen und Selbstdeutungen von Frauen und Männern.

Insofern wirken die Erschütterungen nationaler Identität zwangsläufig auch auf Geschlechteridentitäten und -arrangements zurück. Zunächst war in der Kriegs- und Besatzungssituation offen und umkämpft, welches Verhalten und welche Haltungen angesichts des Besatzungsregimes „patriotisch“ und „norwegisch“ waren und wo die Grenzen zwischen (scheinbar) notwendigen Arrangements und Kollaboration verliefen. All diese Fragen stellten sich für Frauen und Männer jedoch in unterschiedlicher Weise und dabei konnten Konflikte zwischen patriotischen und weiblichen „Pflichten“ entstehen. Denn einerseits waren Frauen permanent gefordert, über ihre traditionellen Rollen hinaus aktiv zu werden, ein politisches Bewusstsein zu entwickeln, Verantwortung zu übernehmen und den „Holdningskamp“ aktiv aufrecht zu erhalten, was mit der Gefahr der Verfolgung verbunden war. Andererseits erfolgte die nationale Selbstvergewisserung gerade über das Festhalten an der traditionellen Geschlechterordnung, die in die Vorstellungen „intakter“ nationaler Gemeinschaft eingelassen sind. So hatte die Vorstellung des Holdningskamps eine familienanaloge Struktur, wonach die Nation von Männern aktiv verteidigt, von Frauen hingegen bewahrt wurde. Was die Situation von einer *patriotischen* Frau verlangte, musste jedoch mit dem vereinbar sein, was sie als patriotische *Frau* zu tun hatte. Somit konnten sowohl patriotische als auch Geschlechternormen verletzt werden – gerade weil Konventionen und Orientierungen instabil und gefährdet waren. Für die Aufrechterhaltung *nationaler* Ordnung wurde die scheinbar natürliche Gewissheit und Stabilität der nationalisierten *Geschlechterordnung* zu einem wichtigen Stützpfeiler. Gleichzeitig führten die veränderten Lebensverhältnisse dazu, dass sich geschlechtsspezifische Aufgaben, Handlungsfelder und Bilder verschoben.

Der „Ort“ von Frauen in der individuellen und kollektiven Erinnerung an den Widerstand

Viele, mit großer Wahrscheinlichkeit die Mehrzahl der antifaschistisch eingestellten Norwegerinnen lebten während der Besatzungszeit in agrarisch geprägten Milieus, in denen traditionelle Geschlechterverhältnisse und Rollenmuster vorherrschten.[42] Diese Grundvoraussetzung bestimmte ihre Selbst-

42 Vgl. wiederum Blom/Sogner, Med kjønnsperspektiv...

wahrnehmungs- und Deutungsmuster in der völlig neuen Situation von Krieg und Besatzung sowie auch die nachträgliche Erinnerung. Für die neuen Erfahrungen angesichts einerseits begrenzter, zugleich jedoch erweiterter Handlungsspielräume existierten keine anderen als die tradierten Interpretationsmuster. Viele Berichte von Norwegerinnen zeigen, dass diese Frauen sich häufig mit der Position der Unterstützerin von Ehemännern, Brüdern und Vätern identifizierten, auch wenn die von ihnen geschilderten Handlungen eine andere Interpretation zuließen. Die Wirkmächtigkeit der vorherrschenden Deutungsmuster auf Selbstwahrnehmungen von Frauen blieb zunächst auch über die Besatzungszeit hinweg bestehen und ging in die nachträgliche Geschichtsinterpretation und in die entstehenden Widerstandsmythen ein.

In der Nachkriegszeit wurde „der Widerstand" zum wichtigen identitätsstiftenden Bestandteil der „nationalen Erzählung" Norwegens. Das kanonisierte Narrativ des Widerstandes sah für Frauen, wenn überhaupt, nur eine Rolle vor: Diejenige der aufopferungsvollen und klaglos leidenden Unterstützerin männlicher Helden, kurz: die patriotische Mutter/die mütterliche Patriotin. **(Abb. 1 u. 2).**[43]

43 Ich danke Elisabet Sveri für die Überlassung der Bildrechte.

Wie stark die geschlechtsspezifischen Identifikationen und Zuschreibungen weit über den Krieg hinaus wirksam blieben, wird an einem Brief deutlich, den eine Zeitzeugin 1990 an einen norwegischen Historiker geschrieben hat:

„Aber diejenigen, die unbemerkt einen großen Teil der Last des Widerstands trugen, waren die Ehefrauen. [...] Sie verstanden, was los war, aber sie durften nichts wissen. Sie mussten ihre Kinder selbst und oft genug alleine durchfüttern. Ihr Alltag war eine im negativen Sinne filigrane Geduldsarbeit [...]. Sie durften nicht fragen. Sie durften nicht sprechen. Sie durften nicht teilnehmen. Sie mussten da sein, unterstützen, das Unverständliche begreifen, das Richtige und Notwendige ohne Instruktionen leisten – und ohne Kontakt."[44]

Eine ähnliche Auffassung des „weiblichen" Beitrags zum Widerstand beherrscht auch die Kriegs- und Widerstandsliteratur der Nachkriegszeit. Frauen waren in den männlichen Heldenerzählungen „Nebendarstellerinnen". Die Autoren, zumeist „Veteranen" haben „ihre Frauen" in dieser passiven und aufopfernden Position gepriesen – und sie zugleich darauf festgelegt. Insofern verkennt die Forderung nach Anerkennung in dem eben zitierten Brief, dass es genau die Einwilligung in die ausschließlich erduldend-schweigende und unsichtbare Position ist, welche die Grundlage für die spätere Unsichtbarkeit und das Verschweigen der „im Hintergrund Agierenden" bildet. Die Veror-

44 Sveri, Elisabeth, Kvinner i norsk motstandsbevegelse 1940-1945, Oslo 1991, S. 9.

tung der Frau im privaten und unpolitischen Hintergrund schließt bereits aus, dass der hochpolitisierte Kontext und die risikobeladene Bedeutung ihres Handelns als „aktiver Beitrag“ zum Widerstand in Erscheinung treten kann.

Die Spannbreite der Beteiligung von Frauen am Widerstand

Die Autorin Elisabeth Sveri hat die bisher umfassendste Darstellung der Beteiligung norwegischer Frauen am Widerstand erarbeitet. Sie schreibt:

> „Frauen nahmen an allen Arten illegaler Arbeit teil – selbst an Liquidierungsaufträgen – außer an den bewaffneten Einsätzen der Milorg. Sie wurden getötet und gefoltert. Sie starben in deutscher Gefangenschaft und nahmen sich selbst das Leben. Sie zeigten Mut, Selbstaufopferung und eine den Männern gleichrangige Disziplin.“[45]

Sveri geht es nicht nur darum, die „weiblichen“ Formen des Widerstandes in den Blick zu nehmen und zu rehabilitieren, sondern vielmehr darum, den Beleg zu erbringen, dass Frauen in den Bereichen gleichrangig engagiert waren, die in der offiziellen Widerstands-Geschichtsschreibung als exklusiv männlich galten.

Es ist allerdings schwierig, einen Gesamtüberblick über die Beteiligung von Frauen am Widerstand zu erhalten, da illegale Aktivitäten nicht dokumentiert wurden und die Nachkriegsüberlieferung zudem von der selektiven Erinnerung der männlichen Anführer des organisierten Widerstandes geprägt ist. Eine Annäherung stellt die Untersuchung der Forscherin Siw Bohlins[46] dar: Sie hat aus allen ihr zugänglichen Berichten und Schilderungen ermittelt, wie viele Frauen in Zusammenhang mit welchen Bereichen des Widerstandes genannt wurden.[47]

Insgesamt recherchierte Bohlins 435 namentlich erwähnte Frauen. Der weitaus größte Teil (100) war an der Erstellung und Verteilung illegaler Zeitungen beteiligt, 67 organisierten Deckung für Illegale und Flüchtlinge, versteckten aber auch Waffen- und Materiallager, jeweils etwa 40 leisteten Ku-

---

45 Ebd. S. 10.

46 Der Bericht selbst ist nicht veröffentlicht, aber im Archiv des Norges Hjemmefrontmuseum in Oslo zugänglich. Zitiert in Sveri, Kvinner i norsk motstandsbevegelse, S. 11.

47 Diese Zahlen sind mit Vorsicht zu behandeln. Zum einen wurden nicht alle Frauen, die sich in den „Männerdomänen“ (Hjemmefront-Leitung und Milorg) bewegten, auch erwähnt und zum anderen haben es die „Frauendomänen“ gerade an sich, dass sie gar nicht für erwähnenswert befunden wurden.

rierdienste und Fluchthilfe. Zahlenmäßig geringer war die Beteiligung an Spionage, Abhörtätigkeiten und an der Versorgung von Partisanen. Nur sehr wenige Frauen wurden in Verbindung mit den führenden Gruppen des organisierten und dem bewaffneten Widerstand genannt.

Die Quellen geben Aufschluss darüber, dass die Widerstandsaktivitäten von Frauen überwiegend in ihrem direkten Lebensumfeld und somit buchstäblich „unter den Augen" des Überwachungs- und Repressionsapparates stattfanden. Diese risikoreiche und hochgefährdende Qualität dieser „frauentypischen" Formen der Widerstandsbeteiligung steht im krassen Widerspruch zu ihrer Einstufung als „nur" Unterstützung für den „eigentlichen" Widerstand. Es entbehrt nicht der Ironie, dass nicht solche Frauen, sondern die bewaffneten, militärisch ausgebildeten und insofern besser geschützten „gutter på skauen" (Jungs in den Wäldern) als Helden in das kollektive Gedächtnis eingegangen sind. Martialische Inszenierungen wären für Kurierinnen und weibliche Spitzel selbstmörderisch gewesen. „Weibliche" Unauffälligkeit konnte und musste strategisch eingesetzt werden. Eine Zeitzeugin dazu:

> „Die Waffen der Mädchen waren selten Gewehr und Sprengstoff. Umsicht und die scheinbare Unschuld waren äußerst wirksame Waffen. ‚Nur die Männer sind Verbrecher' [im Original deutsch] sagte die Gestapo in ihrer tiefgreifenden Menschenkenntnis."[48]

Diese „weiblich" codierten Formen widerständigen Handelns gerieten somit viel weniger in Konflikt mit den traditionellen Geschlechtervorstellungen als die Beteiligung an bewaffneten Aktionen – sie führten aber offensichtlich dazu, dass sie unterschätzt und unterbewertet wurden – nicht nur von den Besatzern, sondern auch von den männlichen Wortführern des Widerstands und nicht zuletzt von den Frauen selbst.

Ein Beispiel für die Überschreitung der Geschlechterordnung des Widerstandes und ihre nachträgliche „Aufhebung" – Sigrid Baalsrud

Sigrid Baalsrud ist eine der wenigen Frauen, die aktives Mitglied einer Milorg-Einheit war.[49] Den deutschen Überfall auf Norwegen am 9. April 1940 erlebte sie neunzehnjährig. Über ihre damalige Haltung sagt sie: „Ich habe nur geglaubt, wir müssen uns verteidigen, die Deutschen müssen raus." Aller-

48 Zit. aus: Sveri, Vindu til fortiden, S. 59.
49 Vgl. Lenz, Claudia, Ein Kleid ist keine Uniform, in: die tageszeitung v. 15. April 2000, das Interview mit Baalsrud ist im Besitz der Autorin.

dings war es als junge Frau nicht so einfach, Zugang zu den sich bildenden Widerstandsgruppen zu finden. Zwar wusste sie, dass ihr Bruder und einige ihrer Freunde in einer illegalen Gruppe engagiert waren, aber als Schwester wurde sie nicht eingeweiht.

Die Situation veränderte sich, als sie in einer anderen Gegend eine Stelle als Verwaltungsangestellte antrat. Sie traf hier ihren Bruder wieder, der im Auftrag der von England aus operierenden norwegischen Armeeführung getarnt als Elektriker Unterkünfte für Agenten und untergetauchte Widerstandskämpfer organisierte. Nun erhielt Sigrid Baalsrud die Gelegenheit, die Widerstandsaktivitäten aktiv zu unterstützen. Sie brachte als Kurierin Waffen für die Milorg in Verstecke. Sie berichtet, dass sie dabei kein Angst hatte: „Keiner hat geglaubt dass ich eine Pistole habe." Ihr „harmloses" Aussehen empfand sie als gute Tarnung.

Anfang 1945 wurde Sigrid Baalsrud aufgefordert, unterzutauchen, weil jemand aus ihrer Umgebung verhaftet worden war und im Verhör den Namen ihres Bruders genannt hatte. Somit wurde die Situation auch für sie zu gefährlich. Sie flüchtete zuerst zu Kontaktleuten, von wo aus sie zu einem Milorg-Lager gebracht wurde. Dort lernte sie den Umgang mit der Waffe und bekam ein Gewehr, im Gegensatz zu den Männern jedoch keine Uniform. Auf die Frage, ob sie damals gern eine Uniform gehabt hätte, antwortet sie: „Damals habe ich nicht daran gedacht." Erst später hat sie sich gefragt, warum das so war. „Ich war ja Soldat. Warum hatte ich keine Uniform?" Es gibt ein Foto, das nach der Befreiung aufgenommen wurde, es zeigt Sigrid Baalsrud mit Gewehr und gemustertem Sommerkleid zwischen den uniformierten Männern (**Abb. 3**). Das Kleid zwischen den Uniformen ist ein Zeichen für den – aus heutiger Sicht befremdlich wirkenden – Versuch, die „normalisierten" (Geschlechter-)Verhältnisse wenigstens auf der symbolischen Ebene wiederherzustellen. Das Kleid markiert die Frau als „Andere", als „Ausnahmefrau". Bei der Milorg-Einheit hat sich Sigrid Baalsrud einem späteren Interview zufolge als Soldatin unter Soldaten gefühlt und war bereit zu kämpfen. „Ich habe mir gedacht, entweder musst du dich verteidigen, oder du bist kein Mensch mehr."

Es war nicht üblich, dass Frauen in Sigrid Baalsruds Situation zu den Partisanen gingen. Dies hing mit den geheimbündlerischen und männlichen Informations- und Organisationsstrukturen der Milorg zusammen – aber auch mit der Haltung der Frauen. Sigrid Baalsrud verweist auf die traditionelle Erziehung der Mädchen ihres Alters zum „Nähen und Hausfrau sein". Sie selbst hatte das Gefühl, dass ihr erst die drei Monate bei den Partisanen die Gelegenheit gaben, „etwas tun zu können“. Bis zur Befreiung am 8. Mai 1945 blieb Sigrid Baalsrud bei den Partisanen. Danach löste sich die Gruppe auf. Die dann folgende „Normalisierung“ bot keinen Raum für ihre Milorg-Erfahrungen. Sie berichtet, dass es im Alltag verpönt war, über Kriegserlebnisse zu sprechen. Zwar erhielt sie von dem Gruppenanführer im Sommer `45 eine schriftliche Bestätigung über ihre Zugehörigkeit zu der Gruppe, was ihr dazu verhalf, einen Jura-Studienplatz zu bekommen. In seinen später veröffentlichten Darstellungen der Widerstandsgruppe wurde sie jedoch mit keiner Silbe erwähnt. Sigrid Baalsrud sagt heute, es habe ihr einen „Stich“ versetzt, aber sie fand ja selbst, dass sie „nichts Besonderes“ gemacht hatte, keine „Heldin“ gewesen war, deren Geschichte unbedingt erzählt werden musste. Bei der Parade der „Milorg“-Einheiten vor König Haakon VII. im Juni `45 war sie nicht dabei. Niemand hat es ihr verboten, aber sie sagt, dass sie sich unpassend gefühlt hätte, weil sie keine Uniform besaß.

In der Nachkriegszeit studierte sie Jura und schlug eine höhere Beamtinnenlaufbahn ein – eine für ihre Frauengeneration außergewöhnliche Karriere. Erst durch die Nachfrage von Journalistinnen und Journalisten, begann sie Jahrzehnte nach Kriegsende über ihre Milorgzeit zu sprechen und kam durch ihren Enkel dazu, als Zeitzeugin an Schulen zu gehen und von ihren Erfahrungen im Widerstand zu berichten. Im Interview berichtete sie, dass sie dorthin immer ihr altes Gewehr mitnimmt, auch um die Vorstellung zu durchbrechen, nur Männer hätten mit dem Gewehr gekämpft.

Aus diesem Beispiel wird ersichtlich, dass die „Überschreitung" der weiblichen Rolle durch die Zeit in der Milorg nicht mit einer Irritation oder Verunsicherung des weiblichen Selbstbildes einhergehen musste, wie es bei der französischen Partisanin der Fall war. Die „Lösung" des geschlechtlichen Identitätsdilemmas verlief hier anders, durch die Positionierung als „Ausnahmefrau". Diese Verortung wird durch das nachträglich aufgenommene „Gruppenbild mit Dame" versinnbildlicht. Die Geschlechterordnung war nicht irritiert, weil Sigrid Baalsrud nachträglich mit den Attributen einer „normalen Frau" ausgestattet und wie alle anderen „normalen Frauen" in der nachträglichen Selbstrepräsentation „des Widerstandes" nicht mehr erwähnt wurde. Komplementär dazu verlief ihre eigene Bereitschaft, diese „Markierung" als „andere" in der Konstruktion eines Erinnerungsbildes zu akzeptieren. Erst nachträglich und durch Impulse von außen, die ein verändertes gesellschaftliches Klima widerspiegelten, begann sie, die Zeit als Partisanin als wichtigen Teil ihrer Lebensgeschichte zu verstehen. Heute formuliert sie eine kritische Haltung gegenüber den an männlichen Helden orientierten Darstellungsweisen des Widerstandes. Hieran zeigt sich, dass individuelle und kollektive Erinnerungsprozesse sehr eng miteinander verwoben sind. In dem, zumindest was die Geschlechterverhältnisse angeht, restaurativen Klima der Nachkriegszeit war es vielen Frauen nicht möglich, ihr Widerstandshandeln als aktiven und politisch relevanten Teil der Widerstandsbewegung wahrzunehmen und zu behaupten. Es bildeten sich ausgeprägte männliche Heldenmythen heraus, die wiederum männliche Dominanz in der politischen Gestaltung einer Nachkriegsordnung legitimierten. Erst das Klima der späten sechziger und der siebziger Jahre – und darin nicht unwesentlich: die neue Frauenbewegung – sorgten für eine kritische Revision der tradierten Erinnerung an den Widerstand. Dies führte auf gesamtgesellschaftlicher und individueller Ebene zu einer Infragestellung von Widerstandsmythen und einer Revision der Geschlechterordnung in den Bildern des Widerstandes. Sigrid Baalsrud erhielt erst 1995 die „Deltagermedaille" (Teilnehmermedaille), die Auszeichnung also, die all jene, die als Teilnehmer des Widerstands gegen die deutsche Besatzung anerkannt waren, nach dem Krieg vom norwegischen Staat erhielten. Diese symbolische Anerkennung verweist auf die Trägheit, mit der Umdeutungen und Umwertungen von männlich dominierten Basisnarrationen vor sich gehen, bevor sie Folgen auf politisch-institutioneller Ebene zeitigen.

Die Autorinnen

Gabriele Boukrif,
MA, Historikerin.
Studium der Fächer Geschichte und Germanistik in Hamburg und Italien; seit 1998 wissenschaftliche Mitarbeiterin und Doktorandin am Historischen Seminar der Universität Hamburg; Mitglied im Forschungsprojekt: „Geschlechtergeschichte der Politik" (Universität Hamburg); Arbeitsschwerpunkt: Frauen- und Geschlechtergeschichte im europäischen Vergleich.

Claudia Bruns,
Historikerin.
studierte in Hamburg und Dublin Geschichte, Germanistik, Philosophie und Erziehungswissenschaften; 1998-2001 Wissenschaftliche Mitarbeiterin des Forschungsprojekts „Geschlechtergeschichte der Politik" (Universität Hamburg); seit 2001 Wissenschaftliche Mitarbeiterin und Koordinatorin der „Interdisziplinären Arbeitsgruppe Frauen- und Geschlechterforschung" der Universität Gesamthochschule Kassel. Dissertation zum Thema: Männlichkeit, Macht und Misogynie. Antifeministische und antisemitische Formationen des Politischen: Hans Blüher und die Konservative Revolution (in Vorbereitung). Forschungsschwerpunkte: Politik- und Geschlechtergeschichte des 19./20. Jahrhunderts, Geschichte der Sexualitäten, Antisemitismus, Subjekttheorie.

Kirsten Heinsohn,
Dr. phil, Historikerin.
Studium der Neueren Geschichte, Politikwissenschaft und Volkswirtschaftslehre; Stipendiatin im Forschungsprojekt: „Geschlechtergeschichte der Politik" (Universität Hamburg); Publikationen zur feministischen Theorie und zur Frauen- und Geschlechtergeschichte im 19. und 20. Jahrhundert, u.a.: Politik und Geschlecht, Hamburg 1997; Zwischen Karriere und Verfolgung, Frankfurt a.M. 1997 (hg. mit U. Weckel und B. Vogel).

Claudia Lenz
geb. 1968, Studium der Philosophie in Hamburg, promoviert zur Zeit im Fach Politikwissenschaften an der Uni Hamburg. Mitarbeit im Projekt „Geschlechtergeschichte der Politik". Freiberuflich im Bereich der politischen Bildung und als freie Autorin tätig. Speziell zur Geschlechtergeschichte: ›Storytelling‹ - Die

Einschreibung in die Geschichte und die Einschaltung in die Welt, in: Heike Kahlert/Claudia Lenz, Die Neubestimmung des Politischen. Denkbewegungen im Dialog mit Hannah Arendt, Königstein 2001.

Katrin Schmersahl,
Dr. phil., Historikerin.
Studium der Neueren Geschichte und Germanistik; Stipendiatin im Forschungsprojekt „Geschlechtergeschichte der Politik" an der Universität Hamburg. Mitbegründerin des Arbeitskreises Historische Bildforschung am Historischen Seminar der Universität Hamburg. Publikationen zur Geschlechtergeschichte und Medizingeschichte im 19. und 20. Jahrhundert, u.a.: Medizin und Geschlecht. Zur Konstruktion der Kategorie Geschlecht im medizinischen Diskurs des 19. Jahrhunderts, Opladen 1998.

Katja Weller,
Historikerin.
geb. 1971, studierte Geschichtswissenschaften, Germanistik und Erziehungswissenschaften in Hamburg. Seit 1998 Doktorandin und Mitarbeiterin des Projekts „Geschlechtergeschichte der Politik" an der Universität Hamburg. Promotionsvorhaben zum Thema: Zwischen Vereinsbewegung und Parteipolitik - Politikverständnis und politische Praxis der „gemäßigten" und „radikalen" Frauenbewegung in der Weimarer Republik.

Geschlecht – Kultur – Gesellschaft

herausgegeben von Johanna Meyer-Lenz
(Universität Hamburg)
und dem Hamburger Arbeitskreis
zur Geschlechterforschung
Beirat: Prof. Dr. Norbert Finzsch, Dr. Ulrike Jureit,
Prof. Dr. Heidrun Kaupen-Haas,
Prof. Dr. Marianne Pieper,
Prof. Dr. Barbara Vogel

Johanna Meyer-Lenz (Hrsg.)
Die Ordnung des Paares ist unbehaglich
Irritationen am und im Geschlechterdiskurs nach 1945

Die Eingangsfrage "Wie haben Sie das Kriegsende erlebt"? veranlaßte Frauen und Männer zu biographischen Erzählungen von hoher Detailgenauigkeit und Vielfalt, die in das Herz der Konflikte mit den Geschlechterleitbildern der 50er und 60er Jahre in der BRD führen. Der Spannweite der dichten Lebensgeschichten wird hier der notwendige weite Raum gelassen und die transkribierten Interviews werden leserInnenfreundlich präsentiert.
Wie in einem Kaleidoskop werden anhand der Dekonstruktion der biographischen Erzählungen überraschend Kontinuitäten und Transformationen im Geschlechterdiskurs nach '45 sichtbar. Die 50er und 60er Jahre erscheinen nicht mehr nur als "bleierne Zeit". Divergenzen und Dissonanzen verweisen auf starke Ambivalenzen und Spannungen zu den Geschlechterleitbildern der Adenauerära und kündigen schon die 68er und die feministische Bewegung der 70er an.

Bd. 1, 2000, 464 S., 25,90 €, br., ISBN 3-8258-3942-7

Massimo Perinelli
Liebe '47 – Gesellschaft '49
Geschlechterverhältnisse in der deutschen Nachkriegszeit. Eine Analyse des Films *Liebe 47*

Die Analyse des "Trümmerfilms" Liebe 47 aus dem Jahr 1949 in der vorliegenden Arbeit beschäftigt sich mit der Konstruktion von Gender im Film. Zugleich wird der geschlechtsspezifische Blick des Publikums des Jahres 1949 auf diesen Film untersucht. Mittels der Methode poststrukturalistischer Diskursanalyse verschränkt mit einer psychoanalytischen Interpretationsweise gelangt die Arbeit auf diese Weise zu Ergebnissen, die von der klassischen Geschichtsforschung meist übersehen wurden. So erscheinen die wenigen Jahre nach 1945 als eine Zeitspanne, in der in extrem verdichteter Form eine diskursive Verschiebung der Geschlechteridentitäten stattgefunden hat. Sie umfaßt sowohl eine uns heute befremdlich vorkommmende Geschlechteridentität, die durch den Zusammenbruch 1945 entstanden war, als auch ihre Transformation hin zu einer wieder patriarchalen Identität im Übergang zu den 1950er Jahren. Die von der historischen Medienwissenschaft vernachlässigte Zeit des direkten Nachkriegsdeutschlands mit seinem spezifischen Geschlechterverhältnis wird dem Leser und der Leserin vor Augen geführt.

Bd. 2, 1999, 248 S., 17,90 €, br., ISBN 3-8258-4181-2

Jens Schmidt
"Sich hart machen, wenn es gilt"
Männlichkeitskonzeptionen in Illustrierten der Weimarer Republik

In der Zeit von 1880 bis 1930 wurden in den Südstaaten der USA weit über dreitausend *African Americans,* vielfach unter grausamster Folter, gelyncht.
Der Vorwurf der Vergewaltigung an weißen Frauen durch schwarze Männer entwickelte sich hierbei zum zentralen Rechtfertigungsmoment der weißen Täter. *Lynching for rape* erwies sich als ein besonders "effektives" Mittel zur sozialen Kontrolle nicht nur von *African Americans,* sondern gleichzeitig von weißen Frauen. Als eine der ersten Arbeiten zu diesem Thema im deutschsprachigen Raum schlüsselt dieses Buch die Zusammenhänge zwischen rassistischer Gewalt und einer schwarzenfeindlichen Ideologiebildung auf der Basis von *"race", honor, sex* und *crime* auf.

Bd. 3, 2000, 208 S., 17,90 €, br., ISBN 3-8258-4478-1

Judith Ketelsen
Das unaussprechliche Verbrechen
Die Kriminalisierung der Opfer im Diskurs um Lynching und Vergewaltigung in den Südstaaten der USA nach dem Bürgerkrieg

In der Zeit von 1880 bis 1930 wurden in den Südstaaten der USA weit über 3000 *African Americans,* vielfach unter grausamster Folter, gelyncht. Der Vorwurf der Vergewaltigung an weißen Frauen durch schwarze Männer entwickelte sich hierbei zum zentralen Rechtfertigungsmoment (Argumentation) der weißen Täter. *Lynching for rape* erwies sich als ein besonders "effektives" Mittel zur sozialen Kontrolle nicht nur von *African Americans,* sondern darüberhinaus/gleichzeitig von weißen Frauen. Als eine der ersten Arbeiten zu diesem Thema im deutschsprachigen Raum schlüsselt dieses Buch die Zusammenhänge zwischen rassistischer Gewalt und einer schwarzenfeindlichen Ideologiebildung auf der Basis von *'race', honor, sex* und *crime* auf.

Bd. 4, 2000, 136 S., 17,90 €, br., ISBN 3-8258-4498-6

Stanislawa Paulus
Identität ausser Kontrolle
Handlungsfähigkeit und Identitätspolitik jenseits des autonomen Subjekts
Emanzipatorische Identitätspolitik der letzten 30 Jahre ist in die Kritik geraten. Vor allem feministische poststrukturalistische und dekonstruktivistische Perspektiven kritisieren, daß sie zur Ausblendung von Differenzen unter politischen AkteurInnen führt. Doch wie kann politische Handlungsfähigkeit überhaupt noch gedacht werden, wenn eine gemeinsame Identität als Ausgangsbasis abgelehnt und das Subjekt nicht mehr als Zentrum seiner Selbst verstanden wird?
Die vorliegende Arbeit geht diesen Fragen nach. Sie analysiert die Konzepte von Subjektivität, Identität, Macht und Sprache in den Ansätzen von Michel Foucault und Jacques Derrida sowie ihre Weiterführung in Judith Butlers Begriff der subversiven Handlungsfähigkeit - der Queerness. Eingebettet in die Diskussion um "die Frau" als Subjekt des Feminismus ist zu fragen, ob Butlers richtungsweisendes Konzept des Verqueerens tatsächlich zur Anerkennung von Differenzen ausreicht, solange soziale Ungleichheit als wirkungsmächtiges strukturierendes Moment von Handlungsspielräumen nicht auch einbezogen wird.
Bd. 5, 2001, 128 S., 17,90 €, br., ISBN 3-8258-4971-6

Julia Schmidt-Häuer
Menschenrechte – Männerrechte – Frauenrechte
Gewalt gegen Frauen als Menschenrechtsproblem
Ausgangspunkt der vorliegenden Studie ist ein Defizit des herkömmlichen Menschenrechtsparadigmas: Obwohl das Recht auf Leben und auf körperliche Unversehrtheit in allen Menschenrechtsproklamationen und -bekundungen unstrittig Priorität genießt, sind Frauen aufgrund ihres Geschlechts unabhängig vom kulturellen Kontext wie vom "Entwicklungsstand" der jeweiligen Gesellschaft in allen Lebensbereichen weltweit in großem Umfang männlicher Gewalt ausgesetzt. Ungeachtet des breiten Ausmaßes und der besonderen Qualität dieser physischen Gewaltverhältnisse – sie verlaufen entlang der Geschlechtergrenze und werden von der Existenz eines staatlichen Gewaltmonopols kaum berührt – waren sie lange Zeit weder Thema der nationalen Regierungspolitik noch gar der internationalen Menschenrechtsagenda. Die Autorin fragt zum einen nach den Ursachen und Gründen für das unzureichende Funktionieren des Menschenrechtsschutzes trotz der im Laufe des 20. Jahrhunderts sukzessive nachgeholten formalen Einbeziehung von Frauen in nationale und internationale Menschenrechtsgarantien. Zum anderen untersucht sie, inwiefern die bestehenden Menschenrechtsinstrumentarien den spezifischen Problem- und Gefährdungslagen von Frauen gerecht werden können und wo sich hier möglicherweise anknüpfen ließe, um Menschenrechte für Frauen wirksamer zu schützen.
Bd. 6, 2000, 360 S., 25,90 €, br., ISBN 3-8258-4783-7

Martina Kamp
Abschied von der Abaya?
Eine historische Interpretation zur politischen und sozioökonomischen Situation irakischer Frauen während der Monarchie 1921 – 1958
Bd. 7, Frühjahr 2002, ca. 240 S., ca. 20,90 €, br., ISBN 3-8258-5075-7

Michaela Freund
Prostituierte zwischen "Bewahrung" und Vernichtung
Die staatliche Bekämpfung von Prostitution in Hamburg vom Ende des Kaiserreiches bis zu den Anfängen der Bundesrepublik
Bd. 8, Frühjahr 2002, ca. 400 S., ca. 25,90 €, br., ISBN 3-8258-5173-7

Iris Koall
Managing Gender & Diversity – von der Homogenität zur Heterogenität in der Organisation der Unternehmung
Managing Diversity beabsichtigt, Macht und Bevorzugung in Unternehmen zu dekonstruieren. Damit sind folgende Fragen relevant: Ist Vielfalt in Organisationen der Normalfall oder tendieren soziale Systeme zur Herstellung von Homogenität – und grenzen damit Kreativität und Veränderungspotential aus? Welche Gestaltungswege sind in Systemen zur Einführung von Diversity zu beachten? Warum ist dabei mit welchen Widerständen zu rechnen? In dem Buch erhalten LeserInnen Einblicke in die Struktur und Funktion von Geschlechterverhältnissen in sozialen Systemen. Die soziale Konstruktion 'Gender in Organisationen' wird mit postmodernen Formen dekonstruiert und die Organisation für ein Managing Gender & Diversity geöffnet.
Bd. 9, 2001, 296 S., 25,90 €, br., ISBN 3-8258-5448-5

Berliner Gender Studies

herausgegeben von Prof. Dr. Christina von Braun
(Humboldt-Universität Berlin)

Heike Riesling-Schärfe
Frauen und Aids: Geschlechterkonstruktionen im Risiko

Zur Ökologie der Lüste
Seit dem Höhepunkt der öffentlichen Thematisierung von Aids Ende der achtziger Jahre dienen Frauen als Indikator für die Darstellung der "Normalität" und Alltäglichkeit der Krankheit. Auf der Grundlage der Medienberichterstattung in Deutschland, Präventionsmaterial sowie Interviews mit Frauen im Alter zwischen 18 und 40 Jahren, zeigt die Autorin, in welchen Rollen und Bildern Frauen unterschiedlicher sexueller Orientierungen innerhalb des Themenfeldes Aids positioniert werden und wie sie sich selbst mit Aids auseinandersetzen. Dabei werden sowohl geschlechtsspezifische Risikolagen und Umgangsstrategien deutlich, als auch die Funktion des gesellschaftlichen Diskurses über Aids.
Bd. 1, 1999, 280 S., 25,90 €, br., ISBN 3-8258-3759-9

Geschlecht • Sexualität • Gesellschaft

Berliner Schriften zur Sexualwissenschaft und Sexualpolitik
herausgegeben von
Ursula Ferdinand, Rainer Herrn, Andreas Pretzel und Andreas Seeck für die Magnus Hirschfeld-Gesellschaft

Ursula Ferdinand; Andreas Pretzel; Andreas Seeck (Hrsg.)
Verqueere Wissenschaft?
Zum Verhältnis von Sexualwissenschaft und Sexualreformbewegung in Geschichte und Gegenwart
Verqueere Wissenschaft? Eine Tagung zu diesem Thema wurde im Sommer 1997 in Verbindung mit den 'Queerstudien' beim Seminar für Kulturwissenschaft der Humboldt-Universität zu Berlin veranstaltet. Anlaß der Konferenz war das hundertjährige Jubiläum der Gründung des Wissenschaftlich-humanitären Komitees, der weltweit ersten Organisation, die sich für die Rechte von Homosexuellen einsetzte. Die Frage lag nahe, inwieweit dessen Emanzipationsmotto, "Durch Wissenschaft zur Gerechtigkeit", tatsächlich Gültigkeit und Wirksamkeit beanspruchen könnte.
Bd. 1, 1999, 400 S., 25,90 €, br., ISBN 3-8258-4049-2

Ursula Ferdinand
Das Malthusische Erbe
Entwicklungsstränge der Bevölkerungstheorie im 19. Jahrhundert und ihr Einfluß auf die radikale Frauenbewegung in Deutschland
Die Rezeptions- und Wirkungsgeschichte von Malthus' Bevölkerungsgesetz charakterisiert eine zweihundertjährige Veflechtung von Theorienbildung und politischer Strategie.
Im Laufe des 19. Jahrhunderts entstanden in der Auseinandersetzung mit Malthus' Werk vor dem Hintergrund des Massenelends eine Vielzahl von Bevölkerungstheorien. Unter diesen verband der Neomalthusianismus die Bevölkerungs- mit der Sozialen und Frauenfrage und revolutionierte die Sexualethik. Gegenüber der Ökonomie beanspruchten Eugeniker die Biologie als Leitwissenschaft im 'Denken über die Bevölkerung'. Unter Verlust seines radikalen Emanzipationsanspruches ging der fortschrittsoptimistische Neomalthusianismus eine Synthese mit der Eugenik ein. Das bestimmte am Anfang unseres Jahrhunderts die deutsche radikalfeministische Debatte über reproduktive Rechte und Gesundheit.
Bd. 2, 1999, 344 S., 25,90 €, br., ISBN 3-8258-4050-6

Frau und Beruf

herausgegeben von Prof. Dr. Ulrike Detmers
(FH Bielefeld)

Ulrike Detmers
Erfolgsfaktoren von Unternehmerinnen
Die wirtschaftliche Ideologie ist mannzentriert, obwohl die Wirtschaft weibliche Potenz und Kompetenz immer genutzt hat, um einzel- und gesamtwirtschaftlich gegenüber Konkurrenten wettbewerbsfähig zu sein. Der Beitrag der Frauen zum Sozialprodukt ist nicht erst heute bedeutsam, sondern er ist seit dem Mittelalter von wesentlichem Belang.
Einen spezifischen Beitrag zum Sozialprodukt lieferten und liefern Unternehmerinnen. Wirtschaftliche Grundeinstellungen und statistische Leistungsdaten dokumentieren den weiblichen Leistungsbeitrag allerdings bis heute nicht klar und deutlich. Somit erscheint es einleuchtend, daß Schriftstücke über weibliches Unternehmertum kaum zu finden sind. Dabei ist es angesichts der sozialwissenschaftlichen Vernachlässigung dieser wirtschaftlichen Gruppe außerordentlich interessant, typische Erfolgsfaktoren zu dokumentieren. Tief greifende Einzelfallstudien belegen den Erfolg von Frauen im Management.
Bd. 1, 2001, 144 S., 17,90 €, br., ISBN 3-8258-4816-7

Ulrike Detmers (Hrsg.)
Männerwelt Wirtschaft: Zur Stellung der Frau in der Wirtschaft
"Circa 80 Prozent unserer Umsätze verdanken wir Frauen, und deshalb ist es richtig, zukünftig verstärkt Führungspositionen mit Frauen zu besetzen." Diese Position vertritt Dr. Hans Joachim Körber, Vorstandssprecher der Metro AG, Deutschland, Deutschlands größtem Handelskonzern. Auf generelles Unverständnis stößt die

LIT Verlag Münster – Hamburg – Berlin – London
Grevener Str. 179 48159 Münster
Tel.: 0251 – 23 50 91 – Fax: 0251 – 23 19 72
e-Mail: vertrieb@lit-verlag.de – http://www.lit-verlag.de
Preise: unv. PE

inkonsequente Erschließung weiblichen Humankapitals durch Entscheidungsträger und Meinungsführer der Wirtschaft.
Die Beiträge des Sammelbandes entstammen einer ExpertInnentagung, bei der das Thema Frau und Wirtschaft in den Blickpunkt gerückt wurde. An die Schilderung des Arbeitsmarktes für Frauen schließt sich ein frauenpolitisches Statement der Bundesministerin Dr. Christine Bergmann an. Gegenstände weiterer Aufsätze sind die exemplarische Beschreibung eines Hochschulbeitrags zur Gleichstellung, die rechtliche Stellung der selbständigen Frau, Alterssicherung von Frauen, parteiliche Positionen über Frauen, Männer und Familie, Führungsfrauen sowie rechtliche effektive Maßnahmen zur Entwicklung von wirtschaftlicher Geschlechterdemokratie und Rollenliberalisierung.
Bd. 2, 2001, 144 S., 17,90 €, br., ISBN 3-8258-5124-9

Rurale Geschlechterforschung

herausgegeben von Prof. Dr. Heide Inhetveen, Dr. Mathilde Schmitt und Dr. Hansjörg Gutberger

Jörg Gutberger; Heide Inhetveen
Agrarstudium – und was dann?
Stellensuche und Berufseinmündung von Diplom-AgraringenieurInnen
"Und mir war halt klar, daß ich noch nicht gleich nach dem Studium wieder auf den Hof zurück wollte... "
Eine empirische Untersuchung zur Stellensuche und Berufseinmündung von Diplom-AgraringenieurInnen der Göttinger Fakultät für Agrarwissenschaften.
Bd. 2, 2001, 240 S., 20,90 €, br., ISBN 3-8258-5758-1

Perspektiven aktueller Frauenforschung

Jeannette Behringer
Wenn das Geschlecht Ihr Unwesen treibt
Frauenpolitik im Spannungsfeld zwischen "Gleichheit" und "Differenz" unter besonderer Berücksichtigung kommunaler Frauenbeauftragter
"Gleichstellungspolitik war einst mit großen Hoffnungen verknüpft und löst heute sehr unterschiedliche Reaktionen aus. Neben der Zustimmung stehen mittlerweile Skepsis, Ablehnung und Müdigkeit" (Mechthild Jansen).
Das Konzept der Gleichstellungspolitik hat sich in der Bundesrepublik zur wichtigsten frauenpolitischen Strategie entwickelt. Dabei blieb das Ziel einer grundlegenden *strukturellen* Veränderung gesellschaftlicher Bedingungen für Frauen auf der Strecke. Der vorliegende Band analysiert zum einen Erscheinungsformen und Begrenzungen von Gleichstellungspolitik auf verschiedenen Ebenen. Ein besonderes Augenmerk gilt dabei kommunalen Frauenbeauftragten.
Zum anderen wird aufgezeigt, wie Quotierung und Verrechtlichung als Instrumente der Gleichstellungspolitik durch patriarchale Institutionen angeeignet und entschärft werden.
Die Autorin plädiert dafür, im Zeitalter des 'realistischen Pragmatismus' das radikale Ziel eines gleichen Zugangs zu allen Lebensbereichen für beide Geschlechter wieder in den Blick zu nehmen. Dies kann nur gelingen, wenn autonome und institutionelle Strukturen im Sinne einer Doppelstrategie zusammenwirken.
Bd. 2, 1996, 224 S., 15,90 €, br., ISBN 3-8258-2473-X

Mechtild M. Jansen; Sigrid Baringhorst; Martina Ritter
Frauen in der Defensive?
Zur backlash-Debatte in Deutschland
Gibt es in der Bundesrepublik Deutschland – ähnlich wie in den USA – ein Zurückdrängen der Frauen aus dem öffentlichen Leben, der Politik und von einflußreichen Positionen? Versuchen auch hier die Männer ihr Macht- und Einflußkartell zu schützen? Die Autorinnen des Tagungsbandes referieren unterschiedliche Perspektiven zur Diskussion in der Bundesrepublik Deutschland und liefern differenzierte Analysen hierzu.
Bd. 3, 1996, 200 S., 17,90 €, br., ISBN 3-8258-2695-3

Patricia Hagedorn-Hacker
Bedienen mit System
Die Dimensionen fachlicher und allgemeiner Qualifizierung der Frauenarbeit Bedienung in der Systemgastronomie
Im Zeichen des wachsenden Wirtschaftszweiges Systemgastronomie bietet die "Full service"-Gastronomie ein Arbeitsangebot, das gerade von Frauen im gewerblichen Servicebereich genutzt wird.
Diese Arbeit zeigt auf, warum gerade Frauen hier zu finden sind, welche Qualifikationen für eine Servicetätigkeit nötig sind und wie sich persönlicher Service standardisiert innerhalb eines Systems umsetzt. Des weiteren wird auf die Berufsneubildung Fachfrau/Fachmann für Systemgastronomie eingegangen und dargestellt, welche Möglichkeiten und Perspektiven dieser Beruf mit sich bringt.
Bd. 4, 2000, 216 S., 25,90 €, br., ISBN 3-8258-4823-x

LIT Verlag Münster – Hamburg – Berlin – London
Grevener Str. 179 48159 Münster
Tel.: 0251 – 23 50 91 – Fax: 0251 – 23 19 72
e-Mail: vertrieb@lit-verlag.de – http://www.lit-verlag.de
Preise: unv. PE